Prologo

Tornava a casa tenendo due sacchetti del fruttivendolo nella destra, nella sinistra una banana che mangiava a gran morsi, aveva calcolato di finirla prima di raggiungere il cestino dei rifiuti avvitato al divieto di sosta, proprio davanti al suo portone. Gettò la buccia e fece centro. Salì i tre gradini di marmo e fu accolta dalla penombra dell'androne. «È arrivato questo per lei» le disse Amerigo, il portiere, consegnandole una busta marrone che conteneva un plico voluminoso. «Chi lo manda?» chiese rigirando il pacco. Lesse il nome del mittente, ma non l'indirizzo: *Walter Andretti*. Non lo conosceva. «Grazie, Amerigo» disse, e andò a prendere l'ascensore.

Abitava al terzo piano, ottanta metri quadrati insieme al marito, tutti e due ordinati e precisi. La casa era pulita come un monastero scintoista. Odiavano i ninnoli, i soprammobili, tutto ciò che non serve ed è solo ricettacolo di polvere. Poggiò la busta sul tavolo e mise in ordine frutta e verdura. Non aveva fame, avrebbe mangiato un'altra banana, poi alle 17 sarebbe andata a lezione. Accese la televisione. Trovò un documentario sui narvali. Lo seguì per dieci minuti poi, come se dal plico fuoriuscisse un suono continuo e ipnotico, si sentì in obbligo di alzarsi, portarselo al divano e aprirlo.

Un centinaio di fogli. Nessun titolo, neanche una data. Si tolse le scarpe, allungò le gambe sul divano e cominciò a leggere.

Erano le dieci e un quarto di una giornata di fine ottobre.

Per la precisione, era giovedì 25 ottobre 2018.

PARTE PRIMA

Non sempre ci azzecchiamo. Spunta il ragazzino, l'inesperta, il giocatore che nessuno considerava e cambia i pronostici, sconvolge gli allibratori, fa gioire il pubblico. Un esempio per tutti: Boris Becker nel 1985, a soli diciassette anni, trionfa a Wimbledon. E io lo ricordo, avevo tifato per lui contro Kevin Curren. E come dimenticare Fabio Grosso, poco più di uno sconosciuto che segna il rigore decisivo contro la Francia nei Mondiali del 2006? Chi ci avrebbe scommesso un euro? O il Leicester di Ranieri che trionfa nella Premier League sbaragliando i vari City, Liverpool, United, Arsenal e compagnia bella? Non sempre ci azzecchiamo. Ma c'è un motivo: non siamo bravi a osservare, non guardiamo con attenzione, prendiamo sotto gamba dei dettagli o delle virgole che invece sono fondanti, essenziali, risolutivi. Sottovalutare una campionessa agli esordi, scartare un gruppo di quattro ragazzini di Liverpool dando loro vita breve, tutto nasce dal nostro ego. Ci poniamo al di sopra della storia, crediamo, anzi siamo convinti, di poter padroneggiare gli eventi, che la nostra pluriennale esperienza ci guidi dove è giusto e necessario andare. La nostra arroganza è la peggior nemica. Se ci chiedono un'opinione non è per nutrirsi della nostra saggezza, ma è perché sono convinti che la loro è migliore, ne vogliono solo la prova. E questa

13

è la storia dell'ennesimo errore di valutazione. Lei non mi conosce. Mi chiamo Walter Andretti, sono un giornalista, e questo è
il mio diario, che ho cominciato a scrivere il giorno che mi hanno passato alla cronaca nera. Si accorgerà che oltre al mio diario le ho spedito un manoscritto. Non è opera mia, quello. Guardi, sembra più complicato di quel che è, ma il motivo per cui le
consegno tutto questo materiale lo capirà se avrà la pazienza di
leggere fino in fondo.

Si aggirava nella penombra dell'appartamento. Le tende tirate, pesanti, doppie, organza e velluto. Polvere sui mobili, macchie di umido sulla carta da parati vicino al soffitto. A quando risalivano? Almeno trent'anni, pensò, soprattutto quella vicino al tubo che passava in alto lungo tutto il corridoio. Che tubo era? Gas? Acqua? Riscaldamento? Non l'aveva mai capito. Quand'era piccolo ci appendeva le stelle filanti a Carnevale o i calzini per fare dispetto alla cameriera. Il marmo dei pavimenti era lucido, sbreccato in più punti, qualche mattonella era crepata nel mezzo, altre invece avevano gli angoli infossati, come se una forza superiore le avesse piegate in giù arrotondandole. Entrò in cucina dove il rubinetto perdeva, di domenica, con le strade silenziose, pareva perdesse di più: ogni goccia faceva l'eco quando cadeva nella scodella mezza piena d'acqua rivestita da una patina di olio, dove galleggiavano tre penne pallide e gonfie come affogati in un fiume. Cercava gli occhiali, ma in cucina non c'erano. Controllò i ripiani di formica, il tavolo, guardò sul frigorifero e nel cestino di legno che conteneva due mele raggrinzite. Tornò in corridoio, verso il bagno di servizio. Accese la luce, una plafoniera di vetro opaco attaccata al soffitto, dentro si intravedevano cadaveri di falene. Non trovò nulla sul lavandino rosa, niente sulla mensola dello specchio e neanche sul mobiletto con la bottiglia di acqua di rose impolverata e mezza vuota. La camera dei genitori non la considerò, non ci entrava da anni, e anche quella degli ospiti serviva da magazzino per libri vecchi che non si decideva a buttare. Alla fine del corridoio con le pareti tappezzate di quadretti piccoli e insignificanti, barche a vela e a motore, infilò l'ultima stanza, la sua, col letto ancora sfatto alle tre del pomeriggio, Ida che lavorava lì da vent'anni la domenica non veniva, e cercò fra le coperte e le lenzuola ammucchiate. Magari li aveva lasciati lì. Trovò solo l'odore schifoso, il suo odore, allora aprì la finestra. Entrò una lama di sole che abbagliava, era un inverno bipolare che alternava giornate miti e serene a periodi di gelo e pioggia, ridicolo e spaventoso allo stesso tempo. Niente sul settimino, niente sui comodini, niente per terra, niente di niente di un cazzo di niente. «Ah!» e mollò un calcio al letto di ferro battuto. «Ma dove stanno?» Cominciava a girargli la testa. Uscì. Lo studio? Impossibile, lì ancora non era entrato, e l'inserto del "Corriere" l'aveva letto sul divano e... «Coglione!» mormorò mentre risaliva il corridoio e si dava una botta sulla fronte con la mano aperta, girò l'angolo, dove una volta sulla parete c'era il telefono, nero, col disco, e sulla mensola la rubrica con la penna penzoloni, superò l'altro bagno, attraversò la doppia porta a vetri e accese il lampadario di Murano dove funzionavano tre lampadine su sei. Cercò sul tavolino di fronte ai divani di velluto. Niente neanche lì. Non stavano sul tavolo da pranzo da otto, nemmeno sul piano di marmo del comò intarsiato, neppure sulla televisione a tubo catodico né sulla mensola del camino. Poi finalmente vide la stanghetta spuntare dal cuscino della poltrona. «Ah!» S'erano mimetizzati come una serpe, ma ora li aveva visti. Li inforcò, poteva andare a lavorare. Tornò in corridoio ed entrò nello studio. Si chiuse la porta alle spalle, una porta di legno scura e lucida con qualche crepa, la maniglia di ottone, era l'unica porta di casa con la chiave, le altre stanze l'avevano perduta da anni, nei bagni usava il paletto. Chiuse con due mandate lasciando il corridoio al buio, tranne una lingua di luce che spuntava da sotto la soglia, perché Carlo Cappai nel suo ufficio interdetto al mondo usava faretti alogeni e teneva imposte e finestra serrate.

Sarebbe uscito solo a tarda notte.

Lungo i viali, all'una del mattino, erano rimaste le nigeriane, che non avevano orari. Flavio Zigon lo sapeva, le frequentava da tre anni anche se cambiavano spesso. I primi tempi c'era Jamila, o almeno così diceva di chiamarsi, la sua preferita. Piccolina e magra con un seno enorme e parlava male l'italiano. Poi era sparita, inutile chiedere, nessuna collega la conosceva, nessuna l'aveva mai vista o sentita. Poco male, Flavio passò a un'altra, poi a un'altra ancora. Quella notte aveva scelto Lubabah. Che invece era grossa e rideva sempre, gli metteva allegria, e poi sapeva fare i pompini come nessuna. «Andiamo?» S'era messa un paio di stivali rossi di plastica al ginocchio e portava shorts di paillettes. Una canottiera aperta davanti mostrava il reggiseno azzurro, sopra, una pelliccia di finto pelo leopardato. «Ma ti vesti così da casa o ti cambi?» Lubabah rideva. Nascondeva i vestiti dietro la cabina dell'elettricità, accanto al lampione. Flavio non doveva chiedere la strada, la conosceva a memoria. Appena lasciata la città alle spalle, quando gli alberi tornavano a farsi vedere, avrebbe dovuto imboccare la sterrata per il lago di pesca sportiva. Due curve e lì, in una piccola radura in mezzo al bosco, Lubabah gli avrebbe succhiato l'uccello. «Pagamento prima, amore» disse la ragazza appena Flavio spense gli anabbaglianti. Aprì il portafogli e contò. Una banconota da venti e una da dieci. Poi si slacciò la cinta, sbottonò i pantaloni e tirò fuori l'uccello già duro per l'eccitazione. «Fai piano, mettici sentimento...» le disse. La ragazza prese la borsa e cacciò fuori un preservativo. «No» fece Flavio, «senza!»

«Senza te lo scordi» gli disse. «O con questo o riportami ai viali.»

L'uomo sbuffò. «Però lo metto io.»

«E mettilo tu» acconsentì consegnandogli la bustina. Flavio l'aprì. Lo disgustava l'odore plastico dell'anticoncezionale. «Ma perché, voi africane rimanete incinta dalla bocca?»

«Fa' poco spiritoso.»

Lo poggiò sulla punta e lo srotolò. «Ecco fatto, pronto.» Lubabah lo fece scivolare fino alla base, poi togliendosi i capelli dal viso si chinò sbattendo la guancia sul volante. Rise. A Flavio non piaceva si ridesse o ci si distraesse in quei momenti. «Scusa...» mormorò Lubabah, poi cominciò a baciarglielo. «Sì, così... così...» Le stringeva i capelli tenendo gli occhi chiusi. «Vai così... così... continua piano, piano, dolce.» Si sentiva solo il tintinnare degli orecchini e dei braccialetti che Lubabah portava al polso sinistro. «Stringi... stringi!» Continuava a carezzarle una ciocca di capelli, neri e duri, forse ricoperti da una lacca o da un olio. Riuscì poi a infilarle una mano sotto la canottiera, a toccare il seno, grosso e carnoso. «Vengo... vengo... non ti fermare negra di merda!»

Lubabah non si fermò. Il liquido seminale riempì il serbatoio e Flavio si lasciò andare sul sedile mollando tutta la tensione accumulata. La ragazza tolse con un movimento rapido il preservativo e lo chiuse in un fazzoletto di carta.

«Come fai i pompini tu...»

«Mi hai chiamato "negra di merda".»

«Io?»

«Tu.»

Flavio scoppiò a ridere. «Ma perché, che sei? Non sei una negra?»

Lubabah si aggiustò il reggiseno. Poi la portiera dalla parte di Flavio si aprì. Un'ombra, due spari. Lubabah fece appena in tempo a girarsi che già non c'era più nessuno. Solo Flavio con un occhio spalancato e il viso maciullato, insanguinato, guardava il parabrezza con quell'occhio aperto, l'altro era stato cancellato dal proiettile. Lubabah provò a gridare ma non le uscì un filo di voce. Poi si aprì anche il suo sportello. L'ombra aveva fatto il giro dell'auto ed era dalla sua parte. Lubabah si pisciò sotto. L'uomo aveva il viso coperto da un passamontagna, la mano destra inguantata stringeva ancora la pistola. Avvicinò l'indice della sinistra al volto. «Ssshhh» disse. Lubabah piangeva, le lacrime le inondarono il viso. Poi veloce l'uomo sparì nel buio, fra i rami e i tronchi, lasciando la ragazza sola nell'auto con il corpo di Flavio accanto. Dalla bocca gli gorgogliava sangue misto a saliva, mentre la gamba destra tremava come fosse attraversata da una corrente elettrica. La ragazza piangendo uscì dall'auto stringendosi al petto la borsa e a passi rapidi ritornò sulla strada principale inciampando sui tacchi di dodici centimetri dei suoi stivali di plastica rossa.

Ogni giorno, esclusi i festivi, con sole o pioggia, caldo o freddo, alle sette precise Carlo Cappai correva nel parco per trenta minuti e poi tornava a casa per la doccia. Usciva di nuovo dal portone alle otto meno dieci, si fermava per la colazione al bar Colangeli, quindici minuti a piedi e arrivava al tribunale. Scendeva le scale verso l'archivio, si toglieva il cappotto e accendeva il computer. Non c'era molta luce lì sotto, soltanto quella poca che riuscivano a fare i neon inchiodati al soffitto; chilometri di scaffali numerati, cifre e lettere che lui conosceva a memoria. Chilometri lineari di ripiani ricolmi di pratiche. Lavorava lì da anni, all'archivio del tribunale penale. Aveva una piccola scrivania, proprio dietro al lungo bancone dove si appoggiavano cancellieri, avvocati e praticanti: «Per favore, la pratica processo Liverani, seconda corte d'assise, maggio 2015». Carlo Cappai allora si alzava e la raggiungeva a colpo sicuro. Quel labirinto per lui era casa. Ma la maggior parte del tempo la passava da solo. Passeggiava sul linoleum giallo del pavimento, tra le pareti muffite con le uniche due finestre in alto che davano sulla chiostra interna del tribunale e dalle quali nei giorni di sole entrava un fascione grigio e pesante di luce impolverata. Guardava i corridoi nella penombra: scatole, migliaia di scatole, schede, cartelle, fascicoli, raccoglitori. Tutti etichettati, classificati e archiviati, pile che arrivavano fino al soffitto.

Parlavano.

Carlo Cappai da trent'anni passava nove ore al giorno lì dentro, e sapeva che quei faldoni parlavano. Qualcuno urlava. Ce n'era uno della sezione F, scaffale 7, ripiano 9, busta 82, Cappai lo chiamava solo "Effe", sapeva a memoria quante cartelle lo componevano, poteva descrivere tutte le fotografie, sette in bianco e nero e cinque a colori, conosceva le relazioni del commissario di polizia Lo Cicero, del patologo Orsolini, i verbali del dibattimento in aula e le sentenze di assoluzione di Luigi Sesti per non aver commesso il fatto. Ora quel faldone doveva essere distrutto, il dibattimento era avvenuto molti anni prima, il giudice Bruno Cappai aveva assolto l'imputato in primo grado, e poi in appello un altro giudice, Tropea, aveva chiuso per sempre la pratica. Invece il faldone restava lì. Carlo lo conservava lontano dalle attenzioni distratte dei cancellieri e dalle richieste dei pubblici ministeri. Non dava fastidio a nessuno. Solo lui lo ricordava, ormai. Per stare tranquillo, aveva fotocopiato documenti e fotografie e li aveva portati a casa. Se l'era cavata, Luigi Sesti, il figlio del grande avvocato con lo studio più potente della città. Sesti padre era imparentato con quelli che contano, a partire dalla moglie, Donata Sesti Cattaneo, cementificio, allevamenti di bestiame, da tre generazioni.

Luigi Sesti era l'imputato.

Carlo Cappai lo conosceva bene, dai tempi del liceo. Una vita fa, una vita che sembrava avesse corso i cento metri per quanto era passata veloce, una folata di vento che aveva portato via colori, pensieri e odori. Tre anni più grande di lui, non si frequentavano. Carlo Cappai si limitava a osservarlo mentre schizzava sulla moto ultima generazione o sul Duetto, premio per un 6 risicato in greco. Sorrideva sempre, Luigi Sesti. La vita per lui era in discesa, la percorreva con la leggerezza di chi sa di essere superiore, di chi conta ed è al di fuori della legge degli uomini.

Carlo Cappai faceva una breve pausa per pranzo, di solito un panino in piazza San Francesco dove era sicuro di non incontrare avvocati, cancellieri, praticanti. Seduto al solito tavolo accanto alla vetrata a guardare i passanti. Nessun pensiero, anche quando a sfilare era una donna bellissima o una vecchia conoscenza, guardava e masticava lento. Beveva la spremuta di arancia, lasciava i soldi sul tavolo di marmo e tornava al lavoro. Non s'aspettava quel giorno di vedere Donata Sesti Cattaneo attraversare la strada sotto braccio alla badante. Com'era vecchia la mamma di Luigi Sesti. Piegata come un ramo di ulivo, ma gli occhi erano rimasti quelli di quarant'anni prima. Duri e freddi, di chi era abituata a comandare. Era ancora viva, come suo marito, l'avvocato, novantun anni, costretto nel letto della sua camera, al secondo piano del palazzetto di famiglia, senza distinguere il giorno dalla notte, così riportavano le chiacchiere del tribunale, aspettando l'ora fatale. Secondo Carlo Cappai aveva vissuto anche troppo. Si limitò a contare i passi che la donna impiegò per arrivare alla macchina dove la attendeva l'autista. «... ventiquattro» disse a bassa voce, poggiando il bicchiere della spremuta sul tavolo.

Il pomeriggio il lavoro era anche più semplice. Gente ne arrivava sempre meno, i giudici lavoravano ai piani superiori e lì sotto c'era pace, a parte le scatole che parlavano, parlavano e chiedevano. Alle quattro leggeva i quotidiani, ma solo quelli locali e le pagine dei nazionali che riguardavano la sua città. Una lettura concentrata, attenta, mentre teneva un pennarello e un paio di forbici accanto a sé. Solo, in quel labirinto, sotto la luce fredda dei neon, inforcati gli occhiali, ogni giorno della sua vita Carlo Cappai cercava una notizia, uno scampolo, anche solo un accenno.

A casa, la sera, mangiava quello che Ida gli aveva preparato, senza quasi guardarlo. Poi accendeva la televisione sui canali regionali e per una mezz'ora osservava scorrere le immagini. Quando ne aveva abbastanza, andava nello studio e ci si chiudeva dentro fino alle dieci e mezza. Si poteva sentire solo la radiolina accesa su un'emittente privata che dalle nove di sera mandava in onda un programma di pettegolezzi cittadini. Si chiamava *Chi va e chi resta*. Dagli annunci mortuari ai nuovi nati, dai problemi che affliggevano "quelli che contano" alle manifestazioni culturali. Una sorta di bacheca locale. Alle dieci e mezza il programma era finito, Carlo Cappai spegneva la radio, usciva dallo studio richiudendolo a chiave e andava a letto.

Questa era la vita di Carlo Cappai. Nessuno lo conosceva per davvero, solitario, grigio e sfuggente, una macchia delebile che il tempo avrebbe pensato a cancellare.

Carlo Cappai, invece, era un ragno che da quarant'anni tesseva la sua tela.

Era nato in quella bella casa in centro cinquantotto anni prima e non l'aveva mai cambiata, neanche dopo la morte dei genitori. Le foto del padre e della madre erano relegate nella loro camera da letto, quella dove entrava solo Ida a fare le pulizie una volta a settimana. Lui mai. Quando rincasò sudato dalla corsa mattutina, Ida era già al lavoro. «Buongiorno» gli disse. «Buongiorno» bofonchiò Carlo Cappai con la sua voce sottile e sgradevole.

«Piaciuto lo stufato ieri sera?»

«Sì.»

«Cosa vuole per cena?»

«Faccia lei.»

«Posso pulire lo studio?» Domandava sempre, come se non conoscesse la risposta. «No, ci penso io.» Eppure era così da anni, dalla morte di suo padre, quando Carlo Cappai aveva ereditato quella stanza, nessuno poteva entrarci. La teneva chiusa a chiave lontano dalle curiosità e intromissioni del mondo. Lo sapeva che Ida sbirciava dal buco della serratura e che aveva tentato almeno tre volte di aprirla senza successo. Quei venticinque metri quadrati erano vietati al resto dell'umanità. Anni prima la donna gli aveva chiesto: «Ma cosa ci tiene di così importante lì dentro?». Le aveva risposto con un lapidario: «Fatti miei».

Erano fatti suoi, lì dentro Carlo Cappai lavorava per davvero.

Il lunedì aveva il passo stanco di qualsiasi altra giornata. Dopo pranzo Carlo si era preso il caffè col cancelliere, soliti commenti sulla serie A, sull'inverno che pareva non voler finire mai, sull'inutilità dei dibattiti in televisione. Alle due tornò in archivio e si concentrò sui giornali portati dalla collega. Tutti in prima pagina parlavano dell'assassinio di Flavio Zigon, anni quarantaquattro, trovato morto nella sua auto con due colpi di pistola non lontano dal lago di pesca sportiva. "Pesca sportiva" era una definizione che Carlo aveva sempre trovato grottesca. Vallo a dire alle trote, pensava. Si cercava la prostituta con la quale la vittima si era appartata, ma a detta del giornalista di cronaca le speranze di trovarla erano davvero poche. Carlo sorrise. Nessuna avrebbe collaborato, questo lo sapeva, vivevano legate a un filo sottilissimo, senza documenti, dei fantasmi senza anima, valide solo da mezzanotte alle cinque del mattino per soddisfare i pruriti e le frustrazioni sessuali dei maschi. I titoli erano ridicoli: *Regolamento di conti. Vendetta di una prostituta. Giro di coca.* Dicevano che gli inquirenti stavano scavando nella vita di Flavio Zigon.

C'era poco da scavare.

Abbandonò le prime pagine e cominciò la sua ricerca nelle notizie locali, quelle gli interessavano di più. Non trovò nulla di importante. Lasciò i quotidiani, poi a colpo sicuro andò al corridoio di fondo, le pratiche che gli interessavano erano alla sezione S, scaffale 9, ripiano 2, busta 33. Processo Zigon/Faruk. Le portò alla sezione A/7, quella che chiamavano il Purgatorio, dove si parcheggiavano i faldoni prima della distruzione. Il processo era finito, aveva attraversato tutti i gradi di giudizio e Flavio Zigon, con un ottimo avvocato e un giudice distratto, se l'era cavata dall'accusa di omicidio. Erano le cinque del pomeriggio, non gli restava che tornare a casa, per quel giorno poteva bastare.

Lunedì 5 febbraio

Ci sono andato sul posto, certo che ci sono andato. Cosa ho visto? Un'auto con gli sportelli aperti e col muso puntato verso la macchia. All'interno dell'abitacolo un lenzuolo copriva il corpo. Non ho potuto avvicinarmi, questo l'avevo capito, c'erano gli uomini della scientifica con la tuta bianca, sembravano dei preservativi, fotografavano, passavano pennelli su tutta l'auto, infilavano cartacce e oggetti dentro dei sacchi di plastica trasparente. Che altro posso scrivere? Non ne so un cazzo, solo quelle due sciocchezze che ci ha riferito il capitano dei carabinieri, che si chiama Ossola. Ci ha detto: «Uomo adulto, quarantaquattro anni, risponde al nome di Flavio Zigon come da carta d'identità trovata nel portafogli insieme a cento euro in banconote e una carta di credito, due colpi di pistola, uno alla tempia e l'altro sul viso, era con una prostituta perché abbiamo ritrovato un fazzoletto di carta con dentro un preservativo usato». «E certo, non credo si sia venuto a masturbare quaggiù» ha detto il collega del "Resto", Salvo Parodi, che ha sessant'anni e queste cose le conosce bene. Io no. Io sono in cronaca da settantadue ore e posso solo seguire gli anziani.

È inutile, la Stronza non capisce. «Scava, scarta, insegui la notizia» mi dice. Pensa di stare in un film americano. «Che notizia vuole che inseguo?» Mi tocca andare alla caserma, cercare di parlare con qualcuno, e poi la Stronza vuole un pezzo sulla vita della vittima. Mi dice pure l'indirizzo del padre con un sorrisetto di superiorità. «Tenga, Andretti, le evito uno sforzo.»

La strada non l'ho mai sentita nominare, per trovarla devo mettere il navigatore. E quando arrivo penso, come nei film americani, sempre grazie alla Stronza, di trovare decine di colleghi. Non c'è anima viva. Suono il campanello e mi viene ad aprire un vecchio. Che poi magari non ha più di settant'anni, ma se li porta malissimo. «È qui che abitava Flavio Zigon?» gli domando. Quello si toglie gli occhiali e mi guarda. Ha gli occhi di un azzurro slavato, lontani, sconfitti. «Lei chi è?» mi chiede. «Andretti. Lavoro al "Gazzettino".» Il nome del giornale lo conosce, infatti annuisce. «L'ho riconosciuto io mio figlio all'obitorio, anche se della faccia è rimasto poco» mi dice, senza darmi spazio per lasciarmi entrare in casa. «Abitava qui, con me. È sempre stato sfortunato, Flavio.» Gli si inumidiscono gli occhi, ma non capisco se è per la commozione o per un principio di cataratta. «Era... era sposato?» è la prima domanda che mi viene in mente.

«Era sposato, sì. Anni fa» lo dice a bassa voce, «ma lei ne avrà sentito parlare, no?»

Alzo le spalle. Lui prosegue. «Sua moglie... era Laura Faruk... si ricorda l'omicidio di piazza dei Colori?»

Dovrei, o almeno è quello che lui si aspetta da un giornalista di cronaca. «Veramente no. Io prima stavo allo sport.»

I suoi occhi prendono interesse. «Per chi tiene?»

«Inter.»

«Verona» mi risponde lui. «Non il Chievo, dico Verona, l'Hellas, quella vera. Il pandoro io lo mangio a Natale!» Gli viene da ridere, ma la risata si tramuta in una tosse catarrosa. Diventa rosso e si piega in due. Mi guardo intorno. Dovrei procurargli dell'acqua, magari, ma sul pianerottolo di casa mi risulta difficile. Gli passa. «Io a Verona ci sono nato e mi tocca morire in questo cesso» e mi chiude la porta sul viso.

Che faccio? Insisto? Esiste un manuale di comportamento del giornalista di nera? Decido di andarmene. Per fortuna ho buona memoria. Non so se sia il caso di continuare a tenere il diario, lo rileggo e sembra più uno sfogo che altro. Ma poi in fondo un diario che cos'è? Quando stavo alle pagine sportive mi appuntavo dialoghi, nomi, situazioni al limite dell'assurdo. Qui, ora, non so. Non mi viene da scherzare.

Anzi.

Carlo si sistemò davanti alla televisione. Sul vassoio la cena preparata da Ida. Mezzo pollo arrosto, l'altra metà l'aveva stipata nel forno per il giorno dopo. Tutti i canali locali parlavano dell'omicidio di Flavio Zigon. I giornalisti facevano fioccare le spiegazioni più fantasiose. Quella più in voga era il regolamento di conti. Quali? La vittima aveva cento euro nel portafogli e la carta di credito, quindi tutti escludevano la rapina. La presenza della prostituta accanto a lui era il dettaglio più inquietante. Dov'era? Chi era? Era scappata? Morta anche lei e gettata in un torrente? E se fosse proprio lei, la prostituta, l'assassina? Carlo sorrise. «Imbecilli» disse al televisore. «Gli hanno sparato sulla parte sinistra del volto, la prostituta era alla sua destra. Che ha, un braccio da contorsionista? Imbecilli...»
Sul canale 124 trovò un dibattito più interessante. Un vecchio giornalista del "Resto", Salvo Parodi, qualche notizia in più l'aveva. Carlo lo aveva incontrato spesso, ogni tanto era venuto in archivio a prendere informazioni, non che ci avesse mai parlato, ma ascoltava quello che diceva agli avvocati, ai cancellieri, ai prati-

canti. Quel giornalista il mestiere lo conosceva, Carlo lo rispettava più di molti giudici e pubblici ministeri. «I carabinieri i dettagli non li dicono.» Era seduto su una poltroncina girevole, accanto a un paio di presentatori di serie C e la bellona di turno, sembrava a suo agio. «Non vi dicono per esempio un dettaglio fondamentale. L'arma utilizzata. Ora la balistica si esprimerà, ma mi gioco lo stipendio che si tratta di una 9 millimetri. Mettete insieme i dettagli e piano piano la verità uscirà fuori.» Cappai spense il televisore, si alzò portando il vassoio in cucina. E anche se fosse?, si chiese. La verità è mai servita a qualcuno? Resterà un caso insoluto, rifletteva, come l'ottanta per cento degli omicidi. E anche quando metteranno le mani sul colpevole? Un altro faldone nell'archivio, niente di più. Entrò nello studio e si chiuse dentro. Aveva almeno tre ore di lavoro da sbrigare. A mezzanotte uscì, gli occhi rossi e il passo stanco. Trascinava con difficoltà due sacche di tela piene di documenti che lasciò sul tappeto del salone. Il braccio destro di Carlo Cappai non era più tornato lo stesso dopo l'incidente del '95. Ormai aveva imparato a usare il sinistro, a parte scrivere riusciva a farci quasi tutto. Impiegò dieci minuti per accendere il fuoco nel camino, i suoi genitori lo usavano solo a Natale quando venivano gli zii da Milano o durante le cene con i colleghi del tribunale e consorti. Carlo stipava la legna nello sgabuzzino della cucina, in città rimediarla non era così semplice come in campagna. Quella che aveva bastava e avanzava.

Il falò crepitava, le lingue rosse leccavano l'aria e i riflessi rimbalzavano sui mattoncini refrattari e il parascintille di ottone. Un buonissimo odore di legno di castagno invase il salone. Aprì la prima sacca, tirò fuori un faldone e lo gettò nel fuoco. La fiamma si eccitò e bruciò in un istante le fotocopie che conservava. Ripeté l'operazione fino a quando esaurì il contenuto delle sacche. Attese che il fuoco si calmasse un poco, quella montagna di carta aveva prodotto un sacco di cenere che sarebbe rimasta bollente fino al mattino dopo. Ida si sarebbe insospettita. Carlo prese due bicchieri dalla credenza, li riempì di cognac che poi gettò nel lavandino. Lasciò bottiglia e bicchieri vuoti sul tavolino del salone, insieme a un pacchetto di patatine che si premurò di svuotare nel water, sprimacciò i cuscini delle poltrone, ora sembrava avesse ricevuto visite. Recuperò le due sacche vuote che rimise in studio, lo chiuse a chiave e finalmente andò a letto. Niente sogni, da un po' di anni non facevano più visita alle sue notti.

Martedì 6 febbraio

«Mi dici qualcosa dell'omicidio di Laura Faruk?» chiedo a Filippo Lauretani che sta al giornale da sempre e in ditta lo chiamano Wikipedia. Chiude gli occhi, poi guarda il computer, digita qualcosa e infine gira il monitor verso di me. «Tie'» mi dice solo, «tutto tuo» si alza e se ne va. «Scendo al bar, chi vuole un caffè parli ora o taccia per sempre.» Non faccio in tempo ad alzare la mano che Filippo urla: «Peccato, troppo tardi!».

Mi metto davanti al monitor. È un articolo del nostro giornale di qualche anno fa. "Laura Faruk, anni 32, figlia di Giorgia Rebellato e di Ahmed Faruk, un negoziante libanese, è stata trovata morta questa mattina nella sua abitazione di piazza dei Colori. Gli inquirenti parlano di dieci coltellate inferte sul corpo della vittima, di cui almeno tre mortali. La donna viveva da sola nel piccolo appartamento al primo piano. Voci danno per certo il furto come causa dell'efferato delitto. Sul luogo sono al lavoro i professionisti del RIS. Laura Faruk era legata sentimentalmente a Flavio Zigon, imprenditore di 34 anni. Marta Faruk, la sorella della vittima, rivela che la relazione si era però interrotta da più di sei mesi. Raggiunto dal nostro inviato al telefono, Flavio Zigon ha accusato un malore. Portato di corsa all'ospedale Sant'Eugenio, è stato rianimato in pronto soccorso. La prognosi è di una settimana."

Finito. Non c'è altro. Continuo la ricerca. Appare un articolo, di quattro mesi dopo, che annuncia l'inizio del processo contro Flavio Zigon per l'omicidio di Laura Faruk.

Non ci sono mai stato in quel sottoscala. Un labirinto di porte con l'odore di chiuso e la luce spettrale. Mi lamento io di fare un lavoro di merda. Quel poveraccio inchiodato dietro il bancone dell'archivio mi ricorda il guardiano di una saga medievale. Bassino, ha perso i capelli sulla sommità del cranio, parla pochissimo. Appena gli chiedo la pratica accenna un sorriso. «È nel Purgatorio» mi dice. A forza di stare lì sotto deve avere una visione della realtà tutta sua. Poggia sul bancone sette faldoni pesantissimi che sbattendo sul legno lasciano andare una nuvola di polvere finissima. Poi mi guarda allungandomi un foglio da firmare. «Per consultarli può usare quei tavoli laggiù.» Nell'angolo ce ne sono quattro, di formica verdina, accerchiati da sedie spaiate. Prendo tre faldoni alla volta e li porto su quello più vicino al termosifone. Chissà perché proprio quello, forse il calorifero mi dà un senso di sicurezza. Ci sono due finestre in alto, lasciano entrare uno spaccato di cielo grigiastro percorso da brandelli di nuvole. Apro il primo faldone. Processo Zigon/Faruk. Settembre 2007. Sfoglio la sentenza. Lunghissima e scritta in burocratese, una noia spaventosa.

Quello che capisco è che Zigon ha un alibi a prova di bomba. "La morte risale alle dieci di sera, a quell'ora lo Zigon era al ristorante Le Beffe con i suoi familiari per festeggiare il compleanno del padre" dice la difesa. E a seguire ci sono le testimonianze di camerieri, gestori, familiari che ricordano perfettamente, cosa che a me ha sempre fatto sorridere quando lo vedo nei telefilm, fatti e dettagli di un qualsiasi giovedì sera di mesi prima. Addirittura un cameriere rammenta il vino ordinato. Già quel dettaglio stona. Come stona tutta l'indagine all'acqua di rose della polizia. Il patologo, tale Ferretti Tarquinio, cazzo di nome, riporta l'orario della morte fra le 20 e le 24 e aggiunge: "Difficile essere più precisi". Io non sono del mestiere, mi tocca crederci, ma la sua deposizione ha un altro spunto da approfondire. È questo. Dice sempre Ferretti Tarquinio: "L'arma del delitto è un coltello a lama singola di 30 centimetri", un normale coltello da cucina. E qui si è scatenato l'avvocato difensore, Ernesto Guidi: "Non c'è premeditazione" sostiene, "l'assassino ha preso la prima arma che gli è capitata fra le mani e ha colpito la vittima. Era lì per un furto, come si evince chiaramente dalla fotografia della porta-finestra della cucina che mostra segni di effrazione. Flavio Zigon era ancora in possesso delle chiavi di quella casa e se, come sostiene il pubblico ministero, è entrato per uccidere, perché non si è portato un'arma ma ha usato il coltello da cucina trovato lì per lì? Mai, e ripeto mai, lo Zigon avrebbe scassinato la porta-finestra; che motivo avrebbe avuto possedendo le chiavi?". Ragionamento che non fa una grinza, credo. Sfoglio le pagine. "Se, come il pubblico ministero sospetta, fra Zigon e la signora Faruk si è scatenato un litigio per colpa del quale lo Zigon avrebbe preso il coltello e inferto i colpi mortali alla vittima, dove sono le tracce del litigio? Della colluttazione? Il corpo della Faruk è stato ritrovato nell'ingresso dell'appartamento, con ancora il soprabito indosso, le chiavi di casa erano per terra. Segno che era appena rientrata e l'assassino, scoperto, ha agito d'impulso. Non c'è spazio, nel racconto che il cadavere ci lascia, per supporre una colluttazione. Quale colluttazione? Durata tre secondi mentre la poverina rientrava in casa? No, signor giudice, non può essere andata così. Flavio Zigon non è l'omicida di Laura Faruk!" Ho la sensazione di stare nell'aula durante il dibattimento. Leggo la testimonianza di Marta Faruk, la sorella della vittima: "Le cose tra Flavio e mia sorella andavano malissimo. Flavio la tempestava di telefonate". Leggo un intervento del pubblico ministero: "Presidente, lascio questo foglio con evidenziato il numero di chiamate fatte dall'utenza 347 33 XXXXX, intestata allo Zigon, all'utenza 332 45 XXXXX, intestata a Faruk Laura".

"Il collegio giudicante prende nota."

"Le mandava continuamente sms" e di nuovo il pubblico ministero: "Presidente, in questa lista sono riportati i messaggi dall'utenza dello Zigon all'utenza Faruk".

Marta Faruk continua: "Mia sorella me ne parlava sempre. Aveva paura di Flavio. I messaggi che Laura mi ha mostrato testimoniano quello che dico! Signor giudice, io le consigliai di andare alla polizia, così magari lo tenevano lontano, ma lei temeva che facendo così avrebbe indispettito ancora di più Flavio. Se mi avesse ascoltato... ".

E qui forse la sorella si era messa a piangere. Il dibattimento, lungo e complesso, era andato avanti per giorni. Non ne posso più, salto direttamente alla sentenza.

"Assolto per non aver commesso il fatto."

Dunque Guidi, l'avvocato, era riuscito a scagionarlo. Davanti a me i faldoni col processo di appello. Comincio a scartabellarli, ma l'uomo dell'archivio si è avvicinato, silenzioso. «Dobbiamo chiudere» mi dice. Io gli sorrido e riporto tutti i documenti al bancone. «Posso tornare per consultarli?»

«Se non li distruggiamo prima, sicuramente.»

L'archivista rientrò a casa che era già buio. Dalla strada notò le luci del salone accese, sentì un sapore amaro in bocca. Ida aveva saltato la mattina preferendo il pomeriggio. Non c'era niente di male in questo, era capace di isolarsi anche in mezzo a un concerto rock, il problema era Anna, la sorella di Ida. Che infatti trovò seduta in salone sulla poltrona davanti al camino con le mani posate in grembo, le gambe un po' di lato. Il pullover blu e i jeans, se ne stava silenziosa mentre la sorella era indaffarata in cucina. «Buonasera» Ida lo salutò affacciandosi in corridoio, «non potevo venire questa mattina, e allora...» Carlo annuì mentre riponeva il cappotto sull'appendiabiti. «Salve» mormorò ad Anna.

«Buonasera» rispose lei sorridendo.

«Un momento...» le disse dirigendosi verso la sua camera da letto. Si tolse la giacca per infilarsi un vecchio maglione nero a V. In bagno si sciacquò le mani, poi il viso. L'incontro era inevitabile, non aveva una scusa pronta e anche ad averla avrebbe mancato di rispetto a Ida e ad Anna, che era stata una donna sfortunata per tutta la vita, dedicarle mezz'ora del suo tempo non era poi insostenibile; una specie di tassa da scontare per attenuare il senso di colpa. Lei vedova e senza lavoro, che viveva in sessanta metri quadrati con una sorella sposata a un uomo in cassa integrazione e che per campare faceva le pulizie, e dall'altra parte lui, stipendio fisso e casa di proprietà in pieno centro; mezz'ora a settimana non era un prezzo troppo alto. Come fare una visita noiosa in ospedale a una persona che non si conosce tanto bene, questo provava, e si aspetta con impazienza l'infermiera che ordini l'uscita perché l'orario è scaduto.

Tornò in salone.

«Ha avuto ospiti?» gli chiese Ida uscendo dalla cucina e portando il vassoio con due tazze di tè, la zuccheriera e tre pasticcini. «C'era la cenere, il cognac... Questi dolcetti li ha portati Anna.»

«Grazie, Anna, non doveva.»

«Si figuri.»

«Sì, ho avuto un amico in visita» rispose evasivo Carlo.

«Ha anche acceso il fuoco nel camino... un compagno di liceo?» si interessò la donna delle pulizie. Non era curiosità la sua, forse ansia che Cappai avesse avuto un incontro serale con qualche vecchia fiamma. La speranza di accasare la sorella con Carlo era dura a morire.

«No, un collega...» Si sedette sul divano mentre Ida poggiava la guantiera sul tavolino basso. «Due?» chiese, e Carlo annuì.

Ida mise le zollette e servì il tè. «Al bergamotto» fece, «torno al lavoro» e lasciò il salone. Carlo Cappai si piegò per prendere la sua tazza. Notò le mani di Anna, con le unghie corte, sembravano stanche e piene di macchie. Carlo poggiò i gomiti sui braccioli della poltrona. «Vuole un pasticcino?»

«Sì, grazie!» Con delicatezza la donna prese una ciambellina con il pollice e l'indice mentre lui teneva la tazza col piattino poggiata sulle ginocchia. «Giornata pesante?» chiese lei appena ebbe finito di masticare.

«No, niente di che.»

Gli occhi di Anna si illuminarono. Le era venuto in mente un argomento di discussione. «Ha sentito di quell'omicidio, quello fuori città?»

«Sì, certo, ne parlano tutti.»

«Dà da pensare... insomma due colpi di pistola, e poi, almeno così dicono i giornali, pare che l'uomo fosse in compagnia di... insomma, di una prostituta.»

«Già. Brutta storia.» Prese un sorso di tè.

«Lei era in polizia una volta?»

«Tanto tempo fa. Ma ho resistito solo un paio di anni.»

«Deve essere duro il lavoro di poliziotto...»

«Duro e spesso inutile.» Poggiò la tazza sul tavolino. «Io ci ho solo rimesso l'uso del braccio destro.» Anna fece una smorfia. «... ma ormai ci sono abituato. E sì, una brutta storia quella del laghetto.»

«Lei s'è fatto un'idea?»

«No. Non conoscevo la vittima, non credo c'entri la prostituta. Dovranno scavare nella vita di quel tale per far venire fuori qualcosa.»

«Comunque non era un omicidio a scopo di rapina. Il portafogli lo hanno ritrovato pieno di soldi e con pure la carta di credito.»

Carlo sorrise. «La vedo interessata e informata.»

«Vero. Mi piacciono le storie gialle. Leggo molto...»
Con uno sguardo abbracciò l'intera libreria ricolma di
tomi. «... e anche lei, però.»

«Oh, roba di mio padre. Tutti libri di giurisprudenza.»

«Ah sì, suo papà. Era un uomo in gamba...»

«No, era una merda.»

Anna si morse le labbra e abbassò gli occhi.

«Una merda vera, Anna, non di quelle comuni. Un vi-
gliacco, violento, depravato e corrotto nell'anima. Non
che rubasse soldi, per carità, ma moralmente corrotto.
Mi sono sempre vergognato di averlo come padre. Non
si imbarazzi, è la verità. Non gli ho più rivolto la parola da quando avevo vent'anni e, se vuole saperlo, ho
evitato accuratamente anche i suoi funerali.»

«Capisco.»

«No, non può capire. Lei avrà avuto genitori delizio-
si che l'hanno amata.»

«Sì... credo di sì. Papà era ferroviere, sempre in viaggio.»

«Anche mio nonno lo era... magari mio padre fosse
stato sempre in viaggio. No, era sempre qui, a casa. Lei
si starà chiedendo...»

«No, io non mi chiedo niente» si difese Anna che non
voleva sembrare un'impicciona. Carlo sorrise.

«Io credo di sì. Avrebbe voluto chiedermi: se lo detestava tanto, perché vive ancora in questa casa?»

«Be'... è una bella casa in pieno centro e...»

«Pigrizia» disse. «E poi sì, è una bella casa in pieno centro. Avrei voluto ristrutturarla, ma soldi non ce ne sono.»

«Potrebbe venderla e comprarne una più piccola.»

«Per farne?» Anna non rispose. Carlo volle divertirsi provando a darle il destro. «Sono solo, Anna, non ho nessuno a cui pensare.»

La donna arrossì. Carlo si limitò a osservare le sue reazioni. Per prima cosa si toccò le gambe, come a volersi asciugare le mani sui pantaloni, poi prese un altro pasticcino e si riempì la bocca, ma non colse il suggerimento di Carlo, non accennò neanche lontanamente alla possibilità di diventare la persona che lui avrebbe potuto accudire e con la quale fare un pezzo di vita insieme. «Non... non ha fratelli?»

«No. E neanche nipoti. Alla mia morte tutto questo lo lascerò a... non lo so, alla ricerca sul cancro?»

«Mi sembra una bella idea.»

Si sentì uno schifo. Che diritto aveva di dire certe cose a quella donna? «Mi scusi, Anna.»

«E di che?»

«A volte so essere disgustoso. Faccio dell'ironia perché me lo posso permettere, e non va bene.»

«Non si preoccupi, l'avevo capito. Le scappa perché lei è molto arrabbiato.»

Carlo aggrottò le sopracciglia. «Sì» proseguì Anna, «non è difficile capirlo. Lei è arrabbiato dentro da troppo tempo» strizzò gli occhi. «Io la sento questa rabbia. Cerchi qualcuno con cui parlarne. La tiri fuori. Sarà doloroso, ma piano piano potrebbe tornare a sorridere. Senza il sarcasmo o il cinismo, però, intendo sorridere veramente.»

«Cosa le fa credere che io voglia sorridere?»

«Tutti vogliamo sorridere, no? Io, mia sorella, suo marito, e lei non può essere da meno. Se ascolta solo la rabbia, però, non lo potrà capire.»

«E tutte queste belle cose dove le ha imparate?»

Anna sorrise appena. «Dai libri. Dalla televisione. E ho buona memoria. Ancora ricordo molte cose dal liceo. Adesso vado.» Si alzò in piedi, Carlo la imitò. «Ida» fece ad alta voce.

«Sì?» rispose quella dalla cucina.

«Ci vediamo a casa. Arrivederci, Carlo.» Si voltò e raggiunse l'ingresso.

«Ci rivedremo» disse Carlo tra sé, certo dell'ineluttabilità di un prossimo incontro. Lei sembrò non aver sentito, infilò un giaccone nero e sparì dietro la porta di casa. Carlo rimase a guardare il camino. Ida aveva tolto tutta la cenere ed era di nuovo pulito.

Sempre martedì 6 febbraio

«Non è completo» mi dice la Stronza. L'articolo non è completo, mancano i dettagli sul processo d'appello. «Ma ha idea di quante carte ci sono in archivio su un processo? Centinaia! Ho fatto in tempo a dare una scorsa rapida a...»

«Non è completo» ripete guardandomi negli occhi. «Non c'è bisogno che lei vada a studiarsi i dettagli. Dica che Flavio Zigon se l'è cavata anche in appello eccetera eccetera.»

Questo significa che devo andare di nuovo alla scrivania e rimaneggiarlo. È tardi, sono stanco, voglio solo una birra e poi il letto. Invece torno con la testa china, obbediente, a riscrivere il pezzo. "Flavio Zigon nel 2008 fu assolto dalla corte d'appello per l'omicidio di Laura Faruk, sua ex compagna." Alzo lo sguardo verso il soffitto. Faretti e piastre di polistirolo bianche, la Stronza dietro il vetro, un solo collega dell'economia che batte sui tasti, il televisore che manda il notiziario della CNN. Chissenefrega, penso. Anche se all'appello ci saranno stati altri dettagli, prendo per buone le motivazioni del primo processo. "La giuria si convinse che a uccidere Laura Faruk fosse stato uno sconosciuto entrato in casa per rapinarla. I segni di effrazione sulla porta-finestra e la mancanza di oggetti di valore avallarono l'ipotesi dell'avvocato della difesa Guidi. Flavio Zigon tornò a essere un uomo libero fino a quando due colpi di rivoltella..." "Nessuno ha parlato di rivoltella, cancello. Riscrivo. "... di pistola..." Come non so se è una rivoltella, non posso neanche sapere se è una pistola. "... fino a quando due proiettili" brutto ma chissenefrega "hanno messo il punto finale alla sua esistenza." Un po' retorico e pomposo ma va bene così. "Rimangono aperte le domande sulle motivazioni di questo omicidio. La macchia sulla vita dello Zigon resta, il sospetto che fosse in qualche modo coinvolto nell'uccisione della ex compagna pure, chissà se proprio da questi fatti del 2007 nasce la mano che ha esploso quei colpi nel bosco accanto al laghetto di pesca sportiva."

Chiudo e vado a consegnare. La Stronza lo rilegge scuotendo la testa. Poi annuisce. «Buono così» dice e poggia il foglio sulla scrivania.

«Posso andare?»

«Ci vediamo domattina. Puntuale.»

Grazie a uno schieramento difensivo poco spettacolare ma di sicuro rendimento, Andretti riesce a evitare l'attacco massiccio della Stronza. Per ora le squadre si mantengono sullo zero a zero.

Esco e mi incammino verso il centro. Al bar ci sono Ugo, Grazia e Rossella. Mi accolgono sorridendo. Una bella serata, beviamo, cazzeggiamo, provo a guardare Rossella cercando di trasmetterle la voglia di tornare a casa insieme a lei, ma è come lanciare segnali al muro, non raccoglie o non vuole raccogliere. E allora a casa ci torno da solo, abbandonando l'idea di farmi una storia con lei. Con Rossella non c'è modo di vincere o di perdere, è un avversario che non scende proprio in campo.

Devo dire la verità, mi manca Fabrizia. Con lei parlavo, parlavo, parlavo. Forse troppo. Infatti se n'è andata. Mi manca però, mi basta restare solo per cinque minuti e il suo viso e il suo corpo si materializzano di fronte a me, come se fosse seduta sul divano. Mi addormento davanti a un comico pessimo con le sue storielle vecchie e ritrite fra moglie e marito. Ma mi addormento con un "E se?" inchiodato nella mente. "E se Laura Faruk avesse un amico, qualcuno che l'ha giurata a Flavio Zigon?"

Mercoledì 7 febbraio

Quando la sveglia scatta alle sette e trenta, la domanda è ancora lì, imbullonata nella mente insonnolita. Perché ha aspettato tutti questi anni per vendicarsi? Una bella pista sarebbe un fratello che era all'estero e che prima di quella data non poteva agire. Magari era in carcere?

Mi fa schifo vivere da solo. Dopo Fabrizia, l'orrore. Ero felice. Mi occupavo di sport, avevo la testa libera. Il mio primo pensiero era baciare Fabrizia, preparare la moka da sei, che tanto la finivamo in due. Poi lei a scuola e io, con molta calma, in redazione. Fabrizia. L'avrei ammazzata due anni fa, sparita senza un biglietto, una nota, un messaggio al cellulare. Un cazzo. Tre giorni a girare fra ospedali e caserme. Poi richiama. Aveva lasciato la scuola, aveva lasciato me, la città, era a Milano. E ce l'ho ancora qui il messaggio. "Ci devo provare, Walter... e finché sono con te non ce la faccio. Tu mi occupi il cervello. Mi fai stare comoda. La scuola è comoda, la casa è comoda. Io ci devo provare. Se non ora, mai più! Scusami. Ti voglio bene." Sono passati due anni e mi sa che non ci sei riuscita, cara. Una sola mostra in un sottoscala a Segrate, due opere vendute e un trafiletto su "metronews". E ha avuto anche la faccia di chiedermi un aiuto. «Faresti uscire due righe? Se me le potesse scrivere Branduardi, il critico...» Neanche le risposi. Tornerei a stare con lei? Così, su due piedi, direi di no. Poi ci penso... la mattina succede di perdersi in ricordi e pensieri che non portano a niente. Telefono al giornale e dico alla Stronza che vado in tribunale.

«Posso avere i faldoni dell'appello Zigon/Faruk, se non li avete distrutti?»

L'uomo annuisce appena e torna poco dopo con gli incartamenti. Mi accomodo al solito tavolo vicino al termosifone e comincio a leggere. Allora, Laura aveva una sorella ma nessun fratello. Non si fanno cenni alla presenza di un nuovo compagno. Dunque per saperne di più dovrei farmi quattro chiacchiere con questa sorella e il padre, che ha o aveva un ferramenta in periferia. C'è però un passaggio interessante nella deposizione del padre della vittima. Lo rileggo con attenzione. "Flavio e mia figlia non andavano d'accordo da tanto. Ma io ho sempre pensato che spesso va così fra marito e moglie. Non tutti possono essere fortunati come me, a incontrare la donna giusta. Signor giudice, dopo la strage di Damour nel '76 io decisi che basta!, non potevo più restare in Libano. Avevo perso mio fratello maggiore nel '58, poi parenti e amici, ero stanco di vivere nel più bel Paese del mondo ma dilaniato dalle guerre. E allora insieme a Faris, l'altro fratello più piccolo, venni in Italia. E questo Paese mi ha accolto e da allora non sono più tornato a casa mia..." C'era dunque uno zio, Faris Faruk, devo mettermi a cercarlo, dopo che avrò parlato con il padre Khalil. Restituisco tutti i faldoni. «Li potete pure distruggere, non mi interessano più» dico sorridendo all'archivista che non coglie la mia battuta. «Li distruggiamo quando arriva la comunicazione di distruggerli, mica quando lo decide lei.»

Telefono alla Stronza parlandole delle mie supposizioni. «Bene, Andretti, così lavora un giornalista di cronaca. Basta che non sia una scusa per andarsene in giro a fare shopping.»

«Non faccio shopping dal Natale di due anni fa» le rispondo, quando c'era Fabrizia e la sua famiglia ci teneva ai regali.

«Invece dovrebbe. Lei veste maluccio, lo sa?» mi dice. Mi guardo allo specchio di una profumeria. Cos'è che non va nel mio giubbotto marrone col colletto di finto pelo? O nei pantaloni di velluto a coste gialli o nelle scarpe da trekking? Forse il maglione a rombi? O i capelli. È il dramma di chi a trentotto anni ha perso ogni speranza e sa che lassù, sulla sommità del cranio, non ricresceranno più. Però il mio barbiere con un'abile veronica di pettine mi ha coperto un po' di piazza aiutandosi con quelli laterali. Cominciano a imbiancare, vero, ma se la giornata non è ventosa faccio ancora la mia figura. Gli occhiali? Ecco, forse quelli dovrei cambiarli. Sembro Elvis Costello, senza esserlo, però. Forse cento euro in una nuova montatura li posso anche investire.

Palo colpito dalla squadra della Stronza. La compagine di Andretti si rende conto che l'avversario è tenace e riesce a sorprendere sempre la difesa con dei contropiedi micidiali. Per ora la dea bendata sta proteggendo Andretti. Ma quanto durerà?

Cappai era impegnato nell'archiviare le pratiche del processo Azzarita. Non ci sarebbe stato l'appello, di questo gli avvocati erano sicuri. Si era concluso con un verdetto di colpevolezza per il ragioniere Azzarita, che si era tolto la vita in carcere neanche sei giorni dopo. Doveva portare le pratiche nella sezione Q, scaffale 19, ripiano 6, busta 184. La sezione Q era in fondo all'archivio, vicino alla porta del ripostiglio, bisognava attraversare almeno quattro corridoi. Gli doleva il braccio, segno quasi certo che stava per arrivare la pioggia. Spingendo il carrellino fra gli scaffali, Carlo sentiva bisbigliare i fascicoli. Sussurri, mormorii, non distingueva le parole. Girò l'angolo fra la sezione S e la sezione R e il messaggio gli arrivò nitido e chiaro. Alzò gli occhi su una pratica. La voce era trasparente, arrivava da lì. Lo invocava. La tirò giù dallo scaffale per caricarla sul carrellino, poi mise a posto le cartelle del processo Azzarita e con la pratica prelevata tornò al tavolino. Un uomo sui quarant'anni era davanti al bancone e lo stava aspettando. Lo riconobbe, era il giornalista che aveva consultato il processo Zigon/Faruk. Voleva leggere gli atti dell'appello.

Cappai glieli consegnò e tornò al suo lavoro. Il faldone appena prelevato dalla sezione R, scaffale 1, ripiano 12, busta 2 riguardava il processo a tale Martellini Daniele che si era chiuso il 18 settembre di due anni prima. Assolto per non aver commesso il fatto. Carlo infilò la testa negli atti per cominciare a capirci di più. Lontano si sentivano i rumori dei piani superiori, il giornalista assorto sfogliava le carte, nella luce grigia dalle due finestre in alto passavano granelli di polvere, un neon s'era messo a crepitare. Daniele Martellini era stato accusato dalla sorella di aver soppresso i genitori ultraottantenni per il movente più scontato del mondo: l'eredità. La causa prometteva bene. Doveva studiarla con attenzione e ricominciare le sue ricerche. Era certo che da qualche parte avrebbe trovato l'inghippo, il nodo; ci voleva tempo, e di tempo Carlo Cappai ne aveva a volontà. Decise di fotocopiare come al solito tutti gli incartamenti necessari, le deposizioni più importanti, e portarseli a casa. Aveva bisogno di almeno mezz'ora per completare l'operazione. Si mise al lavoro con la fotocopiatrice controllando ogni tanto il giornalista, sempre affogato nelle carte del processo Faruk. Mezz'ora dopo riportò le fotocopie al banco. Il giornalista lo aspettava. «Ecco, ho fatto. Li potete pure distruggere, non mi interessano più» gli disse sorridente. Carlo fece una smorfia increspando appena il labbro superiore. «Li distruggiamo quando arriva la comunicazione di distruggerli, mica quando lo decide lei.»

Carlo uscì dall'archivio con un pacco di fogli sotto il braccio e la memoria dello smartphone piena di istantanee. Portò tutto il materiale a casa, nello studio.

Per lui era un dovere. Non c'era nessun coinvolgimento, si trattava di un'estensione del suo lavoro, per questo la sua mente fredda e analitica produceva risultati, perché i fatti non lo coinvolgevano. Da osservatore esterno aveva molte più possibilità di giudicare e trovare l'errore. Un po' come con i giochi enigmistici, che amava da sempre. Una volta al liceo era riuscito a risolvere un cruciverba senza caselle nere durante una spiegazione di storia. Era una mente fertile, la sua, sapeva dove e cosa cercare, anni di quel lavoro lo avevano addestrato e difficilmente non trovava il bandolo della matassa. Quello che seguiva era la diretta conseguenza dei suoi sforzi, niente di più. Come un medico, un virologo che, trovato l'antidoto al virus, si limita a iniettarlo. Certo non era un gioco, un passatempo, c'erano di mezzo persone di carne e sangue, persone a cui non era stata data la giusta attenzione, quella che un tribunale penale dovrebbe assicurare. Non era stata data giustizia. Per questo c'era lui. Si considerava poco più di un ingranaggio della macchina, quello finale però, senza il quale quella macchina gli ultimi chilometri spesso non riusciva a coprirli. Quanto tempo avrebbe richiesto la pratica Martellini?, si chiese tornando al posto di lavoro mentre addentava una banana. Più della pratica Selvarelli? O di quella del processo Muzii? Per quella di Zigon c'erano voluti pochi mesi. Ma in cima ai suoi pensieri, c'era ancora solo e soltanto una pratica, quella di Giada Cannavò, la sua unica, vera amica, il suo cuore. Erano passati quarant'anni senza poterla risolvere.

Sempre mercoledì 7 febbraio

Incarta chiodi e bulloni, emette lo scontrino, infila oggetti nelle bustine, un sorriso accennato e un saluto per passare al cliente successivo. Khalil Faruk pare un involucro di ossa, sangue e interiora senza anima né vita, se non quella meccanica fatta di gesti quotidiani. Attendo il mio turno, poi gli sorrido, ricambia ma gli occhi neri con le ciglia lunghe restano seri. «Posso parlarle cinque minuti? Sono un giornalista» gli dico. Se l'aspetta.

«Venga» sussurra in un sospiro e mi porta dietro il bancone, nel magazzino, lasciando a un commesso la responsabilità del negozio. «Vuole sapere di Laura, mia figlia, vero?» e si mette a braccia conserte accanto agli scatoloni dei sifoni. «Cosa posso dirle di più di quello che ho detto al processo o alla polizia?»

«No, signor Faruk, no. Io volevo un'altra informazione. Lei ha un fratello più piccolo, Faris, è giusto?»

«Sì.»

«E posso sapere dov'è?»

«Certo. Sta a Waldfriedhof, Monaco di Baviera. Perché?»

«Mi piacerebbe parlarci.»

Khalil scuote la testa. «Mi dica un po' una cosa, lei pensa che sia stato lui a sparare a Zigon l'altra notte?» Arrossisco, se ne accorge. «Abbandoni questa pista. Noi non siamo persone che

fanno queste cose, io mia figlia l'ho persa e niente potrà resti-
tuirmela. Se penso sia stato Flavio a ucciderla? Certo che è stato
Flavio. Lui le ha dato quelle coltellate. Perché non sono riusciti a
incastrarlo? Flavio aveva un buon avvocato, Flavio spacciava la
droga a quelli che contavano, che in cambio l'hanno tirato fuori dal carcere. Se vuole sapere da dove è partito il colpo che l'ha
ucciso, è da quelle parti che deve andare a ficcare il naso. Figuriamoci, Faris...» Quando ero allo sport, di fronte a un allenatore
reticente o a un arbitro riluttante non mi arrendevo alla prima
risposta. Penso sia una buona idea insistere. «Magari suo fratello Faris può dirmi qualcosa in più...»

«Lei sa cos'è Waldfriedhof?»

«Un paese vicino Monaco di Baviera?»

«No, un cimitero.»

Quella mattina si sentiva stanco. Aveva lavorato fino a tarda notte sulle nuove pratiche e gambe e schiena ne avevano risentito. Provò a sprintare alla fine della mezz'ora, ma il fiato era spezzato. A passo rapido tornò a casa per farsi la doccia. Alla prima lettura dei documenti sul processo Martellini non aveva trovato il bandolo della matassa. Il caso era più ostico di quanto pensasse. Ma doveva lavorare su due fronti, scovare la prova della colpevolezza dell'imputato e saperne di più sulla sua vita e le sue abitudini. Dopo la colazione al bar arrivò in archivio. La giornata era abbastanza caotica, il viavai di richieste e di telefonate era continuo. Dovette portare in aula gli incartamenti di un processo al giudice Sindona e aiutare l'avvocato Lo Piparo con una ricerca che lo impegnò per più di un'ora. Finalmente a mezzogiorno poté con tranquillità concentrarsi su Daniele Martellini. Lavorava presso un concessionario di auto ed era presente sui social. Cappai aveva creato da tempo un falso profilo con nome e foto di una bellissima donna sui quarant'anni, aveva scelto il nome di Giada, la sua amica di sempre, gli sembrava un bel modo di mantenerla in vita anche se, nei suoi pensieri, Giada non era mai morta. Non poteva esserlo, non lo sarebbe stata mai. La foto sul profilo era quella di un'americana pescata in rete. La pelle abbronzata di uno splendido corpo, gli occhi profondi e neri, nessun maschio gli avrebbe rifiutato l'amicizia. Prese il suo notebook e invece di andare a pranzo al solito posto fece un giro larghissimo fino alla panchina davanti all'Hotel Novecento. Conosceva la password per il wi-fi e si collegò alla rete. Daniele quella mattina stessa aveva accettato la sua amicizia. "Ciao, Giada, benvenuta fra i miei amici." Cercando nel profilo, Carlo aveva trovato i vecchi post pubblicati dal Martellini, che aveva riportato tutto l'andamento del processo, i suoi amici tifavano per lui, per la sua innocenza. E fioccavano le congratulazioni per l'esito finale.

"Bravo, Daniele! Sono felice sia tutto finito."

"Non solo uno soffre perché i genitori se ne sono andati, ma deve anche sentirsi accusato della loro morte! Assurdo!"

"Ho sempre scommesso sulla tua innocenza. Vai, Daniele!"

"La verità alla fine è venuta a galla!"

Un quarantenne col pizzo, capelli con la riga in mezzo, un po' sovrappeso anche se, a giudicare dalle foto presenti nella bacheca, praticava molti sport. Era un ciclista, parecchie istantanee lo ritraevano insieme alla sua compagna sulle piste da sci, su spiagge tropicali, davanti a piramidi messicane e in vari ristoranti. Era uno di quelli che col cellulare immortalavano i piatti prima di mangiarli. Ma la vera passione di Martellini erano le auto. Tifoso ferrarista, c'erano decine di scatti in posa davanti al modello di F1 o a una Testarossa in esposizione in qualche centro commerciale. La sua collezione di gadget della casa automobilistica modenese prendeva un'intera libreria. "Questo è solo l'antipasto, prima o poi mi compro il ristorante!" aveva scritto con un'ardita metafora sotto un suo ritratto in cui brandiva il modellino di una Ferrari rosso fuoco. Cappai salvò qualche fotografia dei suoi primi piani, poi lasciò un commento sulla sua bacheca. "Ciao Daniele, grazie per avermi accolta fra i tuoi amici. La migliore Ferrari che sia mai stata costruita... è la prossima!" Gli sembrò opportuno citare una delle tante frasi dette da Enzo Ferrari per i suoi tifosi, poi spense il computer e tornò verso il tribunale. Per approfondire il contatto con Daniele Martellini c'era tempo. A casa lo aspettavano la sentenza, le testimonianze e le evidenze da studiare, ma Daniele Martellini era colpevole fino al midollo. Le voci dell'archivio in tutti questi anni non lo avevano mai ingannato.

Giovedì 8 febbraio

«Andretti, vada alla conferenza stampa alla caserma, almeno
da lì potrà darmi un paio di righe pubblicabili» e la Stronza attacca il telefono. Ci arrivo nel tardo pomeriggio. Ci sono solo
quattro giornalisti, con me cinque. Riconosco subito Salvo Parodi, stravaccato sulla poltroncina in prima fila, la pancia fuori dalla giacca, i radi capelli pettinati all'indietro. Ha un sacco
di nei sul viso e tiene in bocca un legnetto di liquirizia. Il capitano legge direttamente dai fogli, accanto a lui due appunta-
ti con le braccia dietro il corpo guardano la sala. «Il proiettile è
un 9 corto, la balistica è in grado di affermare che a sparare è
stata una Walther PPK. Tutti e due i colpi mortali, il primo ha attraversato l'osso sfenoide colpendo il mesencefalo, il secondo
lo zigomo danneggiando in maniera definitiva il cervello. Tutti e due i proiettili sono stati ritrovati all'interno del cranio della vittima.» Guarda noi giornalisti e cambia foglio. «Sono state
rilevate sul sedile del passeggero tracce di urina insieme a capelli, tutto al vaglio degli esperti della scientifica.» Salvo Parodi sembra si stia addormentando. «Quali strade state seguendo?» chiede una collega, deve essere di una televisione locale.
«Stiamo scavando nel passato dello Zigon e nei suoi rapporti
con alcuni ambienti della malavita della città.»

«Ci può dire se tutto questo sia riconducibile al processo che lo Zigon stesso subì nel 2007 per l'omicidio della sua ex compagna Laura Faruk?» chiedo un po' per curiosità un po' per dare di me l'idea del cronista impegnato che ha fatto le sue ricerche. Insomma, la domanda è diretta al capitano ma anche ai miei colleghi, mi sembra giusto presentarmi. «Sono Walter Andretti, del "Gazzettino".» Il militare mi guarda e sorride, anche Salvo si gira per squadrarmi. Mi sento al centro dell'attenzione, divento rosso. Il carabiniere dice solo: «Certo...». Poi saluta tutti e si ritira. Rimaniamo noi cinque, che recuperiamo taccuini e registratori e ci avviamo verso l'uscita. Sento una mano pesante sulla spalla. Mi volto, è Salvo. «Amico mio, come hai detto che ti chiami?»

«Walter Andretti.»

«Sei nuovo?»

«Sì, prima stavo allo sport, sempre per lo stesso giornale. Ora mi hanno passato alla cronaca.»

«Ah, lavori con Elena Barilli!»

«Conosci?»

«Molto bene» risponde liscio, piatto, non si capisce quale sia il suo giudizio sulla Stronza. «Ascolta, Walter, non fare domande a cazzo. L'hai offeso, lo sai?»

Non capisco. «Che significa?»

«Significa che il suo mestiere è quello di indagare, e mettergli sotto il muso un fatto così ovvio è come dargli dell'incompetente. Il capitano Ossola non è un incompetente. Tienilo a mente per la prossima volta» e si allontana. Poi, arrivato a metà corridoio, si gira. «E se vuoi fare questo lavoro bisogna che ti trovi qualche aggancio nei carabinieri e nella polizia, anche negli ospedali, sennò le informazioni non le avrai mai.»

Il problema è che io questo lavoro non lo voglio fare. Non me ne frega niente della cronaca. Io stavo tanto bene allo sport, sem-

pre all'aperto. Ricordo quando cominciai in un giornaletto cittadino, mi toccava la Lega Pro dove giocano da schifo, ma almeno i
commenti del pubblico facevano ridere. Ottimo il fluidificante di
fascia, per la S.S. Locomotiv da rivedere la difesa. Arbitra l'imparziale Ceccobelli. Spettatori 132, terreno di gioco in ottime condi-
zioni. Fatto l'articolo, felice lo sponsor e poi davanti al televisore a
sognare di commentare le serie cadette, i Moto GP, i grandi Slam.
Ancora meglio erano i tornei di tennis regionali. Palla a rete, palla fuori e doppio fallo. Bastava arrivare alla fine del match, riportare il risultato, chiedere a qualcuno: «Come hanno giocato?».
«Sensini lento sulle gambe, Petroselli non aveva il rovescio. Lotta alla pari, alla fine l'ha spuntata Petroselli che ha cinque anni
di meno e corre.» E di nuovo, ecco l'articolo. Tanto lo avrebbero letto solo Sensini e Petroselli, i due avversari sulla terra battuta, e forse i loro genitori. Pallavolo, basket, un paio d'ore e tutto
era finito. A me piaceva andare al Dall'Ara, al Foro italico, a Imo-
la. Un omicidio, invece? Quanto può durare? Faccio conto sulla
memoria dei lettori. Se una storia non ha un finale dopo un po'
annoia e precipita nel dimenticatoio, così io posso passare ad altro. A un giornalista non si chiede un finale, se la realtà il finale
non lo svela, il finale non c'è. Quello è un problema degli scrittori.

Aveva controllato abitudini e spostamenti: Daniele Martellini usciva dall'autosalone alle 19, prendeva la sua auto, non la Ferrari dei suoi sogni, ma una Opel bianca, e tornava a casa. Abitava nel vecchio quartiere, segno che l'appartamento dei genitori in centro ancora non l'aveva occupato. Sulla strada si fermava spesso a una rosticceria e poi entrava al civico 15, una palazzina di tre piani. Calcolando gli interni, Cappai dedusse con facilità che la famiglia Martellini viveva al piano terra. Di loro in soli due giorni aveva scoperto consuetudini importanti. La moglie, Annarita, lavorava in amministrazione in un supermercato dall'altra parte della città. Il pranzo lo consumava coi colleghi. Tornava a casa alle 14. Grazie alla cassiera del supermercato, Cappai era venuto a sapere che cambiava i turni ogni tre mesi, il prossimo sarebbe stato dalle 12 alle 20, orario di chiusura del negozio. Daniele invece per pranzo rientrava a casa. Andava a prendere il piccolo Silvio alle scuole elementari Don Bosco, poi usciva per tornare all'autosalone incrociando la moglie che rientrava dal supermercato. Nel pomeriggio Annarita portava il piccolo a nuoto o a calcio. Spesso Silvio stava con un amichetto che abitava proprio di fronte a lui. Alessandro, si chiamava, e i genitori avevano un bar lì vicino. Più complicato per Cappai fu seguire la sorella di Daniele Martellini, Luisa. Abitava a quaranta chilometri dalla città, in piena campagna, studiarla era affare molto più complesso. Faceva l'infermiera all'ambulatorio ASL. Single, a casa teneva solo due gatti. Curava il giardino, aveva due amiche che possedevano la libreria del paese. Altro, per ora, non aveva scoperto.

Mercoledì 14 febbraio

Non ci sto capendo più niente e soprattutto non so dove sbattere la testa. Ma è compito mio indagare? Perché la sto prendendo sul personale? «Fa' come Salvo Parodi» mi ha consigliato Wikipedia, al secolo Filippo Lauretani. «Resta sulla sponda del fiume e aspetta il cadavere.» «Il cadavere c'è già stato» gli ho risposto. Però in fondo il mio collega ha ragione. Decido di mollare l'indagine, problema dei carabinieri. Se il capitano Ossola è tanto in gamba come dice Parodi, basta star lì al momento giusto, raccogliere la notizia, fare il pezzo e darlo alla Stronza. Un po' come quando commentavo i campionati regionali di tennis, arrivavo a partita terminata, riportavo solo il risultato finale. Chiuso. Così farò. Se poi la Stronza vuole novità sull'omicidio Zigon, le risposte sono pronte: niente dagli inquirenti, nessun passo avanti, tutto tace. E posso occuparmi della rissa al pub dell'altra sera, delle minacce ricevute dai negozianti cinesi di via Sant'Anna, della sparizione del ragionier Fustacchi, tutto quel corollario di beghe di un'umanità costretta a vivere gomito a gomito in una città come la mia. Ormai la decisione l'ho presa. Zigon e il suo assassino, per me, possono stare tranquilli.

Giovedì 15 febbraio

È arrivato l'articolo di Parodi che, come una scala mobile al contrario, mi riporta nei sotterranei della stima in redazione.

«Legga, Andretti» fa la Stronza gettando una copia sulla scrivania. Il titolo è a tutta pagina: *Una testimone del delitto Zigon*.

"È finita la ricerca della donna che la notte dell'omicidio era in automobile insieme a Flavio Zigon. Lubabah Ebere, questo il nome della nigeriana, è stata portata in caserma ieri notte, prelevata direttamente dai viali per le domande di rito. Sono risultati fondamentali due indizi che hanno permesso l'individuazione della testimone. Il primo, un orecchino che le colleghe della Ebere hanno immediatamente riconosciuto; il secondo, le tracce di urina ritrovate sul sedile del passeggero che corrisponderebbero a quelle prelevate in nottata alla Ebere. Lubabah Ebere non è al momento accusata di omicidio, è solo ritenuta dagli inquirenti persona informata sui fatti. La sua testimonianza potrebbe accendere qualche luce sull'efferato delitto del lago, come ormai è stato ribattezzato dal capitano Ossola l'agguato a Flavio Zigon. Per ora l'unico dettaglio emerso è che l'assassino abbia detto alla prostituta, puntandole la pistola sul viso: Ssshhh!, nient'altro. Poi, a detta di Lubabah, è sparito nel buio. Un avvertimento? Una minaccia?" Salvo Parodi ha gli agganci giusti, è venuto a conoscenza prima di tutti di quei dettagli. D'altra parte il consiglio me l'ha dato: cercati un aggancio. «Capisce, Andretti, la differenza fra un giornalista vero e un principiante? Questo articolo ha fatto vendere al giornale di Parodi almeno diecimila copie in più. Devo aggiungere altro? Se devo servirmi solo delle agenzie, mi spiega il motivo di sprecare soldi col suo stipendio?» Wikipedia sorride sornione, e pure il collega dell'economia. È una domanda che mi pongo dalle scuole medie: perché proviamo un piacere quasi sessuale nel vedere umiliato un collega, un compagno di classe? Perché non è toccato a noi? Perché, in fin dei conti, siamo tutti *homo homini lupus*? Perché un ambiente di soli vincitori non può esistere, ne va della sicurezza del gruppo stesso? O forse è solo stronzaggine?

Era nell'aria da tempo. Un rapido passaggio del difensore di fascia destra che con un cross preciso al goniometro trova libera la punta che di testa non perdona e manda la palla in rete. Stronza uno, Andretti zero. Gli errori difensivi si pagano!

Torno al mio posto chiedendomi come trovare i famosi agganci per avere le informazioni prima degli altri. Andare in caserma e corrompere una guardia col rischio di ritrovarmi in galera? Frequentare i bar giusti? Ma neanche nei film di quart'ordine succedono cose simili. Poi mi viene in mente Rossella. Com'è possibile non ci abbia pensato prima? Sono un coglione! Va bene, ormai è chiaro che a letto non riuscirò mai a portarmela, però un favore a un vecchio amico può sempre farlo, no?
No.
Suo padre è in pensione, non intende immischiarlo in quelli che definisce "i tuoi giri strani", e poi era un generale, con un sacco di stelle sulle spalline, altro campionato, altre prospettive. Guardo la busta del mio stipendio. Può essere l'ultima. La rimetto nel cassetto e mi vado a coricare.
Leggo, senza capirle, le pagine di uno scrittore americano. Ho la mente altrove. Poggio il libro. Dieci minuti a mezzanotte. Se voglio mantenermi quel cesso di lavoro devo darmi da fare, dunque mi rivesto ed esco di casa.

Sembra che il goal subito abbia risvegliato la squadra di Andretti. La partita è ricominciata e già dai primi tocchi di palla si nota un atteggiamento diverso sul campo. Forse c'era bisogno di subire questa rete, che era nell'aria da un po', per dare una scossa a una squadra sì inesperta, ma giovane e volenterosa.

I viali a quest'ora sono già popolati da prostitute, non posso sapere chi sia Lubabah, il giornale di Parodi non ha messo la fotografia, ma non è lei che voglio. Devo rimorchiare qualcuna che la conosca. Sono vestite come le figure di un carro del Carnevale di Viareggio. Paillettes, reggiseni d'argento, stivali alla coscia improponibili, il sogno erotico di un militare di leva al terzo mese di clausura. Getto una prima occhiata. Una vale l'altra, devo affidarmi alla fortuna. Comincio con la prima. «Ciao» le dico aprendo il finestrino. Quella si avvicina. Ha gli occhi truccati d'argento, le ciglia finte, gli zigomi sono viola. Un mascherone. «Ciao, bello.»
«Ciao. Io vado sempre con Lubabah. Stasera non c'è?»
«No» risponde quella. «Io meglio.»
«Ma viene più tardi?»
«Non so. Io non conosco Lubabah. Andiamo?»
«Io voglio Lubabah.»
«Non c'è» e si allontana. Rimetto la marcia e mi fermo alla seconda. Questa invece porta i capelli raccolti in una coda liscia, da cavallo, di sicuro delle extension, e il rossetto fucsia riluce nel buio. «Ciao... andiamo? Trenta bocca e cinquanta completo.»
«Senti, io vado sempre con Lubabah, non c'è stasera?»
«Non so, io non conosco. Vaffanculo» e mi pianta lì.
La terza è giovanissima, forse minorenne. La salto. Mi fermo alla quarta. «Ciao, bello mio... vogliamo andare? Io e te soli soli?»
«Lubabah stasera non c'è?»
«No. I carabinieri l'hanno portata in caserma...»
«E quando torna?»
«Non lo so... spero presto. È mia amica vera... andiamo?»

«Vieni» e le apro lo sportello. Un profumo pesante da super-mercato, una giacca nera striminzita contiene a fatica il petto. Dalla minigonna inguinale partono le gambe muscolose inguainate in calze a rete nere. Ha le labbra carnose, due cerchi blu come orecchini e l'ombretto dorato, ogni volta che chiude le palpebre sembra si accenda una luce nell'abitacolo dell'auto. «No al laghetto» dice alzando l'indice appena ingrano la prima.

«Direi di no. Dove andiamo allora?»

«C'è un posto nuovo, prendi di là.»

Obbedisco. Dopo neanche un chilometro mi fa uscire su una strada a senso unico che si infila nelle campagne. «Come ti chiami?» le chiedo.

«Fatimah.»

«Come la Madonna?»

Si fa il segno della croce.

«Fatimah, non hai paura?»

«Sì» mi risponde, «ma che posso fare?»

«Parli molto bene italiano.»

«Sono qui da tanto tempo, sono italiana» e fa un sorriso dolce, indifeso. «La prossima, prendila» e mi indica una stradina bianca. Siamo immersi nel buio pesto. Di fronte la sagoma nera di un enorme casolare, o forse un capannone, non riesco a distinguerlo. «Ma ci abita qualcuno lì?»

«No, abbandonato. Puoi fermarti qui.»

Spengo i fari. «Che vuoi fare?» mi chiede mentre apre la borsa per prendere il preservativo. Io metto la mano in tasca e tiro fuori cinquanta euro che le consegno. Li infila nella borsetta di plastica coperta di strass azzurri. «Ah, completo. Che fai, tiri giù i sedili?»

«No, Fatimah.»

«E allora non...?»

Vado subito al punto. «Che cosa ha visto Lubabah?»

Mi guarda serena. Poi sorride. «Polizia?»

«Chi, io? No. Sono un giornalista che perde il lavoro se non si dà una mossa.»

Si morde le labbra bellissime. «Io con te non dovrei parlare. Come ti chiami?»

«Walter.»

«Walter...» Fatimah si porta l'indice davanti alla bocca: «Ssshhh» dice. Non capisco. «Questo ha visto Lubabah. Un uomo con il passamontagna che ha sparato e poi le ha detto "Ssshhh" e se n'è andato. Lei è scappata. Fine.»

«E questo stava scritto pure sul giornale. Tu Flavio Zigon lo conoscevi?» Fatimah annuisce. Prende una vecchia gomma da masticare dal pacchetto che tengo nel vano portaoggetti sotto la radio, senza chiedermi il permesso. «Flavio stava con brutta gente. Cocaina. Ma non nella strada, nelle case e nei bar. Lo vuoi un consiglio?»

«Certo.»

Si infila la gomma in bocca. «Lascia perdere. Quella è gente pericolosa. Aveva debiti, forse, o forse ha rubato cocaina, io non lo so. Però Jamila...»

«Chi è?»

«Una mia amica. Bella, ha vent'anni. Jamila non poteva più andare con lui. Perché aveva paura.»

«E di che?»

«Te l'ho detto, di quella gente. Flavio le raccontava tutto, si era un poco innamorato di Jamila. E allora Jamila sa chi sono questi, dove abitano e...»

«Dove sta questa Jamila?»

«Lascia perdere Walter...» mi dice.

«Per favore, aiutami.»

Fatimah mi guarda. «Perché?»

«Perché siamo due poveracci» le rispondo, «e i poveracci si aiutano.»

Scoppia a ridere. «Tu non sei un poveraccio, io sono poveraccia, sennò in macchina ero io e tu sui viali.» Chiude gli occhi. Respira profondamente, si toglie la cicca dalla bocca e la avvolge nella carta argentata, poi se la mette in borsa. «C'è una società sportiva, a San Cristoforo, sai dov'è?»

«Certo che lo so, verso l'autostrada. Ci gioca il Borghetto. L'anno scorso quarti in classifica, promozione sfumata all'ultima giornata. Pessima difesa, un portiere decente, allenatore inesistente. Allora?»

«C'è un uomo, Ibrahim, è di Lagos, lo riconosci, è nero e grosso. Lui fa giocare i bimbi. Tu hai un bimbo?»

«No.»

«Lui li allena.»

«Sì, ma io che devo fare?»

«Ibrahim ha il mio passaporto» e mi guarda seria, le palpebre un po' scese. «Nessuno mi può aiutare, tu sì. Forse.»

«Dove ce l'ha il tuo passaporto?»

«Nella sua stanza. C'è uno schedario di ferro chiuso a chiave. Tiene i passaporti nel terzo cassetto. Col mio ce ne sono altri cinque, almeno. Tu mi porti il passaporto, io ti porto Jamila.»

Mi accorgo solo ora che sono in apnea. Respiro. «Come faccio a...»

«Non lo so. Ma per me è la vita che si gioca. Tu al massimo scappi.»

«E se scopre che sei tu a mandarmi?»

«Non può. Chi ti conosce a te?»

Improvvisamente sento freddo. «Passaporto in cambio di Jamila?»

«Passaporto in cambio di Jamila» torna a sorridere.

«Va bene. Ti riporto indietro?»

«Non vuoi fare niente?» e alza il preservativo davanti al viso.

«Tu?»

«Io no.»

«Neanche io.»

Giovedì alle 10 di sera Daniele Martellini uscì di casa in giacca e cravatta. Carlo lo seguì a distanza fino a quando non lo vide parcheggiare vicino alla stazione. Mani in tasca e berretto calzato, Cappai lo pedinò sotto i portici fino al civico 2, proprio di fronte al piazzale. Martellini suonò all'interno 8 e il portone si aprì. Cappai si infilò come fosse un vicino di casa. «Buonasera...» gli disse.

«Buonasera.»

Arrivarono all'ascensore. «Che piano?» gli chiese Carlo. Sotto la luce al neon notò che il pizzo si stava imbiancando e che sulle guance e sugli zigomi Martellini aveva le tracce di una potente acne giovanile. «Secondo. Lei?»

«Terzo.»

L'ascensore salì nel silenzio più assoluto. Daniele giocherellava con le chiavi dell'auto e le guardava intensamente come fosse la prima volta che le vedeva. Carlo fingeva di interessarsi al suo cellulare. «Prego» gli disse aprendo le porte. Martellini scese al piano, Carlo richiuse e proseguì per il terzo. Appena fuori scese silenzioso le scale e raggiunse l'interno 8. Poggiò l'orecchio sull'uscio. Sentiva voci allegre, maschili. Un po' tardi per una cena, pensò, forse una festa. Il cognome sul campanello era Ribaudo. Segnò mentalmente anche quel dettaglio, poi tornò in auto e si preparò all'attesa.

E attese, fino alle due di notte. Ogni tanto usciva dalla macchina per sgranchirsi le gambe. Aveva visto passare l'ultimo autobus, i taxi svuotare il parcheggio. Ogni tanto un'ombra sfilava rasente i muri sotto i portici, diretta chissà dove. Anche l'albergo aveva spento le luci della reception, lasciando solo quelle di servizio, e il portiere di notte era apparso un paio di volte per aprire la porta a vetri ai clienti. Dovette lottare con le palpebre per una mezz'ora buona. Poi finalmente vide il portone aprirsi. Scese dall'auto e si avvicinò al gruppo di uomini che ridevano e parlavano ad alta voce. Fra loro c'era anche Martellini.

«Te stasera hai avuto più culo che anima!»

«Io? Ma va' va', sotto il tris non ti entrava nulla...»

«Domenica si va?»

«Io non posso, ho i suoceri.»

«Come sempre. Daniele, alle sei?»

«Domenica alle sei tranne Marco che ha i suoceri.»

«Buonanotte.»

«Buonanotte. Oh, i cento euro non te li andare a spendere a zoccole, eh?»

«Ci vediamo giovedì prossimo. Portatevi i soldi perché vi faccio neri! Ah, Daniele, un consiglio: quando si bara, non si ride!»

Cappai guardò l'Opel ripartire, poi tornò alla sua auto. Non aveva un piano, troppo presto per studiarlo. Soprattutto senza la certezza della colpevolezza dell'uomo. Ma aveva bisogno di raccogliere tutti i dettagli possibili, altrimenti non avrebbe potuto architettare l'azione. Quelle notti trascorse all'addiaccio, appostato in macchina o in un bar, gli ricordavano i due anni passati in polizia, squadra mobile a Pesaro, che gli avevano lasciato quel bel ricordo al braccio destro. Aveva provato per ben due volte l'esame in magistratura. E tutte e due le volte lo zampino di suo padre, di questo era certo, gli aveva impedito l'entrata. Secondo il giudice Cappai, classe 1928, nato fascista e morto fascista, la strada di suo figlio era l'avvocatura. A quell'epoca già non si parlavano più e Carlo aveva provato un piacere perverso nell'arruolarsi in polizia, umiliando le attese dei genitori. In quei due anni da poliziotto, in questura, o in auto, o nelle lunghe pause d'attesa, aveva avuto tutto il tempo per capire che la magistratura, la legge, era solo una scelta fatta per dispetto a suo padre. Il giudice della corte d'appello Bruno Cappai, l'uomo che Carlo detestava più di ogni altro al mondo. Cosa aveva imparato in due anni di polizia? Che legge e giustizia correvano su due binari differenti. Che la giustizia interessava solo quando qualcuno veniva privato di qualche diritto, altrimenti restava un concetto e come tale accantonabile. Che nei tribunali il più delle volte si giocava con le procedure e i codici, che spesso si perdeva di vista il motivo per cui quei tribunali esistevano. Suo padre, per esempio, utilizzava il tribunale per gestire un potere e preservarne altri. Attilio Sesti, il grande avvocato che giocava a golf con suo padre, che andava con lui al poligono a sparare con le pistole e la sera nelle ville di campagna a indossare un cappuccio, insieme come adolescenti imbecilli dietro a compassi e triangoli a fare giuramenti e affiliare qualche nuovo fratello massone, stava attento solo a curare gli interessi dei consociati, o meglio dei complici. Ecco chi amministrava la giustizia, un coacervo mafioso, clientelare, un pugno di uomini seduti sui cardini del meccanismo che girava solo se e quando volevano loro. Distribuivano sentenze a loro piacimento, da sotto i cappucci, o al ristorante, bevendo la grappa, sceglievano chi doveva pagare e chi riscuotere. Il tribunale come una merce di scambio.

In quegli anni aveva compreso l'inutilità delle istituzioni.

Se Carlo Cappai voleva giustizia, doveva procurarsela da solo. Suo padre era morto, Attilio Sesti era preda della demenza senile, eppure quello che avevano seminato ancora gridava da molti dei faldoni che lui accudiva come orfani bisognosi d'affetto. Soprattutto da quello della sezione F, scaffale 7, ripiano 9, busta 82, che Carlo Cappai chiamava con familiarità "Effe" e raccontava nero su bianco l'assoluzione di Luigi Sesti, il figlio del grande avvocato; e di una vittima rimasta sola, spoglia e nuda come quando l'aveva vista sul lettino autoptico per l'ultima volta: Giada, la sua unica e vera amica, col sangue raggrumato sulla fronte e gli occhi chiusi per sempre. Nessuno le aveva reso giustizia. Era figlia di una madre vedova e risposata, era povera, il giorno dell'assoluzione di Luigi Sesti l'avevano uccisa un'altra volta. E ogni giorno che il suo carnefice, il figlio dell'avvocato, vedeva spuntare all'orizzonte era un ennesimo colpo di spranga sulla testa di Giada.

L'inutilità delle istituzioni.

Quel seme che suo padre e i gregari, meglio ancora i complici, avevano interrato con il loro comportamento malsano e canceroso aveva attecchito, era cresciuto, e altri ora lo portavano avanti, nello sforzo perché nulla cambiasse, così che agli occhi della gente tutto sembrasse cambiato.

Si mise a letto stanco e infreddolito, si addormentò alle tre, un sonno profondo e nero come un pozzo.

Lunedì 19 febbraio

«Sono su una pista.»

«Sa sciare?»

Stronza. «No. Intendo che seguo un'informazione che presto potrà dare i suoi frutti.» Mi guarda con quegli occhi bovini e scettici. Poi si alza ed esce dal suo ufficetto senza neanche salutarmi. Non ho tempo da perdere con lei, la pista ce l'ho per davvero e senza amicizie dalle parti della polizia o dei carabinieri. Conosco bene il centro sportivo di San Cristoforo, è a mezz'ora dalla redazione, so che i ragazzi e i bambini si allenano sui due campetti alle spalle di quello centrale in erba.

Poche macchine parcheggiate. Mi incammino verso gli spogliatoi e il bar che a quest'ora è ancora chiuso. Un africano piuttosto alto sta ripassando col gesso le linee del campo centrale. Deve essere Ibrahim. Attendo che finisca quella di fondo e quando si avvicina al calcio d'angolo gli sorrido. «È con lei che devo parlare?»

Quello alza gli occhi dalla macchinetta. «Di cosa?»

«Di mio figlio.»

«Gioca qui?»

«No, mi sono appena trasferito da Milano e vorrei riprendesse con una bella squadra.»

«Mi aspetti al bar, fra dieci minuti sono lì.»

Mani in tasca raggiungo il bar, che è una baracchetta con la finestra chiusa dietro alla quale di solito c'è una signora che serve acqua, caffè e gelati l'estate. Mi siedo al tavolino di plastica azzurra con il marchio della Motta stampato sopra e osservo l'ingresso del centro sportivo. Un giardiniere anziano pota la siepe che corre tutt'intorno alla recinzione. Due uomini col giubbotto e il cappellino da baseball parlottano e ridono. Uno dei due lo conosco, una volta era il presidente della squadra del Borghetto. L'avevano beccato con le mani nel sacco. Fatture gonfiate per far scaricare più tasse ai generosi finanziatori dell'attività sportiva. Se l'era cavata con un patteggiamento di pena, ma dovette abbandonare le alte cariche di questa squadretta da due soldi. Lontano si sente correre l'autostrada. Aspetto dieci minuti, poi l'uomo arriva. «Walter, piacere» e gli tendo la mano che quello stringe. «Ibrahim.»

È più alto di me di almeno venti centimetri, più grosso di venti chili, capelli cortissimi, su una guancia il segno di un taglio. «Dunque è lei che li allena?»

«Sì, sono io. Mi vuole dire di suo figlio?»

Parla un ottimo italiano, deve solo lavorare un poco sulla pronuncia. «Certo. Noi veniamo da Milano. Mio figlio Piero giocava tornante nell'Enotria. Conosce?»

Gli brillano gli occhi. «L'Enotria? Caspita...» Sparare una fra le migliori società calcistiche milanesi ha messo Ibrahim in stato di sudditanza.

«Sì, purtroppo quest'anno non posso lasciarlo lì, deve stare con me e non vorrei che perdesse l'allenamento.»

Ibrahim annuisce e mi guarda. «L'Enotria... però... senta, mi segua.»

Una baracca prefabbricata di pochi metri quadrati. Immancabili gagliardetti alle pareti, una piccola scrivania sommersa dalle carte, una sacca coi palloni vicino all'ingresso, un mobiletto pensile di pronto soccorso. Lo schedario è di lato, sormontato da coppe e coccarde. «Prego, si sieda. Allora... come ha detto che si chiama suo figlio?»

«Piero.»

Cerca fra la montagna di carte. «Che casino qui sopra. Prima o poi devo decidermi a mettere a posto... ecco, trovato!» Mi allunga dei fogli. «Questi sono i moduli da riempire. Serve poi il certificato medico sportivo e...»

«Aspetti, prima di arrivare a questo...»

«Il prezzo?»

«No» lo guardo negli occhi, «la preparazione. Voglio sapere in quali giorni e come ci si allena, le trasferte se ce ne sono, i preparatori atletici e lo staff medico.»

Ibrahim deglutisce. Non sa cosa rispondermi. «Allora, io faccio giocare i ragazzi e li alleno.»

«Lo staff medico?»

«C'è... abbiamo la convenzione con un ottimo fisioterapista in città... Provetti si chiama, e... senta, mi aspetti qui. Ho visto nel parcheggio il nuovo direttore, lo vado a chiamare, così parla con lui. Va bene?» si alza.

«Certo, grazie.»

Ibrahim fa una smorfia. «Noi non siamo al livello dell'Enotria.»

«Lo so. Però l'importante è che mio figlio giochi a pallone e si diverta.»

«E certo» e lascia l'ufficetto.

Ho pochi minuti. Ho notato che nella serratura in alto dello schedario c'è la chiave. Butto un'occhiata al parcheggio. Ibrahim si sta avvicinando ai due tizi col cappellino da baseball. Giro la chiave dello schedario. Il primo tiretto non si apre. Provo ancora. Niente da fare. Ancora due, tre volte, poi finalmente la chiave fa un giro completo e il primo cassetto si spalanca. Vuoto. Guardo fuori. Ibrahim sta tornando accompagnato dal direttore. Passo al terzo, quello che Fatimah mi ha indicato. Ci sono fogli di carta, schede, ma nessuna traccia dei passaporti. Bestemmio in silenzio mentre il battito del cuore aumenta. Passo al sesto e ultimo cassetto. Niente neanche lì. «Vaffanculo, Fatimah» dico fra i denti. Risalgo al quinto, al quarto, Ibrahim è sempre più vicino, posso sentirlo chiacchierare con l'altro tizio. Apro il secondo e una busta gialla cade sul pavimento. La raccolgo. È piena di certificati medici. Deluso la metto a posto e richiudo lo schedario. Quando Ibrahim sorridente entra accompagnato dal direttore, mi trova che fisso una fotografia della squadra allievi di quell'anno. «Sono Massimo Azegli, il capo della baracca» mi dice sorridendo e allungandomi la mano. «Allora, abbiamo un figlio campioncino? Chissà che non ci scolli dalla terz'ultima posizione... un tornante, mi diceva Ibrahim.»

Seduto nello studio, l'archivista aveva revisionato le carte processuali. Secondo il parere del patologo, il padre di Martellini, Umberto, era morto per un problema respiratorio, mentre Nora, la madre, cardiaco. E già la coincidenza era curiosa. Soprattutto perché mentre Umberto era stato ritrovato sotto le coperte, la madre era stata rinvenuta a terra, accasciata al lato del letto, sul tappeto persiano. Indossava i guanti di gomma, un piede nudo, l'altro con la ciabatta infilata. In cucina, dentro il lavello, c'erano due piatti sporchi, due forchette e tre coltelli, due bicchieri e una padella. Accanto, sul ripiano a destra del lavello, vicino alla macchina dei fuochi, era stato ritrovato un anello prezioso. La ricostruzione raccontò che mentre l'uomo era stato colto dalla crisi la moglie, forse indaffarata nell'altra stanza, era accorsa e per lo spavento aveva avuto un malore anche lei e aveva reso l'anima al creatore crollando ai piedi del letto. A supportare questa teoria c'erano i guanti di gomma gialli che la signora Martellini ancora indossava. Secondo la difesa le accuse lanciate da Luisa, sorella del Martellini, erano dettate dall'odio, dal livore e dall'invidia che la poverina provava per il fratello, sposato con prole mentre lei era rimasta sola, anzi "zitella" diceva quel principe del foro. Morte naturale, insomma. Che non convinceva Cappai e neanche il pubblico ministero. La disgrazia era accaduta l'11 ottobre del 2014. I corpi erano stati ritrovati la mattina dopo da Luisa. L'ultima ad averli visti vivi era Maria, la cameriera, che lavorava in casa ogni giorno dalle 10 alle 19. «Ho rifatto il letto con le lenzuola pulite, perché il dottore aveva bisogno di cambiarle, non stava bene dunque ogni due giorni le mettevo fresche di bucato. Poi sono andata via, la signora stava preparando la cena» queste le parole di Maria Donzelli. L'accusato per quella notte aveva solo un alibi familiare, di poca sostanza dunque. Ricordava in maniera quasi maniacale le pietanze mangiate durante la cena e il programma visto alla televisione, un film su Sky. Avevano controllato il suo smartphone, e risultava che era rimasto tutta la sera a casa. Ma Carlo sapeva che Daniele Martellini mentiva, mentiva sua moglie e la verità la diceva solo la sorella. «Mio fratello non parlava più con i miei genitori dal Natale scorso, non sono mai andati d'accordo. Chiedeva continuamente soldi per le sue macchine, la sua casa, le vacanze con la moglie. Vi sembra normale che un impiegato di un autosalone abiti in duecento metri quadrati? Che passi le ferie alle Seychelles o alle Maldive?» Si concentrarono sui conti bancari del Martellini senza ravvisare alcuna irregolarità. Misero sotto la lente anche quelli della moglie, ma non ottennero alcun risultato valido. Luisa Martellini, la sorella, indicava come movente la casa in centro. «Papà e mamma mi avevano intestato il villino in campagna, che era dei bisnonni» diceva, «mio fratello per compensazione avrebbe avuto quella in città il giorno della loro dipartita, che lui ha accelerato! Ne sono certa!» Cappai doveva fare molte ricerche, spulciare nella vita di Daniele Martellini, i suoi rapporti e la provenienza di quella quantità di soldi che lui spendeva, seguire le tracce dell'indagine del pubblico ministero e provare a superarlo. Da dove arrivavano i fondi? Erano davvero prestiti continui che chiedeva ai genitori? Scartabellò ancora i fascicoli, e trovò le parti di dibattimento relative ai conti bancari dei coniugi defunti. Il pubblico ministero aveva chiamato a deporre il direttore di banca dei Martellini. Ligio al suo dovere, il dirigente aveva consegnato tutte le carte riguardanti i loro conti correnti, i Martellini in quella filiale ne avevano quattro. E si scoprì un bel viavai di contante non giustificato. Prelievi continui di denaro. Niente assegni, niente bonifici, direttamente allo sportello o al bancomat. Migliaia di euro che secondo il magistrato erano la prova dei salassi del figlio, ma una teoria insostenibile senza riscontri concreti. Il quadro si faceva sempre più chiaro agli occhi di Carlo. Un figlio viziato che viveva al di sopra delle sue possibilità, non ultima la scuola scelta per il figlio, un istituto privato da ottomila euro all'anno. Da sempre ha munto dai genitori, pensava, fin quando non si erano ribellati e lui aveva deciso di prendersi l'ultimo bene prezioso, una casa in centro del valore di quasi ottocentomila euro. Doveva far gola a Daniele e a sua moglie quell'attico vicino alla cattedrale. Quante notti, nel loro appartamento in periferia, avranno parlato o sognato di abitare fra quelle mura meravigliose, dove vive la gente che conta, fra l'odore di caffè e dei dolci dei panifici o cullati la notte dai suoni e dalle chiacchiere dei ristoranti eleganti del centro?, pensava Carlo. Bastava premere un cuscino sul viso del padre prima e della madre poi, pochi minuti e il sogno sarebbe diventato realtà. Fu ben dopo la mezzanotte che trovò il dettaglio che ribaltò tutta la storia, la virgola nascosta che sapeva mimetizzata da qualche parte, ma che non sarebbe sfuggita alle sue ricerche. Come gli occhiali che perdeva sempre, e prima o poi ritrovava.

Era un capello.

Martedì 20 febbraio

«Fammi capire, ma tu da me che vuoi?» mi dice. È evidente che essere stati compagni di banco durante tutto il liceo, aver condiviso la stessa maglia sul terreno di gioco, un prestito di cinquecento euro mai restituito, l'uso indiscriminato del mio motorino per anni cinque, avergli presentato Valentina che sarebbe diventata sua moglie, problema suo se poi hanno divorziato, non ha alcun peso sulla coscienza di Rino.

«C'è uno schedario al San Cristoforo, nell'ufficetto di Ibrahim, un nigeriano che fa giocare i bambini. Dentro questo schedario ci sono dei passaporti. Anche questi nigeriani. Io ho provato, ma non li ho trovati perché avevo pochissimo tempo.»

«Stai ripetendo quello che mi hai già detto. Richiedo: tu, da me, che vuoi?»

«Che mi aiuti a prenderli.»

Rino si gratta i ricci imbiancati, poi la barba nera di tre giorni. «Mi stai chiedendo di andare di notte a rubare dei passaporti?»

«Più o meno.»

Nessuno nel bar sta facendo attenzione a noi, due uomini di mezza età seduti a un tavolo vicino al cesso con le birre e le patatine. «Io mi sono fatto tre anni.»

«Lo so.»

«Per furto.»

«So anche questo, Rino.»

«Ora lavoro in un magazzino. Se mi ribeccano, di anni me ne faccio almeno sei. Anche questo sai?»

«Non nei dettagli, ma posso intuirlo.»

Si gratta di nuovo la testa. Forse essere stati compagni di banco durante tutto il liceo, aver condiviso la stessa maglia sul terreno di gioco, un prestito di cinquecento euro mai restituito, l'uso indiscriminato del mio motorino per anni cinque, avergli presentato Valentina che sarebbe diventata sua moglie comincia a fare breccia nella sua coscienza. «Ti voglio bene, Walter.»

«Anche io, e credimi...»

Mi mette una mano davanti al viso per interrompermi. «Non ho finito. Ti voglio bene, Walter, ma non fino al punto di rischiare la galera. Quindi facciamo così. Andiamo a dare un'occhiata domattina, fammi vedere di che si tratta, se c'è guardiania, telecamere, allarmi. Se è liscia ci posso fare un pensiero, se non è liscia ti attacchi al cazzo.»

«Chiaro e tondo.»

«Domattina, alle sette, vienimi a prendere. E porta pure due ciambelle, fa' il favore.»

«Abiti sempre lì?»

«No, lì ci abita Valentina. Io sto a via Goldoni, sai dov'è?»

«No, metto Waze o Google Maps.»

«Bravo, perché è lontanuccio.» Ingolla l'ultimo sorso di birra. «Se c'è una cosa che mi fa schifo è la birra calda e sgasata. A domani.»

La camminata di Rino è rimasta quella dei tempi del ginnasio. Testa incassata, mani in tasca, dondolamento laterale. Non l'avrei mai immaginato, aveva nove in greco e latino, otto in storia, se la cavava anche in matematica e italiano, quand'è che la sua vita è andata a rotoli? Dov'è lo spartiacque, quel punto preciso che lo ha catapultato dall'altra parte, nel fallimento e nella solitudine? Sembrava destinato a un futuro brillante fatto di successi, soldi, carriera. Invece piano piano ha perso tutto. Aveva il naso sottile, chissà chi gliel'ha rotto, addosso ha una ventina di chili di troppo. Lo guardo dalla vetrina mentre attraversa la strada, mi sento un verme per essere ricorso a lui e avergli chiesto di affrontare un rischio simile. Ma io alternative non ne ho. L'omicidio di Zigon non è più un bell'articolo sul giornale, mi si è incistato nella mente e non riesco più a scacciarlo. Penso solo a quello.

Devo sapere.

Sul cuscino della signora Martellini, dal rapporto del sostituto commissario della scientifica, era stato ritrovato un capello grigio di circa cinque centimetri. Il signor Martellini, come da fotografie, era pelato. Ovvio che fosse della signora. Eppure, a detta della cameriera Maria Donzelli, le lenzuola erano state cambiate poco prima che la signora Martellini si dedicasse alla cena, verso le 18. Com'era possibile che un dettaglio così importante fosse sfuggito agli inquirenti? O non calcolato in sede processuale?, pensava Cappai sfogliando gli atti. Eppure era lì, davanti a lui. Dunque la signora non era a lavare i piatti mentre il marito accusava quel malore, ma era forse accanto a lui, sotto le coperte, nel sonno più totale, e il figlio aveva avuto agio di soffocarla col cuscino, concluse. Quale cuscino?, si chiese. Non quello che avevano sotto la testa i coniugi Martellini. Forse quello della camera degli ospiti, o dell'altra stanza matrimoniale, la casa di camere da letto ne aveva cinque. Chissà, se avessero fatto attenzione a quel dettaglio probabilmente sulle federe di quelle stanze non abitate avrebbero ritrovato saliva e altre tracce corporee e il caso si sarebbe chiuso in poco tempo, o forse l'omicida le aveva fatte sparire e non sarebbe servito a nulla. Tutti dubbi che rimbalzavano nel cervello di Carlo Cappai; seguiva il suo ragionamento con quella voce interiore analitica, precisa, tranquilla. Quindi l'assassino ha ricostruito la scena adagiando il corpo della donna ai piedi del letto, infilandole i guanti di plastica e una ciabatta? Sorrise. È un dettaglio che denota una certa attenzione e cura dei particolari, si disse. Poi il secondo errore commesso dall'assassino gli emerse davanti agli occhi, come un corpo gettato sul fondo di un lago che riaffiora dalle acque oscure: l'anello di rubini. Il rapporto della polizia lo descriveva poggiato alla destra del lavello. «La signora Martellini lo portava all'anulare della mano destra» disse ad alta voce osservando la foto della vittima. Nel dettaglio si vedeva un piccolo cerchio di pelle più chiara. All'altra mano, la sinistra, la signora indossava la fede. In più era mancina, cosa che nel dopoguerra, in giovane età, le aveva permesso una discreta carriera da tennista amatoriale. Carlo si era messo davanti al lavello di casa sua, aveva infilato un vecchio anello di sua madre all'anulare della mano destra. Se l'era sfilato con la sinistra e gli era venuto naturale poggiarlo alla sinistra del lavello. Perché metterlo dall'altra parte incrociando il gesto? Il fatto che la vittima fosse mancina avvalorava l'ipotesi. «Non è stata la signora Martellini a lasciare lì quell'anello con i rubini, ma qualcun altro. Chi?» mormorò appena, sembrava una preghiera trattenuta dalle labbra. Chi l'avrebbe potuto lasciare lì sopra se non l'omicida? Su questo Carlo non aveva dubbi. Zigon, quando aveva massacrato la moglie, era stato più furbo, aveva inscenato un furto. Daniele Martellini invece si sentiva onnipotente e sicuro, e i fatti sembravano dargli ragione. Ma anche lui, come Zigon, Selvarelli nel 2004 e Muzii nel 2007, aveva sbagliato.

Guardò fuori dalla finestra. Il cielo, nonostante le luci della strada, era stellato. Piazzò la sveglia alle sei e un quarto, lesse due pagine del libro, poi all'una si addormentò sereno.

Mercoledì 21 febbraio

Pensavo di trovare Rino nervoso e riluttante, invece è tranquillo come se andassimo a fare una scampagnata. Ingolla come un pellicano le due ciambelle che gli ho portato. Quando arriviamo al San Cristoforo si zittisce e comincia a osservare. L'occhio è diventato d'improvviso professionale, rubare è la sua vera attitudine, altro che latino e greco. Il cancello è aperto, nel parcheggio del cortile solo un furgone e due auto. «Bene, io scendo e vado a dare un'occhiata. Qual è la casupola di 'sto Ibrahim?»

«È dietro ai campetti dei ragazzi, lì in fondo a sinistra.»

Guarda, annuisce, storce la bocca. «Invece la direzione?»

«È questa costruzione qui davanti, accanto al campo centrale. Ci sono anche gli spogliatoi, un paio di uffici, il magazzino e i bagni.» Rino scende dalla macchina. «Non mi sembra molto pericoloso» mi comunica dal finestrino, «aspettami qui.» E si incammina con la testa incassata nelle spalle verso il fabbricato, gli gira intorno e sparisce dalla vista.

Mi preparo ad aspettare.

I primi minuti li passo a guardare le piccole gradinate del campo grande. Non un'anima a quest'ora del mattino, il furgone deve appartenere a una cooperativa di pulizie. Leggo almeno tre volte lo striscione con su scritto "Forza lupi del Borghetto" in giallo e verde, i colori sociali. Non tira un filo di vento, anche se il cielo è coperto e grigio, i rami degli alberelli sono immobili, come in posa. Passano altri minuti e comincio a sudare. Dov'è Rino? Dagli uffici centrali sbucano fuori due donne con un carrello carico di prodotti e ramazze. Parlano e ridacchiano. Cominciano a caricare la roba sul furgone. Dietro di loro un'altra donna porta secchi e stracci. Non fanno caso alla mia auto parcheggiata fuori dalla recinzione. In fretta salgono e partono, destinate forse ad altri complessi sportivi o uffici. Ancora nessuna traccia di Rino. All'improvviso, dagli spogliatoi vedo uscire Ibrahim. Mi viene naturale nascondermi scivolando sul sedile, anche se da laggiù a malapena riuscirebbe a vedere l'auto. È di spalle e porta dei coni di plastica gialla. Li posiziona intorno all'area di rigore. Conta i passi fra l'uno e l'altro, poi si china e ne mette uno nuovo. Sembra debbano dare inizio a dei lavori stradali. Finita l'operazione, lento torna negli spogliatoi. Ormai sono passati più di dieci minuti, comincio a preoccuparmi. Forse devo lasciare l'auto e andare a cercare Rino. Alla fine lo vedo sbucare con tutta tranquillità dall'angolo dell'ufficio centrale. Solita testa incassata, passo dinoccolato e ondeggiante, ha una sigaretta spenta in bocca. Quando sale sull'auto porta una ventata d'aria fresca nell'abitacolo. «Vai, parti!» mi dice. Fino alla curva non diciamo una parola. Ho le mani sudate. Non mi tengo più. «Allora? È una cosa facile?»

«Abbastanza.» Si mette una mano in tasca e tira fuori una busta gialla. «Ecco i tuoi passaporti!»

Non posso crederci. Li ha presi. «Sei... sei un bomber!»

«Che sono?!»

«Un bomber, un numero uno, un campione!»

«Comunque, schedario questo par di balle!» dice riponendo i documenti nel portaoggetti. «Stavano nella scrivania, sotto un finto fondo di compensato.»

«Quanto ti devo?»

Rino sorride. «Mi devi un favore, sappilo. Ora riportami a casa che ho interrotto il sonno a metà.»

Lo accompagno.

Poi vado al giornale. La Stronza non c'è, è in evidente ritardo. Mi metto al computer a scrivere un articolo riassuntivo sul suicidio di Garlasco, un noto imprenditore torinese, niente di nuovo, solo ricordare al lettore la faccenda. La Stronza entra alle dieci, occhi bassi e passo veloce. Non dice niente, uno sguardo e si chiude nel suo ufficio. Poco dopo apre la porta e urla: «Andretti!». Io la raggiungo. «Ha fatto il pezzo su Garlasco?» Ha gli occhi cerchiati di rosso, aggressivi.

«Certo! Sono le dieci passate, lo trova nella sua posta» rispondo tranquillo. Ci rimane di merda, si vede, l'appunto sull'orario le procura un leggero tremolio al neo sul mento. «Novità sul caso Zigon?» e stira le labbra in quello che vuole essere un sorrisetto, ma risulta una smorfia acida.

«Be', una novità c'è. Ho contattato un'amica di quella Lubabah, che mi racconterà un sacco di cose sui giri poco chiari di Flavio Zigon.»

«E chi glielo fa pensare?»

«Mi creda, lo so.» Sorrido e la lascio in piedi, stordita, sull'uscio dell'ufficetto di cristallo. Quando passo vicino a Wikipedia, quello allunga la mano e ci regaliamo una cinquina nascosta.

Splendida realizzazione dopo un'azione lunga e tortuosa della mezzala della squadra di Andretti che, lanciato da un passaggio profondo, supera la difesa, con un'abile finta elude il portiere e insacca a porta ormai sguarnita. Lo stadio esplode. Andretti uno, la Stronza uno.

E palla al centro.

Carlo ci ragionava fin dalla sera prima. Voleva fare un lavoro completo, non lasciare le cose a metà. Studiò accuratamente la mappa del quartiere di Martellini confrontandola con gli orari dei suoi spostamenti. Era complicato lavorare in archivio, nelle giornate così piene ogni tre minuti veniva distolto dalle richieste del cancelliere. «La vedo stanco» gli diceva. «Non dorme?»

«No, dottore, dormo. Quando non c'è il sole appassisco.»

«Come un fiore?»

Cappai abbozzò un sorriso e si rimise al lavoro.

«Lo sa chi ride ultimo?» gli chiese l'avvocato Birindelli, noto barzellettiere che Carlo non sopportava, poggiando tutto il suo peso sul bancone.

«No, dottore. Chi ride per ultimo?»

«Chi ha l'avvocato migliore!» e cominciò a sghignazzare slacciandosi il primo bottone della giacca. Il praticante magro e occhialuto che attendeva il suo turno si unì alla risata. Carlo sorrise e annuì appena. «Buona, eh? Ne so un sacco sugli avvocati.»

«Immagino, dottore. Ne ho una anch'io.»

Birindelli strabuzzò gli occhi, mai Cappai aveva fatto una battuta in venti anni di onorato servizio. «Sentiamo» e si mise a braccia conserte con un sorrisino accennato sul faccione rubizzo.

«Lo sa a cosa servono gli avvocati?»

«No.»

«Se non lo sa lei...»

Birindelli rimase un paio di secondi serio, poi scoppiò a ridere menando un colpo con la sua manona grassoccia sul bancone. «Buona, veramente buona! Me la rivendo. Senta, per cortesia, passiamo alle cose serie. Mi serve questa pratica...» e allungò un appunto a Cappai. «Qui ho la richiesta e tutto l'ambaradan...» Da un elegante zainetto di pelle tirò fuori dei fogli che depositò sul ripiano. L'archivista prese l'appunto e sparì nel corridoio centrale. Percorse quello di fondo, passò accanto alla porta del bagno fino ad arrivare alla sezione giusta. Laggiù la luce era fioca, grigia. Tirò giù la pratica per Birindelli e tornò sui suoi passi. I faldoni si misero a bisbigliare tutti insieme. L'archivista non poteva fermarsi ad ascoltare, era ancora su quello di Martellini. Aveva individuato anche una pratica più rumorosa, ma non poteva darle retta. Tornò da Birindelli.

«Cappai, lo sa lei a cosa mi fa pensare?» fece l'avvocato mentre firmava i fogli.

«Mi dica.»

«Al minotauro. Sì, davvero, conosce questo labirinto come le sue tasche, qui sotto lei è il re e nessuno si sognerebbe di entrare senza la sua guida.»

«È un modo buffo di vederla, avvocato Birindelli, ma perché no? Solo che il minotauro nacque dalla moglie del re Minosse e da un toro che Poseidone aveva regalato al monarca. Mio padre non era un toro, al massimo una capra, e mia madre era figlia di un operaio.»

«Non definirei suo padre una capra, è un po' irrispettoso. È stato un giudice importantissimo. Pensi che ho anche studiato diritto costituzionale su un suo libro.»

Carlo prese i documenti firmati. «Sempre trovato comico...»

«Cosa?»

«Che mio padre abbia scritto un libro di diritto costituzionale.» Guardò negli occhi Birindelli. «È la cosa che rispettava meno. Buona giornata, avvocato.»

Birindelli scosse il testone. «È proprio vero, i figli non si rendono conto dell'importanza dei padri.»

«Pubblico e privato sono campi diversi e spesso contraddittori, non lo sa?»

«Per quanto mi riguarda, mio padre è stato la persona più importante che abbia mai conosciuto. Un faro» fece l'avvocato tenendo sotto il braccio la pratica.

«Suo padre, l'avvocato Serse Birindelli, difese e fece scarcerare nel '78 e nel '79 esponenti del terrorismo di destra, processo Zucconi e Vitali, ha evitato il carcere al faccendiere Moretti, sezione S, scaffale 43, ripiano 4, busta 12 bis, insieme a due esponenti del clan di Nitto Santapaola, era nella lista della loggia P2, ha salvato la Banca Agricola del Veneto che ha rapinato i suoi risparmiatori e infine era nel pool difensivo del processo all'assessore alla Sanità Lombarduzzi che se la cavò grazie alla prescrizione.»

Calò un silenzio ghiacciato.

«Non le permetto di...»

«Io con le schifezze di mio padre ho fatto i conti da quando avevo diciott'anni, ognuno sceglie di vivere come può, avvocato. Ma non stia qui a dare lezioncine di morale.» Poi si rivolse al praticante che si era rintanato nell'angolo più lontano del bancone. «Lei di cosa ha bisogno?»

Mentre Birindelli rosso in viso se ne andava borbottando e masticando ingiurie, il praticante posò dei fogli sul banco e con voce sottile e tremante disse: «Ecco... avrei bisogno di questo».

Cappai prese il foglio e sparì di nuovo nei corridoi dell'archivio.

Sempre mercoledì 21 febbraio

Passo la giornata nell'attesa. A mezzanotte sono puntuale ai viali. Fatimah è seduta su una specie di vecchio sgabello di plastica. Mi riconosce e sorride. «Andiamo?» La faccio salire in macchina. Porta un giubbotto di pelle nera aperto davanti e una maglietta bianca con il logo di qualche stilista pieno di strass. Fuseaux rosa scuro e scarpe gialle con tacchi vertiginosi. Riempie l'abitacolo del suo profumo dolciastro. «Solito posto?» domando. Lei annuisce mentre tira giù lo specchietto di cortesia dal parasole e si aggiusta il rossetto. «Mi aspettavi?» le chiedo.

«Sì...»

Quando arriviamo al casolare abbandonato, lei ha un gesto automatico, quello di prendere il preservativo dalla borsetta. Poi ricorda il motivo della mia visita e sorridendo lo rimette a posto. «Non serve, vero?»

«No...» Invece sono io a darle qualcosa. Una busta gialla. Fatimah sgrana gli occhi, una bambina davanti a un regalo di Natale. Li guarda tutti, uno per uno. Quando trova il suo se lo porta al petto e chiude gli occhi. Dice qualcosa a bassa voce in una lingua che non capisco, forse una preghiera. Riapre le palpebre e ha le lacrime che le colano sugli zigomi. «Grazie, Walter, grazie» riesce a dire. Poi si porta il passaporto davanti al viso e lo bacia, più volte. «Se n'è accorto?» mi chiede asciugandosi gli occhi.

«A quest'ora sì, ma non ha la più pallida idea di chi sia stato.»

«Lo massacreranno.»

«Chissenefrega, no?»

«Eh? Sì, chissenefrega! Sei stato un uomo di parola, Walter. E ti ringrazio, anche per le mie sorelle» e mostra il mucchio di passaporti. «Ora anche io ti do quello che cerchi. Jamila. Hai da scrivere?»

«Aspetta.» Apro il portafogli e prendo un vecchio scontrino, la penna vicino al cambio, e glieli porgo. Fatimah segna un indirizzo. «Vicino alla stazione. Ci devi andare di notte, perché di giorno Jamila lavora al bar. Nessuno sa dove dorme, solo io e le sorelle. Puoi andare anche ora, io la chiamo e le dico che stai arrivando, che sei un amico e che di te si può fidare.»

«Grazie, Fatimah. Come ha fatto Jamila a non lavorare più sulla strada?»

«Jamila è bella e lavora al bar, ma non fa caffè. Hai capito?»

«Ho capito.»

«Per strada ci lavorano le carcasse come me» e scoppia a ridere. Poi mi poggia una mano sulla gamba. «Tu, Walter, mi hai cambiato la vita. E ti ringrazierò sempre. Credi in Dio?»

«Pochino» le rispondo.

«Fai male. Io l'ho sempre pregato, e guarda cos'ho ottenuto stasera.»

Mi mordo il labbro. «Non te l'ha portato Dio il passaporto.»

«Ma lui fa in tanti modi, Walter, anche per mezzo di uno come te.» Torna seria. Poi riprende. «Davanti casa di Jamila c'è un... come si chiama quello che vende i giornali?»

«Un'edicola?»

«Un'edicola, ecco. Quando arrivi, suona tre volte al citofono. Invece del cognome c'è scritto "Studio fotografico", poi vai a met-

95

terti dietro l'edicola e aspetta. Lei arriva. Se dopo dieci minuti non arriva vai via e torna la notte dopo. Capito?»

Ripeto le istruzioni. «Bravo, Walter. Mi riporti indietro?»

«Torni a lavorare?» le chiedo sconcertato.

«Amico mio, per scappare bisogna organizzare... qualche giorno poi via! Fatimah se ne va.»

«In bocca al lupo.»

Mi guarda e dice con un filo di voce: «*Na-ẹkele ginke ukwuu... Jisie.*»

«Che vuol dire?»

«Grazie, grazie mille e buona fortuna. È igbo.»

«Aspetta. Anche io so dire una cosa in igbo, me la insegnò un calciatore del Varese... dunque... *Ihe oge ugbo oloko na-ahapu!*»

Fatimah scoppia a ridere.

«Ho sbagliato?»

«Hai detto: A che ora parte il treno.»

La casa è un palazzetto di un solo piano. Maioliche marroni sbreccate fino alle finestre del pianterreno, poi fino al tetto intonaco scrostato in più punti, come un'impanatura riuscita male. Tutte le finestre sono spente. La strada deserta, i lampioni la colorano di giallo-arancio. Accanto al palazzetto c'è l'officina di un meccanico. Poche macchine parcheggiate, le scritte sui muri sono incomprensibili. Un angolo della mia città che non ho mai visto, ma so che, adesso che mi tocca la cronaca, sempre che la Stronza non mi butti fuori, conoscerò posti che mai mi sarei sognato di vedere. Sul citofono quattro campanelli. Il primo in basso è quello giusto. "Studio fotografico" dice la targhetta. Suono tre volte, come da istruzioni, poi corro a nascondermi dietro l'edicola chiusa dall'altra parte della strada. Mi sento un deficiente che fa uno scherzo in piena notte. Alle mie spalle si alza un muro di una decina di metri. Attendo qualche minuto nell'ombra, e ho paura. Paura che qualcuno mi veda nascosto come un bandito; paura che all'appuntamento vengano i papponi di Jamila; paura di avere a che fare con il silenzio e il buio. Mi appoggio alla saracinesca. Forse devo riprendere a fumare, magari calma l'ansia. Sento un rumore, lieve, uno scatto o forse un cardine che cigola. Poi un'ombra si proietta sull'asfalto. Lunga all'inizio, pian piano si rimpicciolisce e al suo posto appare una ragazza. Poco più di vent'anni, indossa una tuta grigia e un giubbotto che si tiene chiuso stretto al petto. Porta i capelli lunghissimi con le treccine. Sorride. Vedo solo i denti bianchissimi e la sclera degli occhi. «Ciao...» ha una voce bassa e profonda. «Sei tu amico di Fatimah?»

«Sì, sei Jamila?»

Mi abbraccia. «*Jisie!*» mi dice. «Grazie.»

Profuma di fiori. Ora che è più vicina e i miei occhi si sono abituati al buio la vedo. Madonna se è bella! Gli zigomi alti, gli occhi a mandorla, il corpo minuto e proporzionato. Una statua con le dita delle mani affusolate. «Jamila... grazie lo dico io a te.»

«Parlo poco italiano.»

«... parliamo qui? *Here?*»

«Sì. Vuoi sapere Flavio, *right*?»

«Sì. Chi vedeva Flavio?»

«Flavio ha amici *bad, very bad*. Loro vendono coca, capito? Forti dosi, persone ricche... pure gente con fabbriche, e c'è uno di squadra calcio.»

Hai visto mai faccio uno scoop e torno alle pagine sportive? «Ok. Ho capito. Tu li conosci?»

«Io sì. Sono due. Hai foglio?»

«No, scrivo sul cellulare» le rispondo. Prendo lo smartphone. «Pronto!»

«Giacomo Grifoni il primo, capo. Lui ha ristorante a centro città. L'Oliva si chiama.»

«Benissimo. Poi?»

«Poi Andrea Ferrari. È suo... come dici... quello che fa conti di tasse?»

«Commercialista?»

«Boh, sì, forse. Fa conti di tasse. Lui è cliente bar... lui ha studio. Vicino a stazione pullman.»

«Ah, sì, capito. Ti ricordi come si chiama lo studio? Vabbè, non fa niente. Sono pericolosi?»

«Loro hanno gente pericolosi. Due. Non so nomi. Ma pericolosi sì.»

Guardo i pochi appunti presi. Poi le sorrido. «Grazie ancora, Jamila. E sta' attenta!» Appena quelle parole mi escono dalla bocca mi sento un cretino. Sta' attenta! Sta' attenta lo dici a tua figlia prima che attraversi la strada, a un'amica che cerca di recuperare le chiavi di casa da una fognatura, non a una ragazza che è scappata dal suo Paese attraversando un deserto, un mare, banditi, sete e fame e che fa la prostituta ricattata da qualche organizzazione criminale. Quella attenta c'è nata, imbecille che non sono altro. Lei mi sorride indulgente, poi si volta e sparisce. Mi ritrovo di nuovo solo, in un quartiere che non conosco, con due nominativi, e non so cosa farci.

Una bella famiglia, seduta intorno a un tavolo per la cena, mangiava serena guardando il telegiornale. Daniele ingurgitava cibo come un maiale, la moglie, bruna, magra e con gli occhi scavati, sembrava masticare più per dovere che per effettivo bisogno. Il ragazzino, occhi incollati su un iPad, infilava la forchetta in bocca senza curarsi di quello che ci sbatteva dentro. Daniele parlava, la moglie ascoltava. Ogni tanto sorrideva e annuiva. Una bella famiglia, colta in un momento di intimità dalla strada, attraverso il parabrezza di un'automobile parcheggiata davanti al loro civico. Una bella famiglia, pensava Carlo Cappai, che ha eliminato due vecchi per l'eredità. Per poter trascorrere le vacanze sul Mar Rosso o a sciare. Non provava odio verso Daniele Martellini, nemmeno risentimento. Riusciva a mantenere la freddezza necessaria per calcolare tempi e abitudini, spostamenti e impegni. Attese per due ore nel buio dell'abitacolo, fin quando la moglie uscì dal portone e depositò due contenitori di plastica fuori dalla palazzina per rientrare infreddolita in casa. Poi attese che si spegnessero le luci del salone, un'altra mezz'ora e morirono anche quelle fioche della camera da letto. Le undici e la famiglia Martellini dormiva preparandosi al giorno successivo. Carlo raggiunse i bidoni e prelevò il contenuto. Carta da una parte, plastica e alluminio dall'altra. Lasciò i secchi vuoti e tornò in auto. A casa rovesciò tutto sul tavolo della cucina. Scartò le scatole dei cibi surgelati, sei bottiglie d'acqua di plastica, due riviste di moda, vassoi di pasta fresca, tre giornali, un contenitore di uova. Mise invece da parte una lettera della banca, il bugiardino di una medicina e un foglio di appunti presi con una grafia rapida e incomprensibile. Il bugiardino era quello della Tachipirina, niente di interessante, niente di interessante neppure nella lettera della banca, avvertivano il signor Martellini che il bancomat richiesto era pronto. Gli appunti scarabocchiati su un piccolo foglio invece sembravano importanti. C'erano alcuni numeri cancellati, poi riuscì a decifrare due parole: "Pianoro" e "Raticosa", e tre lettere, FVS. Accese il computer. Pianoro era un luogo vicino alla città, Raticosa un passo, erano collegati tramite la strada fondovalle Savena. Quegli appunti erano un itinerario. Daniele progettava un giro in bici con i suoi compagni per quella domenica, li aveva sentiti mettersi d'accordo. Non era l'appuntamento di cui aveva bisogno. Di giorno, di domenica, insieme agli amici e, come prevedeva il meteo, in una giornata di sole, ci sarebbero state strade affollate di ciclisti, motociclisti e vacanzieri in cerca di aria e bellezza sull'Appennino. Doveva farsi venire un'idea migliore. Gliela suggerì uno dei numeri di telefono segnati sul foglietto. Lo chiamò immediatamente nonostante fosse mezzanotte passata. Gli rispose una segreteria: «Uffici agenzia CasaIncontro. I nostri operatori sono a vostra disposizione dal lunedì...». Martellini aveva probabilmente messo in vendita la casa dei genitori, pensò Carlo. Trovarla sul sito dell'agenzia immobiliare fu un attimo. Duecento metri quadrati, disposta su due piani, terrazzo, cinque camere da letto, prezzo richiesto novecentomila euro. Un bel po' di quattrini. L'annuncio era corredato anche di fotografie. Carlo conosceva l'indirizzo, prese il cappotto e uscì.

Vicino alla cattedrale, a quell'ora di notte, girava ancora gente. Guardò la piazza, le vie limitrofe, alzò gli occhi. C'erano telecamere agli angoli della strada, vicino alla farmacia, sul piazzale. Non era il posto ideale. Sorrise perché era vicino al portico, ed era da un po' che non ci andava. Lì si sedeva sempre con Giada a parlare per ore, era il loro posto. Si avvicinò lentamente, sfiorò il muro. Sul mattone che spuntava dall'intonaco c'era ancora la scritta che avevano inciso col temperino dopo un'assemblea inutile al liceo. "Si è sempre responsabili di quello che non si è saputo evitare." E lui lo era. Quel giorno di maggio del 1977 aveva tentato di dissuaderla dall'andare alla manifestazione, ma non era stato abbastanza convincente. E dopo gli incidenti avrebbe dovuto stringerla a sé, come si fa con i cuccioli che vogliono scappare verso la strada incontro a morte sicura, invece aveva avuto paura, aveva pensato solo a se stesso, a ripararsi, dimenticandosi di Giada che fuggiva verso via Todaro. Attimi fatali, lui accucciato dietro un'auto ad assistere alla barbarie, impotente, congelato dalla paura. Se l'avesse abbracciata e nascosta dietro l'auto, ora sarebbe stata ancora viva e magari quel mattone adesso lo avrebbero sfiorato insieme, sorridendo per il tempo che era passato veloce come una brezza autunnale. Il tempo che aveva scurito la scritta, la grafia incerta di Giada, ma la frase era ancora lì, da quarant'anni: "Si è sempre responsabili di quello che non si è saputo evitare". Così si sentiva: responsabile. Della morte di Giada, di non aver saputo rendere alla sua amica del cuore quel minimo di giustizia che ogni essere umano merita. Era responsabile, perché sapeva e non aveva lottato abbastanza. Aveva testimoniato al processo, certo, e all'appello, ma a niente era valsa la sua parola. La mannaia del giudice aveva decretato l'innocenza dell'assassino di Giada e lui era tornato a casa, a testa bassa, il cuore dilaniato e sanguinante, impotente e solo contro un sistema che lo aveva schiacciato. Come avrebbe potuto perdonare tutto questo? Quarant'anni con un solo pensiero che l'accompagnava giorno e notte. Un'intera vita dedicata a quel pensiero. C'era chi si chiudeva in un monastero e inseguiva Dio con preghiere e digiuni, chi si allenava ore al giorno per una maratona, chi continuava a fare le scale sulla tastiera di un violino. Carlo Cappai invece aspettava, paziente, giorno dopo giorno, goccia continua e solenne, sicuro che il momento sarebbe arrivato e avrebbe restituito a Giada ciò che meritava. Tutta la sua vita in mezzo ai faldoni dell'archivio di un tribunale, nel buio infestato dalla polvere, nella memoria storica delle ingiustizie, doveva servire a quello. Arriverà, si disse quella notte, e promise a Giada, carezzando la scritta, che era questione di tempo, se lo sentiva. «Arriverà il momento, Giada. Fidati di me.» Tornò col pensiero a Martellini, per ora sul cammino aveva lui. Ma era poco più di un dovere da espletare con semplicità, freddezza, rapidità e decisione. Come era stato per Flavio Zigon. E Muzii e Selvarelli tanti anni prima.

«Ciao...» salutò a bassa voce il mattone rosso sfregiato, poi si incamminò verso casa. Fu sotto le torri che gli venne l'idea. Ed era semplice, fredda, rapida e decisa, come il vento che serpeggiava fra i portici e la piazza. Calzò il berretto di lana e allungò il passo verso la stazione.

Giovedì 22 febbraio

«Cosa vuoi che ti dica? Passali al capitano Ossola» mi suggerisce Wikipedia, «non è che puoi andare a infilarti in mezzo a gente che spaccia, ruba e spara.» Ha ragione, non è un film, devo rivolgermi alle autorità competenti, come si dice. Recarmi cioè dai carabinieri e dire: «Ho due nominativi interessanti, gente che spaccia, a cui era legato Flavio Zigon. Come li ho avuti? Rubando, anzi facendo rubare dei passaporti nigeriani da un mio amico pregiudicato in modo da avere la soffiata da una prostituta». Appunto. Mi sono fatto un mazzo tanto per avere quei due nominativi, e ora consegnarli su un piatto d'argento al capitano Ossola mi sembra ingiusto. Posso fare qualche altro passo da solo, con calma e tranquillità. Giacomo Grifoni con il ristorante e Andrea Ferrari con lo studio di commercialista. Mi siedo alla scrivania e mi metto a pensare. Cosa faccio? Vado lì e gli dico: «Salve, conosce Flavio Zigon?». O peggio: «Salve, so che lei spaccia pesante. Per caso ha sparato o fatto sparare a Flavio Zigon?». Poi mi viene in mente il padre di Flavio, quello che tiene per l'Hellas Verona. Cerco fra i miei appunti, ritrovo il nome.

Non so quanto guadagni un commercialista. Posso immaginare, a guardare lo studio di Andrea Ferrari, che tratti con grandi società internazionali, deve tenere i conti di Apple e Amazon. Solo l'ingresso sarà di centottanta metri quadrati con pareti di cristallo e quadri d'arte contemporanea, mette spavento. Ci sono tre segretarie alla reception, mica una, e sembrano fotomodelle, un po' acciaccate dall'età, ma sempre fotomodelle. Chiedo di Andrea Ferrari. «Ha un appuntamento?» mi risponde quella coi capelli neri e corti. «È una questione... di famiglia» le sussurro. Non cambia espressione. «Lei è?»

«Dottor Piccoli.»

La donna tira su il telefono e parla con qualcuno sottovoce. Poi mette giù la cornetta. «Si segga laggiù, appena possibile il dottor Ferrari la raggiungerà. Gradisce qualcosa? Un caffè?»

Mi vado a sedere nel salottino di pelle bianca. Tre divani e due poltrone, un televisore da 56 pollici che trasmette dei video musicali a bassissimo volume. Sul tavolino di cristallo ci sono diverse riviste. "Bentley", "Classic Watch", "Ferro 5". Prendo il magazine sul golf. Patinato, belle foto, articoli inutili. "Giocare al circolo di Marbella è come mettere a segno un phoenix" asseriva il giornalista inviato. Che cazzo è un phoenix?, mi chiedo anche se dovrei saperlo, ma il golf nella mia breve e inutile carriera nelle pagine sportive non l'ho mai affrontato; e passo a "Bentley". Rivista dedicata solamente ai proprietari della lussuosa macchina. Gli articoli vanno da consigli d'investimento negli Emirati a quali intagliatori contattare dopo l'acquisto di diamanti grezzi, fino all'indirizzo di un buon laccatore di mobili a Parigi. Urgenze che non riguardano la mia esistenza. "Classic Watch" invece parla degli orologi più sofisticati del mondo. Apprendo con un certo sgomento che un Vacheron Constantin può arrivare a costare duecentoquarantamila euro, in asta. Cioè qualcuno si porta il mio appartamento al polso.

Andrea Ferrari tiene i conti per Granarolo e la Conad, e pure per la FIAT, mi sa. Anzi la FIAT no, non è più italiana da un pezzo.

O è la polvere bianca.

Nella mezz'ora d'attesa non entra nessun cliente. Cerco di calmare i nervi e fermare il sudore che mi sta scendendo dalle ascelle. Deve trovarmi calmo e rilassato, come se per me fosse una semplice pratica quotidiana quello che sono venuto a fare. Se si mette male una via di fuga la trovo. Le segretarie non fanno che rispondere ai telefoni e se i nostri occhi si incrociano mi sorridono e riprendono a lavorare. Mi pento di aver rifiutato il caffè, mi sembra un po' da maleducati andare ora dalla bruna a esigerlo. Da una stanza esce un tizio della mia età, elegantissimo, prende un foglio dalla reception e torna in ufficio. Finalmente si apre la doppia porta di cristallo e un uomo sulla quarantina mi viene incontro. Basso, capelli a zero, indossa una maglietta nera sotto una giacca di fresco lana. Mi sorride e mi allunga la mano. Ha dei braccialetti intorno al polso. «Mi scusi per l'attesa, Andrea Ferrari.» Mi alzo dal divanetto. «Giorgio Piccoli» gli dico stringendola.

«Cosa posso fare per lei, dottor Piccoli?»

«Si tratta di...» maschero il nervosismo con l'imbarazzo. So di rischiarmela, devo osservarlo bene negli occhi e percepire qualsiasi reazione, un po' come fanno i giocatori di poker. Con un fiato rispondo: «Vengo da parte di Roberto Zigon».

Un piccolissimo bagliore attraversa gli occhi neri e tondi di Ferrari, li strabuzza appena. Una reazione c'è stata. «Roberto Zigon?» finge di non ricordare. Io abbasso la voce. «Il papà di Flavio» gli dico. Lui annuisce e mi tocca il braccio. «Venga, Giorgio» e mi conduce nel corridoio. Passando davanti alla reception schiocca le dita. «Sono in riunione, nessuna telefonata per almeno dieci minuti.»

Andrea Ferrari pensa dunque di sbrigarsela in dieci minuti. Non è molto, ma neanche poco. Controllo la tasca interna del giubbotto di pelle Armani, l'unico capo elegante che abbia mai posseduto. Il cellulare acceso in modalità registrazione è al suo posto.

Sono in ballo. Provo una strana freddezza che non pensavo di avere. Mi sto guardando dall'esterno. Non sono io l'uomo che entra nell'ufficio di Andrea Ferrari con le pareti di cristallo, la scrivania d'antiquariato intarsiata, il salotto damascato; che cammina sui tappeti persiani e osserva un quadro antico di una natività. È un altro che agisce col mio corpo e la mia voce.

Ferrari mi fa cenno di accomodarmi sulla Thonet di fronte alla scrivania. Lui si siede e premendo un pulsante oscura le pareti di cristallo, un bellissimo effetto, come se duecento persone avessero alitato tutte insieme sul vetro. «Allora» mi dice, «che succede?»

«Roberto Zigon, il padre di Flavio...»

Annuisce serio buttando fuori l'aria dal naso. Ho la sua attenzione. «Sì, una cosa tremenda.»

«Se la passa male, dottor Ferrari.» Il nome lo ripeto per la registrazione.

«Ma io cosa ci posso fare?»

Ci guardiamo per qualche secondo. È un duello, devo tacere e lasciare a lui la parola. «Signor Piccoli, io Flavio lo conoscevo appena...»

«Non dica così, dottor Ferrari, lo so» e mi zittisco di nuovo. Lui si morde un poco le labbra. «Quanto?» chiede andando subito al dunque.

«Ha debiti con parecchie persone, e ora che Flavio non c'è...»

«Un paio di migliaia?» propone.

«Veramente Roberto Zigon vorrebbe proporre un'altra cosa.»

Si mette in ascolto intrecciando le mani poggiate sulla bella scrivania. «C'è un nipote, sta a Verona. Lui lo farebbe venire in città.»

«A fare?»

«Quello che faceva Flavio.»

«Mi sa che Flavio e il padre era un po' che non si parlavano.» Rimango in attesa. Una goccia di sudore mi scende lungo la schiena. «Perché Flavio per me non faceva più un bel niente da un pezzo.»

«Lui mi ha...»

«Senta Piccoli, se questo è davvero il suo nome. Lo sa cosa penso io? Che lei il padre di Flavio neanche lo conosce, e che è venuto qui per un altro motivo.»

Una mano gelata mi strizza i coglioni. In quel momento realizzo di essere in apnea.

«Mi dica se sbaglio.»

«Si sbaglia. Lo conosco eccome. Sono io il nipote.»

«Oh, e allora che sono tutti questi giri di parole? Vuoi lavorare con me?» È passato al tu.

«Sono bravo» gli dico.

«Quanto?»

«Leggilo sulla mia fedina penale. Pulita e immacolata.»

«Faccio il commercialista, ci mancherebbe che tu non abbia la fedina penale pulita. Ascoltami, Flavio era un amico, manteneva il padre, lo so. Per me sbrigava robetta da due soldi, ma lo conoscevo dal liceo, di cacciarlo non mi andava. Vuoi fare il suo lavoro?»

«Veramente mio zio mi ha detto altro.»

«E cosa ti ha detto?»

«Neve» sibilo quasi sottovoce.

«Neve?» aggrotta le sopracciglia. «Quale neve?»

«Quella che vendi.»

Scoppia a ridere. «Ho capito! Amico mio, sei fuori pista, per rimanere nel campo. Quale neve? Tuo zio è un rincoglionito. Ma fammi il piacere» si alza. «Senti, se vuoi un lavoro posso trovartelo, ora perdonami ma ho da fare.» Preme di nuovo il pulsante, le pareti tornano trasparenti mostrando un pezzo della reception.

«Fatti sentire se hai ancora bisogno, e salutami tuo zio.» Apre la porta e mi invita a uscire.

Saluto con un cenno le segretarie e dopo un minuto sono già in strada.

Non ho concluso niente. Mi sento veramente inutile, poi ci ripenso. Non è stato inutile. Il nome di Zigon le porte me le aveva aperte, Ferrari mi ha ascoltato con attenzione. Non si è fidato, è ovvio, ma che lui e Flavio nascondano più di quello che il commercialista racconta è un fatto. Questo però non l'ho registrato, sensazioni, emozioni e intenzioni sono senza sonoro, ma la strada è quella giusta.

Ho finito l'articolo sulle percentuali di furti d'auto in città e quali modelli siano i preferiti dai ladri, un copia-incolla da internet poco impegnativo, e mi metto a studiare un piano per andare a fare visita a Giacomo Grifoni, al suo ristorante L'Oliva. Nessuna tattica mi sembra all'altezza. Chiedere a Wikipedia non è il caso, tantomeno al collega di economia, alla Stronza è fuori questione. Già mi ha demolito i coglioni, pretende una pagina sull'omicidio Zigon e le ho risposto di aver bisogno di tempo, una procrastinazione consentita grazie alla figura che le ho fatto fare giorni fa. Ma l'immunità non può durare ancora a lungo, un risultato devo ottenerlo. Ho deciso di andare nel tardo pomeriggio, presentarmi a Giacomo Grifoni senza troppi giri di parole. Usando lo stesso grimaldello, il padre di Zigon, sperando che il commercialista non si sia già sentito col ristoratore. È debole come tattica, ma ho scartato le altre, come per esempio fingermi un cameriere che cerca lavoro o un fornitore di chissà quale vino importante che gira per ristoranti promuovendo il prodotto. «Dritto per dritto» dice Wikipedia, ma non ce l'ha con me, sta parlando con il collega di economia. «Senza giri di parole, Ugo, il titolo crolla? E quello devi scrivere.»

«Lo sai che è pure il nostro sponsor? E mette i soldi nel giornale?»

«Il tuo dovere è dare la notizia, Ugo» insiste Wikipedia. «Poi se non te la pubblicano cazzi loro, tu hai fatto il tuo.»

Ha ragione. Prima di ogni movimento devo preparare l'articolo, tenerlo nel computer, pronto per il giornale, risultasse in un secondo momento veritiero. O addirittura, nel mio caso, premonitorio.

Occhiello: *Svolta nell'omicidio del laghetto*. Titolo: *Resa dei conti?*

"G.G., ristoratore, e A.F., noto commercialista della città che conta, sono stati arrestati questa mattina/pomeriggio/sera dai carabinieri, sospettati di concorso nell'omicidio/omicidio premeditato/essere i mandanti dell'omicidio di Flavio Zigon, ritrovato ucciso nella sua auto con due colpi di pistola in quello che ormai è passato alla cronaca come il delitto del laghetto. I due accusati gestivano un traffico di eroina/ cocaina/sostanze stupefacenti negli ambienti che contano. Flavio Zigon era un loro uomo. Se la strada imboccata dagli inquirenti è quella giusta, si profila proprio una resa dei conti fra il presunto spacciatore, Zigon, e i suoi mandanti, G. e F. Restano da scoprire le motivazioni che hanno portato al gesto. Zigon, lo ricordiamo, era già stato coinvolto nell'omicidio di sua moglie, Laura Faruk (*aggiungere i dettagli dell'omicidio*), scagionato dopo due gradi di giudizio. Senza lavoro, nullatenente, Flavio Zigon manteneva il padre grazie ai proventi dello spaccio. Lubabah Ebere, la ragazza nigeriana che era con lui sull'auto al momento dell'efferato omicidio, ha rilasciato in caserma una deposizione che riguarderebbe (condizionale d'obbligo) il coinvolgimento della vittima con gli ambienti dello spaccio. (*Chiudere con firma*)."

Più o meno è pronto, la Stronza può essere felice perché sarò sicuramente il primo a consegnare il lavoro.

La vedo rientrare dalla porta delle scale. Ha gli occhi rossi. Forse ha pianto? È stata dal direttore, sicuro, lei per andare via prende l'ascensore, quindi non viene dalla strada ma dal piano di sopra. Si siede alla scrivania e si asciuga gli occhi con un fazzoletto di carta. Guarda il suo computer, poi fuori dalla finestra. Sembra si voglia aggiustare i capelli. Si soffia il naso con un altro kleenex.

Questa donna sta male. Mi alzo, lento e silenzioso. Lascio la mia postazione, veloce arrivo all'ascensore. Non lo so, ma a parlare con lei, adesso, mi sembra di fare una qualche violenza. Preferisco concentrarmi sul ristorante L'Oliva, che è vicino alla Montagnola, ci vado a piedi.

Ci arrivo alle sette. Mi aspettavo un locale completamente diverso, cristallo e cemento, mattoni a vista, a metà fra un loft newyorkese e un elettrauto di Faenza. Invece dietro le tre vetrine su strada c'è una trattoria uscita dagli anni Cinquanta, le sedie tutte uguali, la boiserie a metà parete in listoni di legno chiari, bruttissimi quadri un po' anneriti dal fumo e dal vapore, come il colore giallognolo delle pareti, applique di stoffa e una stufa a legna al centro della sala. Le tovaglie a scacchi, l'apparecchiatura semplice e quasi casalinga, i dolci in bella mostra su un carrello con un coperchio di plexiglas e l'odore di ragù mettono fame. Un cameriere anziano mi viene incontro. Porta una giacca nera lisa sul bavero e il papillon bordeaux sulla camicia bianca. «Siamo ancora chiusi» mi dice sorridendo.

«Lo so, lo so. Io cerco Giacomo.»

«Ah, il capo ancora non c'è, arriva verso le 8-8.30. Devo riferire qualcosa?»

«No, grazie. Torno dopo.» Poi non posso fare a meno di chiederlo: «Che c'è oggi di buono?».

«Tortelli in brodo, risotto con le rane, tagliatelle come primo. Per secondo la galantina di pollo, scaloppine alla petroniana e

111

oggi abbiamo anche il friggione» e mi fa l'occhiolino. «Quello vero» precisa.

Quant'è che non lo mangio? Anni. Mi siederei volentieri ad assaggiarne un piatto, e invece con la salivazione aumentata esco dal locale.

Il friggione.

Me lo faceva mia nonna. Ci impiegava un giorno intero e aggiungeva la salsiccia. Qualche volta anche i peperoni, ma perché nonno era di San Colombano e non metterli per lui equivaleva a un reato di alto tradimento. Era sempre di domenica, avevo sette anni e giocavo coi miei cugini.

Stop.

Torno al presente. Devo aspettare il capo. Faccio un giro per guardare le vetrine e mi spavento per il prezzo di un paio di scarpe. Davvero si possono tirare fuori 280 euro per dei mocassini? 195 per un paio di pantaloni? 480 per una giacca senza fodera e 1300 per un cappotto? Entro nel bar davanti al ristorante e mi appoggio al bancone. Prendo un caffè, guardo il cellulare, provo uno scambio intenso di occhiate con una donna bruna che mi guarda come fossi una chiazza di vomito, chiedo un secondo caffè, mi fisso sull'insegna del ristorante, l'orologio sopra l'entrata, una bambina che protesta con la madre, due adolescenti seduti al tavolino che giocano col cellulare, il mio telefonino che non riporta messaggi, osservo un bellissimo cane pieno di peli, alto e magrissimo, tenuto al guinzaglio da un ragazzo con gli occhiali, due macchine dei carabinieri che si fermano davanti all'Oliva. Scatto immediatamente lasciando una banconota da cinque euro. Vedo i militari entrare nel ristorante. Mi avvicino, pensando di poter passare per un curioso qualsiasi. Poi i carabinieri escono portandosi dietro un uomo in carne con la faccia rossa, che scuote il capo. Il cameriere col quale ho parlato è sull'uscio. Ci scambiamo un'occhiata, lui alza le spalle. Un appuntato abbassa la testa del prigioniero e lo fa accomodare sull'auto, partono senza sirene, in sordina come sono arrivati. Resto sul marciapiede insieme a una coppia, anche loro si sono fermati a godersi la scena. «Embè?» chiedo al cameriere. «Mi sa che per oggi il capo non lo può incontrare» mi risponde. «Ma che è successo?»

«Mah... non lo so... speriamo niente di grave» e rientra nel locale. Lo seguo. Quando spalanco la porta, il cameriere sta apparecchiando un tavolo. «Senta, che succede? Io sono un parente di Giacomo» invento. Quello mi guarda. «Lei è il cugino di Ferrara?» Può essere un trabocchetto. «No» gli rispondo. Il cameriere sorride, ci ho visto giusto. «Io sono Giorgio, Giorgio Piccoli. Mia madre è sua zia.» Annuisce. «Giorgio, non lo so che è successo» mi rivela, sincero.

«Ma ha sentito quello che hanno detto i carabinieri?» Nega con il capo.

«Per caso ha sentito fare il nome di Zigon? Flavio Zigon?» Ci pensa su. «Sì, mi pare di sì!»

«Grazie!» Due salti e sono fuori dal locale.

In strada faccio una telefonata, devo avere la certezza di quello che sta succedendo. «Studio Ferrari e associati» è la voce di una segretaria debole e lontana.

«Sono Giorgio Piccoli, sono venuto da voi, si ricorda? C'è un problema, devo parlare con urgenza con Andrea...»

La segretaria poggia il telefono, la sento parlare con qualcuno. «No, purtroppo...»

«È urgente. Mi dica, ma sono già venuti?»

«Chi?»

«I carabinieri.»

«Oddio...» dice con un filo di voce. La sento piangere. «Non posso dirle...»

Attacco.

Corro in redazione. L'articolo è pronto, cambio quel poco che c'è da cambiare e lo consegno alla Stronza. Gli occhi ora sono asciutti e penetranti, nessuna traccia della caduta emotiva di qualche ora fa. «Tenga, in anteprima, si fidi!»

Lo legge velocemente. «Ne è certo?»

«Al cento per cento» sparo. In realtà molti dettagli non sono precisi, ma non importa. Stavolta sono arrivato per primo. «Siamo ancora in tempo?» le chiedo.

«Zona Cesarini!» Mi guarda e i suoi occhi ora sorridono. Alza il telefono. «Pronto, Luca? Subito da me! Riapri la cronaca» dice.

Con un'azione a tenaglia, la sfera è al mediano che salta un avversario, serve il tornante in area di rigore che stoppa la palla, finta uno scarto a destra, torna sulla sinistra, lascia partire un tiro mancino che va a baciare l'incrocio dei pali, ed è goal! Andretti due, Stronza uno! Il pubblico esulta, la mezzala va a salutare i sostenitori in curva e riceve l'abbraccio dei suoi compagni. Doppietta della mezzala. Sarà dura per la compagine della Stronza rimontare ora che la squadra di Andretti ha ritrovato una certa fiducia nel gioco collettivo.

Venerdì 23 febbraio

Il giorno dopo io e i soliti quattro giornalisti siamo seduti nel saloncino della caserma, abbiamo appena ascoltato il capitano Ossola; Salvo Parodi viene da me e mi sorride. «Bravo» mi dice, «hai imparato. Sei uscito per primo, guarda che il capitano ti vuole parlare.» Mi sento il cuore battere forte nel petto. E cosa vuole? Certo non rivangare il nostro precedente incontro.

«Dottor Andretti.» Ma come fanno i carabinieri a stare sempre dritti? Anche seduti, a tenere il busto così in verticale? Non gli fanno male i dorsali? Forse hanno delle stecche di balena nelle giacche. Il capitano è nel suo ufficio, alle mie spalle si è piazzato un maresciallo sui quarant'anni. Gli occhi del capitano sono chiari e intelligenti, di quelli che ti leggono i pensieri, i capelli rossastri e il viso cosparso di efelidi. «Mi dica, come ha fatto a entrare in possesso delle notizie su Ferrari e Grifoni?» Non serve mentire. Semplifico un po' la storia, senza fare il nome di Jamila. Mentre parlo, Ossola non mi leva mai lo sguardo di dosso. Mi devo concentrare per non perdere il filo e pensare ad altro, per esempio mi sta guardando proprio gli occhi o un punto sopra la fronte? Cos'è, una tecnica di intimidazione psicologica? La studiano al corso degli allievi ufficiali? «Che altro sa?» mi chiede interrompendo la mia storia di frequentazione notturna dei viali. «Niente, capitano. Quello che le ho detto. Ho cercato di carpire informazioni da Ferrari, allo studio, senza riuscirci. Anzi...» dico e metto la mano in tasca tirando fuori il cellulare. «Se vuole, qui ho la registrazione del colloquio che abbiamo avuto.» Poso lo smartphone sulla scrivania. Ossola fa una smorfia e guarda il maresciallo alle mie spalle. «Cioè, mi faccia capire. Lei è andato sotto falso nome da Ferrari a cercare di farlo parlare?»

«Sì...» rispondo incerto.

«No, Andretti» si alza dalla sedia, «no! Lei questo non lo può fare. Non è un poliziotto, non è un carabiniere, tantomeno un detective privato. Lei è un giornalista e se ha intenzione di fare domande a qualcuno lo deve fare alla luce del sole, come inviato di un giornale, non come un... un infiltrato!» Ha raggiunto la finestra. Guarda fuori dandomi le spalle. «È reato, lo sa?»

«Io volevo solo...»

«Quello è il nostro mestiere. Ci rifletta, pensi che casino succederebbe se ogni cittadino si mettesse a indagare per i fatti suoi. Per esempio, è stata una fortuna che lei si sia mosso così in ritardo, altrimenti avrebbe messo sul chi vive i sospetti, poteva mandare all'aria la nostra indagine. A questo ci ha pensato?»

«No.»

«Ci pensi, ora che lo sa.» Si volta e sempre con le mani dietro la schiena torna alla scrivania. Poggia le mani sulla spalliera della sedia. «Dichiariamo chiuso l'incidente e si tolga di mezzo. Non infili più il naso in faccende che non la riguardano.»

«Io cercavo di rendermi utile.»

«Lei è utile se resta al suo posto, a fare il suo mestiere.» Si rimette a sedere. Percepisco la presenza del maresciallo alle mie spalle, che fino a quel momento era stato in silenzio. Il messaggio è chiaro, devo andarmene e anche di corsa. Recupero il cellulare. «A questo punto, capitano, davvero non vuole sentire la registrazione?» Ossola alza gli occhi dai documenti, mi guarda per qualche secondo poi torna a concentrarsi sulle carte. Esco senza salutare scortato dal maresciallo che, una volta nel corridoio, mi dice: «Andretti! Niente cazzate!».

Non mi resta che attenermi ai fatti di un processo, se mai ci sarà, e alle notizie che i militari, bontà loro, mi elargiranno durante le squallide conferenze stampa.

«Che ne so se ci sarà un processo?» mi dice Parodi che incontro fuori dalla caserma. «Poi, nel caso si andasse in giudizio, passerà tanto di quel tempo... ora sta al tuo giornale mantenere viva la notizia o passare ad altro. Conta che per l'opinione pubblica quei due sono colpevoli. L'unica notizia da dare, quando e se il processo verrà celebrato, sarà un loro eventuale scagionamento, con conseguente riapertura del caso.»

«Cioè Ossola si accontenta? Non chiede una proroga delle indagini?» gli domando mentre si accende una sigaretta.

«Non lo so. Conoscendolo non credo. Chi lo sa? Statti bene, Andretti!»

Tu lo sai!, penso, tu che hai agganci nell'arma. Fai lo gnorri ma lo sai, vecchio merdone. Devo aspettare e prepararmi all'ennesimo sorpasso di Parodi con conseguente cazziatone della Stronza.

Lunedì 26 febbraio

Sorpasso che è arrivato oggi, quattro giorni dopo. Le accuse contro i due professionisti sono cadute, notizia che apprendiamo dal giornale di Parodi. Me l'aspettavo quell'anticipo del vecchio volpone, la conferenza stampa alla procura è stata indetta per le dieci del mattino, alle otto e mezza la Stronza mi sbatte la copia del "Resto" sulla scrivania. *Grifoni e Ferrari innocenti* riporta il titolo. Parodi ha saputo prima delle nostre rotative la novità. «Inutile dirle che questo significa qualche migliaio di copie in più per loro e in meno per noi!» Mi mordo le labbra e stringo i pugni, vorrei picchiare quel merdaiuolo di Parodi. Wikipedia sorride guardando il monitor. «Perché, dico io, perché siamo sempre un passo indietro?»

«Glielo spiego» le dico. «Perché io sono alla cronaca da neanche due settimane, perché Parodi conosce tutti e ha agganci e io niente e nessuno, perché per fare un articolo in anticipo ho rischiato la pelle e una denuncia dal capitano Ossola, perché stavo allo sport e, detto fra noi, lo preferivo!»

«Andretti, non mi faccia la tragedia. Vuole sapere qual è un problema? Ora glielo dico io. Essere una caporedattrice e guadagnare meno dei colleghi maschi, per esempio. Oppure sapere che da te si pretende il doppio e ti si riconosce la metà, che si hanno il doppio delle responsabilità, che paghi anche per gli errori dei tuoi colleghi. Uomini, è ovvio. Un problema è dover sopportare sempre le battutine degli uomini sul culo di questa o le tette di quell'altra, dover fare le stesse cose di Fred Astaire ma all'indietro e con i tacchi sapendo che di te non parleranno mai! Sapere di essere cento volte più brava dei tuoi superiori, ma dover dire sissignore anche alle più orribili cazzate che senti dire. Ecco quali possono essere dei problemi, Andretti» mi fissa col fiatone. Gli occhi le si sono accesi di una nuova luce. «Pensa che io mi diverta a essere così stronza con lei? No. Ma lo devo fare, Andretti, da me questo vogliono: che mi trasformi in una specie di maschio alfa stronzo e arrivista. Mi piace? No, mi fa schifo. Ma, come dice l'antico adagio, anche io tengo famiglia.»

Il goal era nell'aria. Purtroppo la difesa distratta, trovata fuori posizione da un lancio lungo del fluidificante, non è riuscita a recuperare lo scatto del *falso nueve* che, con un pallonetto a filo di piombo, ha insaccato alle spalle del portiere in uscita avventata. Stronza due, Andretti due. E forse possiamo decretare la fine delle ostilità.

«Mi... mi dispiace. Non l'avevo mai visto sotto quest'ottica.»
  «Succede. Ora, glielo chiedo per piacere, siccome il direttore non è felice, per niente, vada alla conferenza. Chissà che non mi riesca a dare un articolo pubblicabile per mezzogiorno. Gliene sarei grata.»

Anna era tornata, portava lo stesso maglione, i jeans e un paio di scarpe con il logo luccicante. Parlava da qualche minuto, ma lui non l'ascoltava. La famiglia era l'argomento, quella di provenienza e quella che uno pretende di mettere su con il compagno o la compagna, e poi i figli, una casa e il futuro. «Ma ad avere figli non ci sono riuscita, dottor Cappai. E mi dispiace, perché li avrei voluti.»

«Dice?» le chiese Carlo.

«Penso di sì.» Prese un sorso di tè. «Ma è andata così. Lei ci ha mai pensato?»

«A cosa? A dei figli?»

«Sì.»

Carlo non aveva bisogno di riflettere sulla domanda. «No. Vede, io ai figli, alla famiglia, non ci ho mai pensato.»

«Neanche con una sua fidanzata?» posta la domanda arrossì e abbassò gli occhi.

Quale fidanzata?, avrebbe voluto risponderle. Non ne aveva mai avute, se si esclude un filarino ai tempi dell'esame di procedura penale. Costanza, si chiamava. Era bella, gli piaceva parlare con lei ma non era mai riuscito a fare altro. Giada? Giada era un'altra storia, riduttivo descriverla come un rapporto di coppia. La sera, quando gli altri studenti uscivano, lui si ritirava nella sua stanza, nell'appartamento che doveva condividere con suo padre e sua madre in quelle cene lunghe e silenziose dove gli unici rumori erano il gocciolare del brodo nel piatto o il collo della bottiglia contro l'orlo del bicchiere. Se non ci fossero state le voci dei telegiornali o le sigle dei programmi si sarebbe potuto pensare a una casa di sordomuti. Fu solo dopo le procedure che Carlo cominciò a mangiare da solo in cucina con Lillina, preferendo la compagnia della vecchia cameriera a quella dei genitori. «Papà ti vuole a tavola» gli diceva sua madre, messaggero di pace. Lui non rispondeva neanche. «Papà vuole sapere perché mangi in cucina.» «Papà chiede se ti decidi a comportarti come si deve» e in risposta solo il silenzio di suo figlio. Fino alla laurea. «Ti ho mantenuto perché era mio dovere darti la possibilità di studiare, è l'obbligo di un genitore. Il mio compito termina qui. Resterai in questa casa, ma dovrai pensare a te stesso e al tuo mantenimento.» Glielo disse quando tornò dall'università, senza nessuno che assistesse alla discussione della tesi. «Non ti caccio di casa, ma procurati il vitto e i soldi per le tue spese extra.» Carlo, in piedi nel corridoio, non rispose, aspettò che il padre finisse il discorsetto educativo, alzò le spalle e tornò nella sua stanza. Ci mise trenta minuti a fare la valigia. Entrò in cucina, dove c'era la madre che preparava le lasagne con Lillina. Poggiò delle banconote sul tavolo, nessuno aveva mai avuto il sospetto che lavorasse di notte in un pub del centro.

«Questi sono i soldi per i vestiti che indosso e la valigia che ho in mano. Insieme lascio le chiavi di casa.» Se ne andò mentre la madre osservava quelle banconote da diecimila lire impilate accanto ai piatti e alla farina. «Dove vai?» gli urlò uscendo in corridoio mentre Carlo si metteva il cappotto. «Nessuno ti sta cacciando di casa, Carlo!»

«Infatti. Sono io che me ne vado. A mai più rivederci, mamma.»

Tentò di fermarlo, ma il ragazzo fu rapido a infilare la porta e lasciare l'appartamento.

«La fidanzata?» chiese ad Anna. «Ne ho avuta soltanto una, lo sa? E non siamo mai riusciti ad andare oltre i soliti convenevoli. Lei invece si è sposata, ha fatto molta più strada di me.»

«Non le è mai pesata questa solitudine?»

Carlo si guardò intorno. Il salone, le poltrone di velluto, il lampadario con tre lampadine funzionanti, la pendola ferma da sempre. «Per detestare la solitudine bisognerebbe aver provato la compagnia» rispose. «Sono solo, da sempre. Non ho mai saputo cosa volesse dire tornare a casa e scambiare due chiacchiere con una moglie. Mai. E adesso credo sia troppo tardi per pensarci. Lei, Anna, è una donna molto bella, ha voglia di vivere, mi corregga se sbaglio.»

«Non mi...»

«Non deve sentirsi in colpa. È un desiderio comune e molto positivo, io credo. Io non ho mai avuto voglia di vivere, di stare in compagnia, anche solo un'uscita al cinema mi lascia contratto e risentito, quasi la considero un'offesa.»

Anna sorrise. «Sono sola anch'io, cosa crede? Ma sì,

è vero, sono stanca di esserlo. La compagnia dei libri, di qualche amica al telefono non sono dei buoni rimedi. Palliativi, ecco.»

«A ventiquattro anni lasciai casa. Dopo la laurea. Andai a vivere prima in un alberguccio vicino alla stazione, poi in un appartamento insieme a due studenti della scuola d'arte. Preparavo l'esame di magistratura, perché quello volevo fare...»

«Come suo padre?»

«No. Come un magistrato vero. Per campare mi arrangiavo. Lo sa? Ho imparato tante cose in quegli anni. Per esempio, lei sa come si fa a rubare al supermercato la cosa più costosa che non possiamo permetterci?»

Anna sorrise divertita. «No, mi dica.»

«Nel carrello ci mette sopra le casse d'acqua. E quando passa alla cassa nessuno la vede. Sa far partire un'automobile senza la chiave?»

«Non ho neanche la patente!»

Risero. «In quegli anni per risparmiare sull'elettricità mettevamo la pellicola fotografica nella ruota dentellata in modo da bloccare il contatore. E il telefono lo avevamo attaccato a quello del vicino. Scoprii anche che se ogni sera tardi facevo il giro dei locali della città a rovistare fra i cuscini dei divani e delle sedie, tiravo su ventimila lire di spiccioli. Ho fatto le pulizie in un ospedale, servito in un bar, truffato qualche venditore, qualche signora impellicciata piena di soldi. Ho rubato biciclette, motorini, due Alfa Romeo, ho venduto hashish e anfetamine. Da ridere, eh? Tutto questo mentre preparavo l'esame per la magistratura.»

E Anna rideva. «E i suoi coinquilini?»

Carlo si voltò e indicò un quadro. «Quello è di Gianluca. Me lo regalò tanti anni fa. Una crosta, all'epoca. Adesso vale più di trentamila euro. Sì, lui la strada l'ha trovata. Massimiliano invece no, se ne è andato per overdose.»

«Quando sento i suoi racconti, mi rendo conto di avere fatto una vita monotona e piuttosto squallida.»

«Non lo creda, scambierei la mia con la sua stasera stessa.»

Anna finì il tè. «Me la toglie una curiosità?»

«Se posso.»

La donna prese un leggero respiro, come a farsi coraggio. «Cosa c'è in quello studio?» e indicò la porta chiusa a chiave. Carlo si voltò, anche se sapeva benissimo di cosa stesse parlando. «Lì dentro?»

«Sì.»

Carlo abbassò la voce. «Sua sorella le ha chiesto di farmi questa domanda, vero?» Anna non rispose. «È un segreto. Non glielo posso svelare ma, mi creda, spero un giorno lo verrà a sapere, e quel giorno capirà anche perché non posso vivere con nessuno, all'infuori di me.»

Carlo comprò un secondo smartphone e lo localizzò sul suo scaricando una delle tante applicazioni in commercio. Alle otto e mezza di sera di giovedì, con le strade già buie da un pezzo, con l'autobus arrivò all'abitazione di Martellini. L'auto era parcheggiata al solito posto riservato ai condomini, protetto dalle palazzine circostanti da un muro invaso dall'edera. Faceva freddo, un vento tagliente chiudeva tutti in casa. Si accucciò sotto il parafango posteriore, accese il nuovo cellulare e si stese a terra. Lo fissò col nastro adesivo telato vicino alla marmitta. Si rialzò pulendosi i pantaloni. Lo sforzo gli aveva procurato dolore alla spalla destra, ma ormai c'era abituato. Come un reumatismo che veniva una decina di volte al giorno, stringeva i denti e attendeva che il dolore passasse. Accese il suo cellulare e controllò il segnale. Un puntino verde segnalava la presenza dello smartphone attaccato sotto l'automobile. Aveva due ore per raggiungere la sua auto già parcheggiata vicino alla stazione. Ci andò in taxi. Salì a bordo col cellulare bene in vista. Sullo schermo il puntino verde era fisso, segno che l'Opel di Martellini era sempre parcheggiata sotto casa. Dal parabrezza aveva la visuale perfetta del civico dove quello sarebbe andato a giocare a poker. Lì intorno, sotto i portici, telecamere non ce n'erano. Dopo un'ora e mezza il puntino cominciò a muoversi, Martellini era uscito di casa. Seguì tutto il tragitto sulla mappa. Lo vide svoltare a un incrocio, prendere via Palmiro Togliatti. In poco meno di quindici minuti sarebbe apparso. Svoltò finalmente in via Indipendenza. Carlo accese il motore appena vide i fari della Opel alle sue spalle. Quando l'auto fu a cento metri da lui mise la freccia per lasciare libero il parcheggio. La Opel di Martellini si fermò e lo fece uscire. «Bel regalo, eh?» disse a bassa voce mentre quello, ringraziando il cielo per il colpo di fortuna, parcheggiava in retromarcia. Carlo sorrise, aveva tutto il tempo di cercarsi un altro posto, anche lontano dalla casa dei giocatori di poker, per poi tornare con tutto comodo a piedi.

Attese a lungo passeggiando per le vie vicino alla stazione, fu fermato solo da un ragazzo che cercava soldi, un tossico, pensò. Guardò le vetrine spente, non trovava niente di interessante.

L'una.

Aveva ancora un'ora da ingannare. Ricordò che anni prima c'era un locale aperto fino a tarda notte e aveva due flipper. Chissà se c'è ancora, si chiese mentre lo raggiungeva. Era aperto, i flipper li aveva, solo che quei modelli erano molto più luminosi, colorati e avevano l'aria di essere molto più chiassosi di quelli di trent'anni fa. Dietro il banco un uomo coi capelli bianchi, alla cassa una signora sui settant'anni impegnata a risolvere un cruciverba. «Un caffè...» chiese. Controllò il localizzatore sul cellulare, la Opel era sempre parcheggiata. Un uomo giocava a videopoker compulsivamente nell'angolo vicino all'entrata. Comprò anche un Bacio Perugina che mangiò dopo aver bevuto il caffè che sapeva di muffa. Pagò alla cassa e si fece dare delle monete per giocare. Non solo erano più colorati, luminosi e forse chiassosi, ma i flipper erano molto più complessi. Ponti e buche, rampe di lancio, tre palline contemporaneamente, le prime due partite le fece cercando di capire le missioni. Alla terza le cose andarono un po' meglio, ma solo alla quarta riuscì a inquadrare il gioco. Gli era sempre piaciuto il flipper, una commistione di calcolo, fortuna e precisione che si acquisisce solo con un allenamento continuo e ossessivo. Quando era bambino i veri campioni erano adulti che fumavano mentre giocavano, ogni tanto poggiavano la sigaretta su un piccolo posacenere di latta avvitato sul piano di gioco. Quando un campione giocava, i ragazzini non potevano assistere, dovevano stare lontani dal catafalco e mai poggiare le manacce luride di gelati e caramelle sul vetro. Il campione aveva bisogno di spazio, aria e soprattutto concentrazione. Sbirciavano da lontano il tabellone, coi punti che andavano più veloci di un contatore della pompa di benzina. I campioni non erano mai soddisfatti, anche se vincevano palline su palline e realizzavano punteggi milionari che loro, a dieci anni, si sognavano. Andavano via non prima di una mezz'ora, prendevano un amaro al banco e si mettevano sull'uscio del bar a bere, fumare e aspettare chissà cosa lasciando il campo ai piccoli che si spalmavano in dieci sul flipper. Quello che Carlo detestava era il tilt. Ogni flipper aveva una sua sensibilità, come le persone. Alcuni già a sfiorarli si bloccavano e perdevi la partita, altri li potevi urtare con colpi di anca e pube e continuavano ad andare lo stesso, assecondando le tue spinte. Questi nuovi invece erano inamovibili, niente fisicità, solo i pulsanti, le dita, la precisione del tocco e la forza calibrata. Gli sarebbe piaciuto averne uno in casa, una compagnia che non gli sarebbe mai venuta a noia. Finì le partite e uscì dal bar salutando la donna alla cassa, che rispose con uno sbadiglio. Tornò sui suoi passi, all'appuntamento ormai mancava poco. Tranquillo, rilassato, respiro e battiti regolari, raggiunse la Opel di Martellini, si chinò e staccò lo smartphone, poi lo spense. Se lo mise in tasca e attraversò la strada. Si appoggiò all'ultima colonna del portico. Alle due il portone si aprì. Uscirono quattro uomini, riconobbe Martellini con la sua giacca a vento nera. I quattro si divisero. Uno di loro si incamminò con Martellini. «Cazzo» mormorò. Venivano in due verso di lui.

Gli venne quasi da urlare: Vattene!

Come se avesse ascoltato il suggerimento, il compagno di Martellini attraversò lasciando l'uomo da solo. Mani in tasca e testa bassa, Martellini si avviò verso la sua auto parcheggiata, e verso Carlo che fece due passi indietro, mettendo un angolo fra sé e l'altro. Dopo un minuto lo vide svoltare e solo allora si avvicinò. Quando lo incrociò, rapido, preciso e freddo, gli infilò la lama del coltello sotto il cuore spingendo con tutto il corpo. Martellini lo guardò con gli occhi sgranati, non aveva capito cosa fosse successo. Colto di sorpresa, il dolore non gli era ancora arrivato al cervello. Un attimo e Carlo sferrò la seconda coltellata, sempre sotto il cuore, usando la mano sinistra. Martellini si piegò appena, sembrava volesse vomitare. Si portò le mani all'altezza della ferita. Il terzo colpo lo assestò più in alto e Martellini emise un piccolo rantolo. Le ginocchia si piegarono e cadde a terra. A quel punto fu facile per Carlo dare altri tre colpi per poi lasciarlo esanime sul marciapiede. Ripercorse il porticato, girò prima a destra, poi a sinistra, un viale che attraversò alla svelta fino a raggiungere la sua macchina in un vicolo. Era stato preciso, aveva calcolato la forza, la velocità e la potenza. Niente era andato storto, tranne il solito dolore al braccio destro. Partì verso Malalbergo, mezz'ora di strada. Si tolse i guanti e accese la radio. Non distingueva la musica, concentrato solo sulla provinciale lunga e dritta, sperando di non incappare in un posto di blocco. Ma era in mezzo alla settimana, in giro non c'era un'anima, solo qualche luce nella campagna. Alle tre di notte arrivò al borgo, girò prima del ponte nel piazzale del parco cittadino, spense il motore, prese il coltello, superò la staccionata di legno e si ritrovò davanti al canale della botte. Si guardò intorno. Non c'era anima viva. Lanciò l'arma nell'acqua a far compagnia alla pistola che aveva gettato settimane prima. I guanti li avrebbe bruciati nel camino.

Quando rientrò a casa erano le quattro del mattino. Accese subito il fuoco buttandoci i guanti di pelle e il cappello di lana. Andare a dormire non era possibile, il sonno lo aveva lasciato già verso la mezzanotte. Decise per una doccia bollente, levarsi dalle ossa l'umidità e il freddo della notte. Si passò la crema sul braccio e ci avvolse intorno una sciarpa di lana. Per quel giorno avrebbe rinunciato alla corsa delle sette.

Giovedì 1° marzo

«Sembra che il lavoro non manchi» mi dice Elena. Sì, non la chiamerò più la Stronza. Non che i suoi modi siano cambiati, ma non mi pare più il caso. Elena, e Barilli è il cognome. Ora non so se sia sposata o meno, non mi va di chiedere in giro, sembra che voglia fare pettegolezzi o, peggio, cercare informazioni sulla sua vita privata perché ho delle mire su di lei. Comunque, Elena prende in mano l'articolo. Lo legge mettendosi gli occhialini azzurri, con la catenella di plastica dello stesso colore. Con quelle lenti addosso mi ricorda una mia insegnante di matematica. «Mmm» e fa quel gesto che detesto, col pollice e l'indice, sembra si pulisca il mento partendo dai lati della bocca. Quando, e se, saremo più in confidenza dovrò dirglielo. «Si sa altro di questo Martellini?»

«La polizia parla di un tizio tranquillo, famiglia normale, lavorava in un autosalone.»

Si toglie gli occhiali e mi guarda. «Stavolta è della polizia il caso?»

«Sono arrivati prima loro. In questura il sostituto Mengacci ci ha rivelato pochi particolari.»

«E cosa fa il bravo giornalista di cronaca?»

«Dal momento che gli inquirenti sono tirchi di dettagli? Se li va a cercare da solo.»

«E cosa aspetta?»

«È morto stamattina prima dell'alba, sono le nove e mezza, ho già fatto l'articolo, me lo dà il tempo?»

«Tempo che lei vuole consumare qui davanti alla mia scrivania?»

«Mi vengono in mente altri ventimila posti dove andrei più volentieri, signora capo.»

Mi sorride. Ho capito. Ora sta giocando a fare la stronza. «E io uno solo dove la vorrei mandare, Andretti. Buon lavoro» e mi indica la porta. Ma continua a sorridere, e così faccio io.

Un altro cadavere, stavolta in mezzo alla strada. Come ha detto il questore, l'assassino ha studiato bene il luogo perché lì intorno non ci sono telecamere. Probabilmente un agguato. Per fare un agguato a qualcuno bisogna odiarlo dal profondo, io credo. Comincio da Ribaudo, quello che invita gli amici a giocare a casa sua. So già che non avrà niente da dirmi, e che questa visita sarà un buco nell'acqua, ma almeno raccatto un po' di materiale. A che mi serve? A fare un altro articolo di contorno? A mantenere 'sto stipendio ridicolo?

«Dove vai?» mi chiede Filippo Lauretani detto Wikipedia. «A fare qualche domanda sul morto fresco di giornata.» Lui si lascia andare sulla sedia. «Ti mancano i fondamentali» e mi indica il computer. «Perché non fai una ricerca? È la prima cosa!» Mi tolgo la giacca a vento e mi siedo alla scrivania. Digito il nome: Daniele Martellini.

Porca puttana!

In rete ci sono pagine e pagine sul tizio. È stato da poco scagionato dall'accusa di omicidio dei suoi genitori. Mesi fa era presente sulla cronaca cittadina. «Ti vedo impegnato. Hai trovato qualcosa?» mi chiede Wikipedia dal suo tavolo, sornione, sorridente. «Hai voglia te...» gli rispondo senza staccare gli occhi dal monitor. Percepisco la sua attenzione, così mi decido a guardarlo.

«Io sento che il movente sta in quel processo. Fossi in te andrei a dare un'occhiata.» Secondo me Wikipedia vorrebbe lavorare nella cronaca.

Riconobbe subito il giornalista. Era già venuto tempo prima a consultare le carte del processo Faruk. Aveva l'aria stanca, spettinato, sembrava conservasse i vestiti in una scatola dei biscotti. «Vuole le carte del processo Faruk?» gli chiese. «Non sono ancora andate al macero.» «No» rispose il giornalista. «Mi piacerebbe consultare le pratiche del processo Martellini Daniele.»

Cappai sorrise. «Sezione R, scaffale 1, ripiano 12, busta 2» ripeté ad alta voce guardando il foglio firmato che l'uomo aveva posato sul bancone. Senza aggiungere altro si perse fra le librerie e gli scaffali, nel buio dei dedali burocratici. Andò a colpo sicuro. Prelevò tutti i faldoni, sei, li poggiò sul carrellino e tornò verso il banco. «Prego» e cominciò a sbatterli uno per uno sul piano. «Oh Madonna...» disse il giornalista. «Senta, per piacere, mi dia solo il primo grado.»

L'archivista annuì, lesse le etichette, fece la cernita e mollò tre faldoni, gli altri li rimise sul carrellino. «Grazie» disse l'uomo e uno alla volta se li portò al solito tavolo. «Anche questi stanno andando al macero?» gli chiese. Carlo allargò le braccia. «Comunque io mi chiamo Walter Andretti.»

«Carlo Cappai» e si strinsero la mano.

Il giornalista se ne tornò al tavolo.

Bravo Andretti, non era difficile arrivarci, pensò Carlo che cominciava ad ammirare la perseveranza del giovanotto. Lo osservò per un po' mentre lavorava, girava fogli, prendeva appunti sul taccuino. Quella solerzia lo commosse. Ci metteva tanta energia, nessuno dei suoi colleghi si era mai presentato all'archivio per prendere informazioni. Si limitavano a raccontare quello che gli inquirenti dicevano alle conferenze stampa o a trascrivere le soffiate di qualche poliziotto. Questo invece pareva aver scelto un'altra maniera di affrontare il suo lavoro. Ammirabile. Non che l'avrebbe portato chissà dove, pensava, ma almeno le fonti se le andava a cercare di prima mano. Tornò al suo tavolino per leggere in rete gli articoli riguardanti l'omicidio di Martellini. La vedova inconsolabile, il corpo all'ospedale per l'autopsia, i colleghi sbalorditi, i compagni del giovedì sera ammutoliti. "E dire che l'ho lasciato cinque minuti prima dell'aggressione" riferiva tale Domenico Cerulli, quello che lo aveva accompagnato per un pezzo di strada sotto il portico, pensò l'archivista. "Daniele non aveva nemici, era una persona normale, un caro amico che ha avuto quella brutta storia tempo fa, ma era innocente, è stato provato!" Carlo chiuse la pagina e sorrise pensando a un'altra pratica che adesso non avrebbe più invocato la sua attenzione. Alzò lo sguardo, l'avvocato Lo Piparo lo attendeva al bancone.

Venerdì 2 marzo

È difficile trovare un indirizzo in mezzo alla campagna. Strada, fosso, località... mai una via, il massimo del riferimento è il chilometro, una vaga indicazione di un passante, se hai una botta di culo a incontrarne uno. Appena uscito dalla statale faccio tre volte il giro di Fosso Pantano, poi trovo la casa in fondo all'ultima sterrata. Una villetta dignitosa, in pietra, non molto grande, con un giardino recintato da una rete verde di ferro. Il citofono nascosto dai rami di un glicine e da ragnatele. «Sì?» mi risponde una voce femminile dopo un minuto di attesa. «Posso parlare con Luisa Martellini? Mi chiamo Walter Andretti... sono un giornalista.» Ci mette un po' a darmi una risposta. «Televisione?» chiede. «No, giornale.»

«Entri.»

Passo il cancello. Mi sarei aspettato un cane, ma sotto il portico stazionano due gatti distesi accanto alle poltrone di vimini. La donna apre la porta. Me l'immaginavo vestita con una camicia a quadri e i jeans, insomma una roba da campagna dell'Iowa, invece indossa una gonna al ginocchio e un maglione color panna. «Prego, si accomodi» e mi fa entrare. Un odore acre di legna bruciata, il camino acceso non tira benissimo. Lei se ne accorge. «Quando c'è l'ostro rientra il fumo dal comignolo... mi segua» e fa strada nel salone. Bello e semplice, la poltrona preferita della padrona di casa vicino alla finestra, il tavolino con riviste e giornali, nel mucchio noto con piacere anche la mia testata, un divano a righe e il camino scoppiettante. Alle pareti manifesti di musei famosi. Una bella libreria abbraccia tutta la stanza. «È per Daniele, vero?»

«Sì... le dispiace se le faccio qualche domanda?»

«È già venuta la polizia» mi dice sedendosi sulla sua poltrona. «Mi sa che sono la sospettata in cima alla loro lista.» Il tono è faceto, il viso serissimo.

«Non ce la vedo dare cinque coltellate a un uomo.»

«Vero?» Pare molto stanca. Il pensiero mi prende la voce da solo: «Lei non sembra triste».

«Non lo sono. Daniele ha ucciso papà e mamma, e i giudici non ci hanno capito niente. L'hanno prosciolto, ma sia io che lui conosciamo la verità.»

«Dice i suoi genitori, perché non erano gli stessi di Daniele?»

«Certo che erano gli stessi, ma mio fratello ha perso il diritto di chiamarli tali.»

«Come mai è così convinta della colpevolezza di suo fratello?»

«Lui e sua moglie sono due persone avide, hanno svaligiato senza remore i conti dei miei, sempre lì a chiedere soldi.»

«Non ce n'era traccia, però.»

Sorride. «Niente assegni e bonifici, dottor Andretti. Mai commettere questo errore. Mia madre me ne parlava. All'inizio era preoccupata, pensava che Daniele avesse perso il lavoro e non aveva il coraggio di confessarlo. Poi ha sospettato del gioco, poi la droga. Niente di tutto questo, sa? Mio fratello e sua moglie avevano scambiato i miei genitori per un bancomat. Mi ricordo una domenica, eravamo a pranzo dai miei che avevano preso una decisione. Quando ce ne andremo, ci dissero, abbiamo deciso di lasciare la casa in campagna a te, Luisa. A Daniele quella in città.»

«Cioè, lei prese questa casa?»

«E mio fratello quella in centro. Con una differenza. Questa casa varrà sì e no duecentomila euro, quella in centro sfiora il milione.»

«E perché questa disparità?»

«Lui ha famiglia, dicevano, ha più spese, a me in fondo la campagna è sempre piaciuta. Così accettai. E sbagliai. Non per una questione di soldi, no. Sbagliai perché così facendo gli ho lasciato il campo libero. Se avessi insistito e detto: No, entrambe le case a metà, metà a me e metà a Daniele, a quest'ora i miei sarebbero ancora vivi.» Si guarda le mani, toccandosi gli anelli. «Mi sono sempre tirata indietro. Nella vita, in famiglia, ero quella a cui non si pensa. Era Daniele al centro dell'attenzione.»

Decido di andare dritto al problema. «Secondo lei chi l'ha ucciso?»

«Me lo chiedo da ore. Non saprei darle una risposta, ma credo che occorra cercare in mezzo ai suoi debiti. Ne faceva, continuamente, e mio padre era sempre lì a tappare i buchi. Lo sa? Ha già messo in vendita la casa.»

«No... non lo sapevo.»

«Ora i soldi se li godrà la moglie. E il figlio, ma va bene così. Se c'è una giustizia più grande di quella degli uomini, ce l'ha davanti, dottor Andretti.»

Non mi sono accorto che c'è una pendola in casa e in quel momento batte i tocchi, un suono dolce e lontano, da fiaba. «L'ha chiamata? Sua cognata, dico.»

«Non la chiamo dalla morte dei miei. Non mi pare il caso di interrompere quest'abitudine.»

«Mi piacerebbe scrivere di lei, se me lo permette.»

«Altrimenti per quale motivo l'avrei fatta entrare? Ero la sua accusatrice, dottore, quella che ha speso tre anni di vita per vederlo in galera. E non ho mai avuto il minimo dubbio sulla sua colpevolezza. L'ultimo Natale che abbiamo passato insieme sa cosa ha regalato al figlio? Di sei anni? Un iPad da più di mille euro. Ma sono molto contenta che lei sia qui.» Si alza dalla poltrona. Sparisce dal salone. Rimango solo per qualche minuto a guardare i manifesti. La mostra di Dubuffet alla FIAT di Torino, Rothko alle Scuderie del Quirinale di Roma. Non mi è mai piaciuto Rothko, al terzo quadro lo trovo meno interessante della carta da parati. Però si è suicidato. Ma che cazzo c'entra? Quando rientra ha in mano delle agende. «Queste le ho trovate in casa dei miei, dopo che il processo era finito. Le ho lette e pensavo di contattare un avvocato per riportare Daniele in aula. Sono i diari di mia madre. Spesso appuntava i giorni in cui mio fratello andava da loro a chiedere soldi. Sa quante volte? Quaranta, e solo per il 2012. Quasi una volta a settimana. E poi c'è qualcosa che vorrei leggerle. Così, per farle capire meglio la situazione» si schiarisce la voce. «Oggi Daniele e Umberto...» Si interrompe, ha gli occhi umidi. «Umberto era mio padre...» Riprende. «Oggi Daniele e Umberto hanno bisticciato, li sentivo dalla cucina. Umberto lo sgridava, tutti quei soldi a cosa ti servono?, gli chiedeva. E Daniele usava la voce di quando era bambino e faceva i capricci, mi ha fatto impressione. Non è mai cresciuto? Non l'abbiamo mai cresciuto? È rimasto un bimbo di sei anni? Poi Daniele è arrivato alle minacce: papà, se non avrò quei soldi sarò nei guai! Mi sono sentita morire. In quali guai si era cacciato? In realtà aveva comprato non so cosa, un marchingegno che gli permetteva di spiare la casa quando era fuori, per stare al sicuro dai ladri, diceva, e dai malintenzionati. Ho un figlio piccolo, papà! E spesso mia moglie è sola in casa e abitiamo al piano terra! Alla fine l'ha avuta vinta. Ha preso i soldi e se n'è andato.» Luisa mi punta gli occhi addosso. «Adesso ascolti qui... vado al 12 giugno, un mese dopo queste pagine che le ho letto.» Ricomincia. «Oggi è venuto Daniele. Ancora soldi. È una goccia cinese. Lui e Umberto hanno gridato, come c'era da aspettarsi. Io sono andata in salone per calmarli. Gli ho chiesto, come se niente fosse, se in casa l'impianto di allarme funzionasse. Mi ha guardata con gli occhi sgranati. Quale impianto?, mi ha domandato. Quello per controllare a distanza la sicurezza dell'appartamento, gli ho risposto, ma non capiva di cosa stessi parlando. Mente, mente come quando prendeva brutti voti a scuola. Ma senza di noi è perduto, non è Luisa, lei non ha mai avuto bisogno di niente. Lei ha sempre camminato sulle sue gambe.» Chiude l'agenda con un tonfo. «Non invento nulla. Sono parole di mia madre.»

«No... no, certo.»

«Ora ascolti, è la parte più importante. È l'agenda dell'anno dell'omicidio.» Me la mostra, sulla copertina rossa, al centro, c'è stampato l'anno in caratteri d'oro. Con una certa solennità apre la pagina che ha marcato con un segnalibro. «Ecco, ascolti bene... Ci penso da tempo. E ci pensa anche Umberto. Dobbiamo parlarne con Luisa e Daniele. Abbiamo commesso un'ingiustizia nei confronti di nostra figlia, e non ci dormo la notte. Io e Umberto dobbiamo tornare dal notaio. Ma prima di farlo, voglio discuterne con Daniele e Luisa, da soli, senza nuora e nipote. In tutti questi anni abbiamo dato a Daniele una quantità di soldi assurda, a Luisa le briciole. A lei lasciamo la villetta di campagna, a Daniele l'appartamento di famiglia. Li ho fatti valutare. C'è una differenza di valore spaventosa, e non è giusto. Dobbiamo aggiustare il tiro.» Luisa gira le pagine, poi riprende a leggere. «5 settembre. Luisa è all'estero, non riusciamo a vederci. Domani Daniele verrà sicuramente per l'onomastico di Umberto, e non verrà a festeggiarlo ma a chiedere soldi, è una scena già vista tante di quelle volte che oramai non mi fa più arrabbiare. Vergogna, semmai, ecco cosa provo, vergogna. È grave quando una madre prova vergogna per il comportamento di suo figlio? Non so rispondermi. E quando finirà il mio essere madre? Daniele è un uomo, da anni, possibile che non riesca a uscire da questo ruolo di figlio? Una famiglia ce l'ha, una moglie (Dio ce ne scampi) e anche un figlio. Non si rende conto che mi sta impedendo di fare la nonna? Non riesco più ad abbracciare mio nipote, ho paura di vederci dentro gli occhi di Daniele. Ma devo parlarci, senza ricatti e debolezze. L'atto è da cambiare, ne sono più che certa e anche Umberto.» Luisa gira ancora pagina. «Ecco, ascolti dottor Andretti, ho quasi finito. 7 settembre. Che giornata ieri... Che giornata. Abbiamo avuto a pranzo i cugini, i fratelli di Umberto, abbiamo mangiato, riso, mi dispiaceva solo che Luisa non fosse con noi. Ero stanca distrutta, ma poi la sera io e Umberto abbiamo preso da parte Daniele e gli abbiamo detto tutto. Che non è giusto, che l'atto notarile cambierà, che non c'è stata eguaglianza di trattamento fra lui e Luisa. Non l'ho mai visto così. Ha cambiato espressione, mi ha messo paura. Faticava a respirare, urlava, in mezzo allo studio, con la bava alla bocca, non gli importava che la moglie e il figlio fossero in salone e sentissero tutto. Una belva. Ha strattonato Umberto, suo padre, come fosse un fuscello. Le promesse sono promesse, ha urlato, siete dei vigliacchi! Vi odio! Poi se n'è andato sbattendo la porta, bestemmiando. Io ho abbracciato Umberto, aveva le lacrime agli occhi.» Luisa mi guarda. «Dottor Andretti...» mi dice con la voce rotta dal pianto «vuole sapere cosa ha scritto dopo? Poco o niente. Fino a questo giorno, vede?» e mi mostra le pagine dell'agenda. «Fino al 12 ottobre, pagina bianca. La notte dell'11 papà e mamma sono stati uccisi. Ecco chi era mio fratello. È questa la storia da scrivere. Chi ha pugnalato Daniele in mezzo alla strada? Non lo so. Uno come lui, probabilmente.»

Forse gli occhi, la voce, la disperazione, ma Luisa mi convince, ha ragione. Prima di scoprire chi ha pugnalato Daniele occorre rivelare chi era quell'uomo quando ancora era in vita.

«Mi faccia capire, lei vuole pubblicare il diario della madre di questo Daniele Martellini?» Elena è spiazzata, non si capacita, non le è mai capitata una situazione simile.

«Sì» le rispondo, «perché se è vero che è una vittima, a sua volta è stato carnefice.» Scuote il capo, poi si passa pollice e indice ai lati della bocca, evito di guardarla. «Andretti, il lettore vuole sapere chi è stato ad accoltellarlo in piena notte in mezzo alla strada!»

«E questo lo scopriranno gli inquirenti. Intanto, perché non raccontiamo chi era veramente questo individuo? Se l'è cavata al processo, ma la testimonianza di sua madre ci rivela il contrario, che i giudici hanno commesso un errore. Ne verrebbe fuori un bel pezzo sulla fiducia nella giustizia, nelle istituzioni. Diciamo sempre che la vittima era un innocente, un brav'uomo, un poveraccio. Mostriamo l'altra faccia della medaglia. È morto, va bene, ma non era uno stinco di santo. Trapassare non dà diritto alla santità.»

«Su questo ci troviamo d'accordo.» Poi prende un respiro. «Non lo so, non lo so. Diventerebbe un romanzo a puntate, come nell'Ottocento?» Afferra i miei appunti e li soppesa come volesse saggiarne la qualità.

«Pensi a questo» le dico, «se l'omicidio Martellini nasce proprio da una storia passata, avremo dato un aiuto alla polizia, non crede?»

«L'unica sospettabile è la sorella» mi risponde.

«E se la sorella avesse un amante? O un amico, e lei gli avesse armato la mano?»

«Non credo le avrebbe dato questo diario.»

«O forse sì? Magari le piacerebbe che si arrivasse a lei? Che il mondo sappia che a fare giustizia è stata lei?»

Elena lascia andare uno sbuffo d'aria dal lato della bocca, muove nervosa le gambe sotto la scrivania e canticchia guardando i miei fogli. «Facciamo così, ne parlo al direttore. Se per lui va bene proviamo. Abbiamo il consenso della signora Luisa Martellini?»

«Lei preme perché si pubblichino questi diari.»

Mi fa cenno di lasciarla sola in ufficio. Uscendo chiudo la porta e torno al mio posto. Wikipedia mi guarda dalla sua scrivania. «Le hai fatto una proposta di matrimonio? Non l'ho mai vista così sconvolta.»

«Certo, le ho confessato il mio amore, hai presente la sindrome di Stoccolma?»

Si mette a ridere. «Qualsiasi proposta tu le abbia fatto devi sapere che se avrà successo sarà merito suo, un fallimento invece sarà tua responsabilità.»

«Non credo, Filippo. Questa fa le cose all'indietro e coi tacchi. Se va male se la fanno, poi si fanno anche me.» Mi guarda strano, non ha capito.

Non doveva dare più ascolto ai bisbigli dell'archivio ma restare fermo per un po', continuare a leggere quotidiani, seguire le trasmissioni televisive e radiofoniche. Si era imposto indifferenza alle voci, ogni volta che attraversava gli scaffali, come un marinaio di Ulisse, al posto della cera nelle orecchie portava gli auricolari; Brahms, Mozart, Berlioz, qualsiasi musica andava bene per cancellare il fruscio continuo e ansiogeno soffiato dalle pratiche.

Cecilia, dall'amministrazione, come ogni giorno gli portò i giornali, e lui come ogni giorno controllò la cronaca locale, disertando politica nazionale ed estera, sport, cultura. Trovò l'articolo sul "Gazzettino". Andretti, il giornalista che veniva a studiare i faldoni dei processi, riportava il diario di Nora Martellini, la madre di Daniele. Diario fornito dall'accusatrice, Luisa Martellini, sorella di Daniele. Lesse con molta attenzione quelle pagine, saltando il commento del giornalista. L'aveva trascritto come fosse un'intervista impossibile con quella donna, ormai morta da tempo per mano del figlio. Non che Cappai avesse mai avuto dubbi riguardo alla colpevolezza di Daniele, ma quelle pagine di una madre disperata certificavano che aveva fatto la cosa giusta. Era un bell'articolo, niente a che vedere con i soliti trafiletti della cronaca, sembrava più un racconto, aveva del letterario e lo apprezzò. Semmai avesse rivisto il giornalista gli avrebbe fatto i complimenti. Non sospettava, Andretti, quanto fosse vicino alla verità ogni volta che scendeva in archivio, ogni volta che lo aveva guardato negli occhi, e quest'idea lo divertì, gli dette anzi un brivido di piacere.

Scivolando fra i corridoi bui si atteneva ai suoi compiti, parlava col cancelliere, archiviava i registri, serviva l'avvocatura. Non sapeva quanto avrebbe resistito, come se il tempo improvvisamente avesse deciso di assumere un altro passo. Più veloce, martellante quasi. Quei sussurri, quelle voci, si facevano sentire ogni giorno, avevano fretta? Lo richiamavano come fosse l'estrema ratio, un solutore finale, l'unico che avrebbe potuto chiudere una volta e per sempre processi restati senza un colpevole. Carlo Cappai però invecchiava e aveva sempre meno tempo, forse era da lì l'urgenza, la richiesta affannosa della sua attenzione? Quelle pratiche percepivano il trascorrere del tempo? Carlo non doveva fare passi falsi. Il suo compito era un altro e sentiva che il momento che attendeva da quarant'anni si stava avvicinando. Lo sapeva, lo percepiva, e doveva farsi trovare pronto. «Non posso...» rispondeva borbottando alle pratiche mentre spingeva il carrello colmo, nelle orecchie *Physical Graffiti* dei Led Zeppelin. «Non ora... non ora.»

Corte d'assise, fascicoli, tribunale del riesame, archiviazione, richiesta, registri, passaggi in giudicato, verbalizzazione udienze dibattimento, conservare, certificazione, corpi di reato, scaffale 28...

Lunedì 5 marzo

Il risultato dell'articolo è stato che hanno portato Luisa Martellini in questura. Lei sapeva di essere in cima ai sospettati, ma basta parlarle dieci minuti per capire che non è capace di uccidere un insetto. Faccio l'articolo al buio, dichiaro senza paura l'innocenza della sorella del Martellini, e che la sua convocazione in questura è solo un atto d'ufficio. Mi sono fidato della mia intuizione, ovvio che se ho preso un granchio il licenziamento è dietro la porta, ma Luisa Martellini non è un'assassina.

Elena pubblica il pezzo, ormai la storia del diario mi ha dato una certa credibilità, dalla direzione nessun commento, come se stessero sulla sponda del fiume, tanto per ricordare la filosofia del mio amico Wikipedia. Difendere Luisa è dovuto, l'assassino di Martellini va cercato altrove "come per l'omicidio Zigon" scrivo. "C'è una pista, ancora oscura agli inquirenti, che porterebbe invece all'omicida. Qualunque essa sia, è nel passato." Qualunque essa sia, non ne ho la più pallida idea. Facile fare lo sbruffone protetto da un articolo di giornale. Elena esce dall'ufficio salutando tutti con un vago gesto del capo. Si avvia verso le scale che portano in direzione. Mi lancia uno sguardo, sembra una condannata che sale le scale del patibolo.

Quella mattina uscì di casa senza salutare Ida, che come ogni mercoledì era in camera dei genitori per togliere almeno la polvere. Al bar la solita colazione. Appena lo vedeva entrare, Michelino preparava il caffè lungo e la treccia con la marmellata di mirtilli depositando tutto su un vassoio, sapeva che l'archivista preferiva sedersi per consumarla. Il prezzo era lo stesso. «A domani» disse aprendo la porta a vetri del locale. «A domani» gli rispose Michelino servendo altri clienti fra il rumore della Cimbali, delle tazzine sbattute e le chiacchiere degli avventori. S'era messo a pioggia, il cielo nero, un vento freddo scuoteva gli alberelli della strada. A passo veloce Carlo si avviò verso il tribunale. C'era qualcosa nell'aria, ma non sapeva dargli un nome. Da quando era sveglio sentiva che quello non era un giorno come gli altri. A parte la pioggia che sarebbe arrivata, il braccio l'aveva già avvertito, c'era qualcos'altro. Poteva essere un terremoto o un nubifragio come una cattiva notizia. Oppure solo la neve, anche se non era stagione. Ricordava che il 2 agosto del 1980 già alle otto del mattino aveva avuto un turbamento simile. Stava preparando diritto privato, cercando di mandare a memoria i cavilli degli articoli del codice quando, dopo due ore e venticinque minuti, ci fu l'esplosione che si fece beffa di tutte le complicazioni legali nella sua testa, una passata di scopa sulla democrazia, la giustizia e la vita della gente, che lo gettò nello sconforto per mesi. Non ebbe mai il coraggio di andare alla stazione a guardare. «Anarchici di merda!» aveva detto suo padre davanti alla televisione mentre sua madre annuiva. Lui neanche gli aveva risposto, non lo faceva da mesi. Scappò tre giorni dopo, saltando le sessioni di esame; in giro per l'Europa, perché in città non poteva restare. Quando tornò, il padre non lo degnò di un saluto, e lui ricambiò l'uso, considerandolo da un pezzo un uomo morto. Dall'assoluzione di Luigi Sesti, quando Giada era solo una presenza nei suoi ricordi, un velo del suo passato. Strano come ancora ricordasse il numero di telefono a memoria: 219 436. All'epoca il prefisso non si componeva. "Pronto? Sono Carlo, mi scusi il disturbo, c'è Giada?" era la formula, la tiritera che ripeteva almeno due volte al giorno. Quei secondi in cui si preparava a sentire la voce dell'amica gli strizzavano lo stomaco. E suo padre invece, coi suoi amici incappucciati, parlando e ridendo a fine pasto all'Osteria del Sole, o da Valerio, aveva decretato il destino di Luigi Sesti e organizzato l'oblio sull'omicidio di Giada.

Assolto per non aver commesso il fatto.

Poteva andarne fiero, suo padre. Carlo non lo salutava più e non sapeva che avrebbe dovuto aspettare altri dodici anni prima di evitare di andare al suo funerale.

Alzò lo sguardo. Una nuvola minacciosa s'era fermata sulla città. Poi si aprirono le cateratte e grandine mista a pioggia precipitò sulle strade, sulle macchine e sulla gente che correva a ripararsi sotto i portici. Quando arrivò al tribunale era uno straccio. Appese il cappotto fradicio all'appendiabiti e si sedette al computer. Stava per infilarsi gli auricolari quando si accorse che non ce n'era bisogno. Alle sue spalle tutto taceva. Dagli scaffali, dai casellari non un suono, né un fruscio. Nessun mormorio o richiamo, nemmeno il riverbero di un bisbiglio. E com'è?, si chiese. Fino a ieri... Invece tutto taceva, tutto era fermo e polveroso, anche il terzo neon del primo corridoio aveva smesso di crepitare. Era solo, la luce dalla finestra in alto era grigio scuro, dalla strada, lontano, giungeva un fievole ticchettio di pioggia. Si avvicinò alla prima scansia in punta di piedi, cauto, orecchie tese. Niente. Si addentrò nel primo corridoio. Tutto era silenzio. Le pratiche erano lì a prendere polvere, mute, testimoni rassegnati che non avevano più voce.

Tornò alla scrivania. Vide la porta in fondo alla sala letture aprirsi, era Cecilia che portava i giornali.

«Ciao, Carlo» disse posandoli sul banco.

«Ciao, Cecilia.»

«Piove...»

«Già.»

Col passo veloce di chi ha troppo da fare e non può perdere tempo in chiacchiere, se n'era andata lasciandolo di nuovo solo.

Cos'era a inquietarlo? I tuoni e l'acqua che gorgogliava nelle grondaie?

In onore del bell'articolo di Andretti sull'omicidio Martellini, fu la testata di quel giornalista che cominciò a sfogliare. La notizia era in cronaca. "Ieri sera, nella sua casa, si è spento Attilio Sesti, il noto avvocato. Aveva novantun anni. Ne danno il triste annuncio la moglie, Donata Sesti Cattaneo, e i figli Rosanna e Luigi. Le esequie si terranno domani mattina presso la chiesa di San Damiano. Con l'avvocato Sesti se ne va un pezzo di storia della nostra città. Il sindaco: 'Attilio Sesti era un grande avvocato e benefattore, ricordiamo fra le tante opere il padiglione del museo cittadino a lui dedicato. È intenzione di questa giunta intestare una via a suo nome, che ricordi questa figura a tutti i cittadini'."

Carlo posò il giornale. Il padre di Luigi Sesti era morto. Quindi Luigi Sesti sarebbe venuto in città. Quello che se l'era cavata grazie al sistema che lo proteggeva, che lui aveva seguito, indagato e cercato per tanti anni sarebbe venuto a dare l'estremo saluto al padre. Strinse i pugni, chiuse gli occhi e rapido ingoiò un respiro per nascondere l'eccitazione. Dovette sedersi e poggiare la testa sul bancone dell'archivio. Non riusciva a prendere aria, qualcosa gli si era incastrato in gola, o forse il vestito era troppo stretto e non permetteva alla cassa toracica di allargarsi per la respirazione. Dovette uscire da quello scantinato, anche se fuori pioveva, il cielo era coperto e tirava vento, aveva bisogno di aria. «Torno subito» riuscì a ringhiare a una cancelliera che forse scendeva da lui. Finite le scale attraversò l'atrio, poi aprì la porta di servizio incrociando un poliziotto che lo salutò alzando appena il mento. Uscì all'aria aperta e prese un respiro profondo, poi poggiò le mani sulle ginocchia e piegò la schiena a novanta gradi. Ripeté l'operazione due volte alzando le braccia e portandole in giù espirando. Ora l'aria era tornata, non sentiva freddo, anzi, gli pareva, nonostante il cielo tumefatto, che i colori delle auto, delle insegne dei negozi, anche dei semafori e dei cartelli stradali, fossero più brillanti, accesi di una vita che prima non possedevano. Perfino l'incarnato dei passanti era più vivo. La pioggia smise di abbattersi sulla città e un puzzo di guano e di bagnato cominciò a salire dalle strade.

L'attesa era finita.

Luigi Sesti era tornato.

Mercoledì 7 marzo

Ora che Martellini ha preso le prime pagine di cronaca, l'omicidio Zigon si è sgonfiato. Il diario di Nora Martellini è piaciuto ai lettori, Elena è stata elogiata dal direttore e ormai mi sorride. Sugli omicidi comunque nessuna novità, Luisa è stata rilasciata, segno che ci avevo visto giusto. Lascio ai miei colleghi le supposizioni più assurde, io decido la linea più tranquilla, mi attengo il più possibile ai fatti, ove ce ne siano, non critico mai neanche velatamente l'operato delle forze dell'ordine, perseguo l'informazione nuda e cruda con articoli risicati al limite del trafiletto. «Non può abbondare?»

«Qualsiasi aggiunta suonerebbe falsa se non azzardata.»

«Allora rimettiamo mano ai diari di Nora Martellini. Lei ha creato un bel successo.» Elena Barilli mi riconosce un merito? Che sta succedendo?

«Le pagine interessanti del diario erano quelle che abbiamo pubblicato, dottoressa» le dico sorridente, dolce e gentile.

«Il direttore è felicissimo, sono giorni di ottime vendite. Ma dobbiamo proseguire, non possiamo mollare qui la storia. Mi sa che lei ha avuto un'idea.»

«Quale, se posso?»

«Quella di dare il diritto di replica alla moglie del Martellini.»

«Ci ho provato, non ne vuole sapere. Dice che trova assurdo

questo processo a suo marito quando è suo marito la vittima. Mi ha sbattuto il telefono in faccia e ha staccato la linea.»

«Chissà come l'ha presa il figlio» dice, ma era solo un pensiero fugace il suo. «Andretti, l'articolo così non va, arrivi almeno a cinquemila battute.»

Una parola. Scrivo la reazione della moglie di Martellini, non riporto le sue parole, quelle che mi ha urlato al telefono: pezzi di merda, iene, rompete il cazzo a mio marito e non al suo assassino. Traduco in italiano, per quel poco che mi riesce, e consegno il pezzo. «Ah, Andretti?» mi richiama Elena dall'ufficio.

«Dica.»

«Domani deve andare ai funerali dell'avvocato Sesti.»

«Un articolo di costume?»

«Vuole sparare al prete così lo trasformiamo in nera?»

«Perché no?»

Elena ride.

«Ma non ci dovrebbe andare la Farulli, dottoressa?»

«È malata, quindi ci va lei, e so che farà un lavoro egregio.»

Siamo un piccolo giornale, ci si spalleggia e ci si aiuta, e si ringrazia Iddio di essere ancora in edicola. Reggiamo l'anima coi denti, ringraziamo le sovvenzioni, i pochi sponsor che ci danno retta, ma se c'è qualcosa che detesto è raccontare i fattarelli locali e di costume di cui è invece indiscutibile maestra Sonia Farulli. Ricordo ancora un suo articolo per una cena del Rotary, la fece passare per un red carpet hollywoodiano, nominando tutti quelli che contano, sconosciuti alla maggior parte dei nostri lettori, fotografandoli nei loro abiti eleganti, tutte persone che davano soldi al giornale e andavano incensate come delle star. Sonia Farulli se fosse nata negli States dirigerebbe come minimo "Vanity Fair", e invece le toccano le personalità locali, un po' provinciali, molte delle quali ritagliano gli articoli per metterli in cornice nel loro studio/ufficio/garçonnière.

Quando rientrò quella sera, Carlo gettò il cappotto sulla sedia all'ingresso e si precipitò nello studio. Il cuore gli batteva forte, e ancora non riusciva a respirare come si deve. Girò la chiave nella serratura, mise la mano sulla maniglia e aprì la porta. Una stanza di venticinque metri quadrati senza un mobile, a parte un tavolone centrale ricoperto di carte, cartelle e faldoni. Le pareti bianche, candide, vuote. Solo su quella opposta alla finestra c'era una sciarpa inchiodata proprio al centro. Carlo aprì i fascicoli scaraventando a terra tutto quello che non gli serviva. Poi prelevò dal mucchio una cartella rossa. Riuscì a dominare il respiro e il battito del cuore. Era tutto davanti a lui, quarant'anni confluivano in quel momento, in quella giornata di fine inverno. Aprì il portafogli, prese il ritaglio della notizia della morte dell'avvocato Sesti e lo infilò nella cartella rossa. Si mise a osservarne il contenuto con un mezzo sorriso sulle labbra. Decine di fotografie. Il soggetto più ricorrente era l'ossessione dell'archivista: Luigi Sesti. Istantanee ritagliate dai giornali che ritraevano il giovane al liceo, all'università, sposato, in vacanza, al mare e in montagna, con un bimbo in braccio, con amici a un Carnevale, solo e coi genitori, al lago e su un pattino. Le labbra sottili e i capelli castani, gli occhi tondi e inespressivi, il collo taurino si ripetevano ossessivamente in ogni scatto. Aveva conservato cartine geografiche di mezzo mondo: Canada, Emirati Arabi, Thailandia e Giappone, su ognuna aveva segnato didascalie e date. "Tokyo, settembre 2001." "Québec, gennaio 1990." "Corsica, aprile 1987." Quella giostra entropica nascondeva un messaggio di una chiarezza assoluta: Carlo aveva seguito negli anni tutti gli spostamenti di Luigi Sesti. Il figlio dell'avvocato aveva girato i cinque continenti, tentando di nascondersi all'inizio e poi, man mano che il tempo passava e scoloriva la memoria delle persone, si mostrava sempre di più, spavaldo, intoccabile. Giocatore di polo, pescatore d'altura, militare in Argentina, una vita rocambolesca e senza dignità, seguiva solo la convenienza o i soldi di mamma. Ogni tanto tornava in Italia, per brevi periodi, troppo brevi per Carlo.

Si avvicinò alla sciarpa inchiodata accanto alla porta dello studio. Una sciarpa vecchia, di tanti colori. La annusò. Aveva perso l'odore. Andò al tavolo e da una scatola prese la boccetta di un profumo, Miss Worth di Worth. Era quello che usava Giada, gliel'aveva regalato lui stesso per il compleanno a giugno del 1976 e da allora lei non l'aveva più cambiato. L'altra boccetta, quella che teneva sul tavolo, non aveva fatto in tempo a donargliela. Il 12 maggio del 1977 la vita di Giada s'era fermata, e anche quella di Carlo, ad appena sedici anni. Carlo aveva continuato a vivere, nascosto in un'ombra, il corpo però lo aveva lasciato su via Mascarella alle 11 del mattino accanto a quello della ragazza. Non era innamorato di Giada, ma era la sua compagna vera alla quale poteva raccontare qualsiasi cosa. Lei era la più bella del liceo Minghetti, e avercela come amica era un vanto, forse l'unica cosa importante che avesse realizzato in tutta la sua vita. Carlo faceva tutto quello che lei decideva fosse importante, senza protestare mai. «Andiamo a vedere *La ballata di Stroszek... C'eravamo tanto amati...* al d'essai danno Bergman» e lui andava. «Andiamo al collettivo di scuola?» e Carlo seguiva. E leggeva i libri di Sartre, di Brecht, Guattari e Foucault. Per stare con lei, con Giada, respirare l'aria che respirava lei perché lui, in fondo, voleva essere proprio come lei. Lui non aveva lo stesso sorriso, la stessa capacità retorica. La ammirava quando prendeva la parola alle assemblee o ai collettivi politici, piccola e proporzionata con le mani da bambina che stringevano il "gelato", e parlava davanti agli studenti dell'università, ai politici, tutta gente più adulta e colta di lei, e non aveva paura. Anche di beccare fischi, ogni tanto. «Stronzi... stronzi» diceva galoppando poi la sera verso casa. «Messa come dicono loro, resta solo la lotta armata... Mai, dico mai!» Carlo annuiva e le andava dietro. Poi si fermavano in un bar, prendevano un bicchiere di rosso e tutto si calmava. Andavano a casa di lei, a parlare, ad ascoltare i dischi guardando le copertine e sognando i cavalli senza nome e gli oceani d'oro se riuscivano a sgattaiolare in stanza senza incontrare Saverio, l'uomo che la madre aveva sposato dopo la morte del padre di Giada e che lei non sopportava e chiamava per cognome: «Occhio che Capotosti è di guardia!». Romano, ex militare, direttore di banca, per Giada un servo da disprezzare. «Andate a farvi le canne?» diceva a Giada e a Carlo mentre si chiudevano in stanza. Giada lo considerava un intruso, anzi l'usurpatore del ruolo di suo padre Alberto, morto che lei aveva solo cinque anni. Non che in stanza fossero al sicuro, in casa erano vietate le chiavi e poteva capitare che mentre rileggevano i passaggi più significativi di Simone de Beauvoir o una poesia di Brecht, o ridevano di qualche compagno di liceo, entrasse la sorella di Giada, Silvana. Silvana era una bimba, aveva sette anni meno di loro, altro campionato, altra vita. Era la figlia dell'usurpatore. All'inizio, quando era nata, la detestava, poi piano piano imparò a volerle bene, a proteggerla dall'ex militare che educava la piccola come un soldato del battaglione San Marco. E il sentimento protettivo che Giada provava verso la bambina lottava con la sua voglia di fuga, di lasciare casa e città per vivere una vita diversa, a Londra, a Parigi, dove «stanno dieci anni avanti!» ripeteva sempre a Carlo. Queste due forze, una centripeta e una centrifuga, erano state le correnti che avevano sballottato il guscio nel mare, e di fatto avevano da sempre bloccato i progetti di vita di Giada. E forse avrebbero continuato a farlo per chissà quanti anni ancora se quella mattina non avesse incrociato la strada di Luigi Sesti. Silvana giocava a tennis e portava i capelli come Chris Evert, usava l'abbigliamento Ellesse come Chris Evert, come Chris Evert scendeva in campo con una racchetta Wilson e usava il rovescio a due mani. «Sentite sempre 'sti dischi tristi» protestava la bambina. Loro ridendo la cacciavano. «Va' a giocare a tennis, queste cose non

sono per te.» Solo ai cortei femministi Carlo non seguiva la sua amica. «Ancora no» gli diceva, «è meglio che
non vieni. Ora la mozione di base, a monte, è apparte-
nenza in senso stretto, capisci? Le aperture ci saranno,
ma il momento è critico.» Carlo era un maschio, ed era
meglio appoggiasse dall'esterno le istanze femministe.
E lui obbediva e appoggiava dall'esterno. D'altra parte, era un momento critico.

Sul tavolo al centro dello studio, riordinò i sei faldoni che aveva fotocopiato dall'archivio. C'era tutto il
processo. Carte e deposizioni che lui conosceva a memoria; come le relazioni del commissario di polizia Lo
Cicero, del patologo Orsolini, in pensione, i verbali del
dibattimento e le sentenze di assoluzione di Luigi Sesti per non aver commesso il fatto, in assise e in appello. L'unica foto che non aveva conservato era quella di
Giada all'obitorio. Non poteva. Giada era la vita, quella era solo una maschera di sangue che niente aveva a
che fare con lei. Quel 12 maggio del 1977 la tragedia era
nell'aria. Si sapeva che ci sarebbero stati scontri, che la
manifestazione era da evitare. C'erano quelli di Auto-
nomia, c'era la polizia in borghese, e c'erano i fascisti.
Però lui e Giada andarono lo stesso, e già dopo dieci
minuti avevano la voce rauca. Marciavano accanto agli
altri, chi si teneva sottobraccio, chi reggeva cartelli, stri-
scioni, gli slogan li cantavano in coro. Poi i lacrimoge-
ni, il corteo che si spaccava, tutti a correre in direzioni
casuali come galline impazzite. I fascisti arrivarono da
via Todaro con i visi scoperti, le spranghe. Luigi Sesti
era il capofila. Cominciarono le botte, le bastonate, bril-
larono i coltelli. Giada per terra, Luigi Sesti sopra di lei,

una piccozza da alpinista dritta in testa, una, due, tre volte, "da riportare la frattura del cranio parietale con danni irreparabili al cervello".

Carlo chiuse gli occhi. Attimi impressi nella sua testa, nitidi come immagini proiettate in un cinema.

Giada fu portata all'ospedale dove morì tre ore dopo. E ci fu il processo. Erano lì sopra, le carte. Primo grado e appello. La sentenza che scagionava definitivamente Luigi Sesti portava la firma del giudice Adalberto Maria Tropea, collega e grande amico di suo padre e dell'avvocato Sesti, anche lui cappuccio in testa. Tante volte aveva guardato quella firma. A cosa pensava Adalberto Maria Tropea mentre la apponeva? Di aver compiuto il suo dovere? Di aver rispettato le gerarchie, a questo pensava. Glielo chiese una sera, a una delle tante cene a casa sua, e quello gli rispose serafico: «Il mio dovere, ecco cosa ho fatto. Cresci, Carlo, e capirai!». Lui scatenò una bufera e uscì di casa sbattendo la porta sotto gli occhi gelidi di suo padre mentre sua madre si carezzava le perle. «Morite!» gridò prima di sbattere la porta.

«Io posso dormire sereno, Carlo. Tu?» era la frase che gli diceva sempre suo padre durante tutto il liceo, quando lo spazio dello studio era sempre meno ed enorme la voglia di sapere cosa ci fosse fuori dai libri scolastici. Niente del ragazzo andava bene per suo padre. I jeans vecchi e strappati. I maglioni larghi e senza camicia. Per non parlare dei capelli. «Che cosa vuoi fare della tua vita?» Cosa ne voleva fare? Non lo sapeva ancora. Fino alla chiusura del processo, quello che decretò l'innocenza di Luigi Sesti, l'assassino di Giada. Era poco prima di Pasqua, lui era in aula, e anche la mamma di Giada, e la sorella Silvana sempre in tuta, con la fascia intorno ai capelli e la faccia stupita. C'erano anche i compagni del collettivo, quelli di scuola. Assolto per non aver commesso il fatto, questa fu la sentenza. Eppure lui quel 12 maggio era lì, in strada, accanto a Giada e aveva visto tutto. «Signor Cappai, riconosce l'uomo che colpì la signorina Giada Cannavò?» E lui aveva puntato il dito contro il colpevole: Luigi Sesti. Che invece non aveva commesso il fatto. E Luigi Sesti che sfondava il cranio con la piccozza era un uomo innocente, libero. «La chiami giustizia questa?» urlava in faccia a suo padre che non gli dava retta. «Quello è colpevole come la peste, tu lo sai, io lo so, eppure la scampa!»

«La voce alzala coi tuoi compagni, non con tuo padre! Il processo non ha evidenziato prove che potessero portare a una condanna al di là di ogni ragionevole dubbio.»

«Io l'ho visto, papà! Io c'ero! È stato lui.»

«La tua parola contro la sua!»

«E tu credi più alla sua che a quella di tuo figlio?»

«Io credo nelle carte e nelle procedure. E ti ripeto che al di là di ogni ragionevole dubbio non si poteva condannarlo. Punto e basta. Se non ti piace, laureati in Giurisprudenza, cambia il codice di procedura penale e tanti auguri!»

«Devo cambiare anche la mentalità di chi la giustizia l'amministra, però!»

«Che cosa vuoi dire?»

«Che quello è il figlio del miglior avvocato della città, col quale giocate a tennis e andate al poligono a fare i soldatini. È intoccabile e infatti non l'avete toccato!»

«Esci dalla mia stanza.»

«Mi fai schifo!»

E sbattendo la porta dello studio, quello che ora aveva ereditato, prese la sua decisione, la decisione di un ragazzo di diciannove anni che la maggior parte delle volte non arriva a destinazione. Provare a cambiare le carte in tavola, diventare magistrato, diverso da suo padre e dai suoi sodali. Ma non ci riuscì. Aveva ottenuto solo lo studio del vecchio, ripieno del vomito di quarant'anni di storia. Non era riuscito a diventare magistrato, ma Luigi Sesti era tornato in città.

E questo bastava.

Giovedì 8 marzo

Ci sono andato, al funerale. Ci sono tutte le persone della città che contano. I nomi non li conosco, ci vorrebbe la Farulli per indicarmeli uno a uno. La chiesa è piena di gente. La vedova, Donata Sesti Cattaneo, ricca sfondata e piegata dagli anni come un vecchio ramo, cammina a stento sorretta dalla badante e dal figlio, Luigi Sesti, un uomo sulla sessantina, parecchio in carne. Nessuno piange, tutti hanno la faccia triste e grigia ma neanche una lacrima. Che ci scrivo nell'articolo? La città in lutto saluta il grande avvocato eccetera eccetera? Descrivo i dipinti nelle cappelle? Non me ne intendo molto, ma mi paiono bruttarelli. O le colonne di marmo intorno all'altare? La volta a botte? Le navate? Che stile è 'sta chiesa? Non lo ricordo, troppo lontani gli studi liceali. E poi, a qualcuno fregherebbe qualcosa? Spero in un incidente, uno qualsiasi, per avere qualche riga da mettere nel giornale. Che so? Un malore improvviso della vecchia, una caduta sul pavimento di marmo liscio della chiesa, anche una bestemmia che scappa dalle labbra del prete. Invece niente. Il figlio sale sul pulpito. Prendo appunti, almeno posso riportare il discorso. "Papà era un grande uomo, e credo che la presenza di tutti voi stia qui a dimostrarlo. Per tutta la vita ha difeso le persone in tribunale come un leone... mi diceva sempre: Luigi, colpevole o meno ognuno ha il diritto a un equo processo! Ed è vero. Anche io, sapete, in gioventù finii sulla sedia degli imputati per un reato mai commesso, e mi è testimone Gesù Cristo qui, in questa chiesa, ero innocente. Credetemi, può capitare a tutti di finire invischiati in una storia simile, ebbene mio padre era lì ad assicurarmi che non tutto era perduto, che lui avrebbe dato il sangue perché ne potessi uscire al più presto. Ora papà se n'è andato. Molti dicono che abbia avuto una bella vita. Certo, è vero, ma solo io e mia madre ricordiamo tutte le notti che non rientrava a casa, a lavorare su carte e documenti, per la salvaguardia degli altri. Ne ero geloso, sapete? Chiunque fosse a guadagnare il suo tempo e la sua stima mi scatenava una gelosia incontrollabile. Ma ero un ragazzo, ai ragazzi andrebbero perdonate molte cose. È stato un padre che ho ammirato e amato, che ha fatto del bene a tantissime persone, e avere qui il sindaco e le alte cariche della città e del tribunale non fa che avvalorare quello che dico. Ringrazio anche i magistrati, l'ordine degli avvocati qui presente e i lavoratori del tribunale che sono venuti a dargli l'ultimo saluto. Ciao papà, fai buon viaggio, che la terra ti sia lieve, ora puoi riposare e magari farti finalmente un goccio di cognac, vero, mamma? Glielo avevi proibito da anni... Ciao, Attilio, ora e per sempre nei nostri cuori." Più o meno ha detto questo. Niente di memorabile. Accompagnati dai tocchi di campana a morto, i becchini portano fuori la bara, all'uscita della chiesa per fortuna nessuno batte le mani, la caricano su un carro funebre. Strette di mano, saluti, abbracci, poi la gente sparisce e io me ne vado in un bar a prendermi un caffè.

Aveva ascoltato tutto il discorsetto di Luigi Sesti da dietro una colonna della chiesa, senza perdere una parola, un battito di ciglia. Era ingrassato, aveva perso i capelli, ma lo sguardo era rimasto lo stesso. Carlo non credeva in Dio, ma quando Sesti spergiurò la sua innocenza di fronte a Gesù si aspettava che un fulmine lo trapassasse da parte a parte. E poi ebbe la certezza che l'avesse guardato, quando dal pulpito aveva detto: «Ma ero un ragazzo, ai ragazzi andrebbero perdonate molte cose». Forse mi sbaglio, si disse, sicuramente sbagliava, la colonna lo teneva in ombra ed erano passati troppi anni. Luigi Sesti non poteva ricordare un ragazzo di sedici anni che lo accusava di omicidio. Non si erano più visti. O almeno, Luigi non l'aveva più visto. Carlo invece conservava foto, seguiva i viaggi, le mogli cambiate come fazzoletti e i figli sparsi in Sud America. Era residente a Ginevra, chissà per quanto si sarebbe fermato. Il tempo a disposizione rischiava di essere poco, doveva agire in fretta. Seguì la macchina della famiglia fino al cimitero dove tumularono l'avvocato. Attese, nascosto dietro una cappella, che terminasse la funzione. Alla fine tallonò l'auto con Luigi Sesti e sua madre fino a Palazzo Gustavi, dove la famiglia abitava da anni. Erano le cinque del pomeriggio.

PARTE SECONDA

Lunedì 9 luglio 2018, ore 10.30
Prima corte di assise

C'è un sacco di gente. Trovo posto con difficoltà. Fa un caldo spaventoso, mi sa che non funziona l'aria condizionata. Gli avvocati controllano carte, il piemme parla sottovoce con il cancelliere, Carlo Cappai sta nella gabbia e tiene lo sguardo basso. Sembra si guardi le mani, o forse i polsini della camicia azzurra. È pallido. Sento un brivido nonostante la temperatura. Io con lui ci ho parlato almeno due volte quando sono andato in archivio. Un uomo normale, di quelli che ti dimentichi cinque minuti dopo che l'hai incontrato. Il carabiniere sull'attenti alle sue spalle è già annoiato, c'è odore di varechina al limone, le pareti andrebbero ritinteggiate, c'è l'aria dell'abbandono delle aule scolastiche, l'impersonale burocratico. Aspettiamo il campanello, quello che annuncerà il presidente e il collegio giudicante. Salvo Parodi è in terza fila, accanto la tizia della televisione, non mi ricordo come si chiama, e altri giornalisti, qualcuno l'ho già incontrato alle conferenze dei carabinieri e della polizia, altri sono nazionali, il processo è importante dunque. Parlottano, routine per loro, non per Cappai che alza lo sguardo e si fissa a osservare uno dei due finestroni che portano la luce nell'aula. Il cielo è azzurro, la luce del sole è potente. Non guarda nessuno, Cappai, forse il cielo o forse niente. Noto che ha rughe sulla fronte e la barba l'ha fatta stamattina, ma le guance sono già sporche di un blu nerastro. Un assassino. Come se gli assassini avessero un viso particolare, mi viene da pensare e da sorridere. L'ho già giudicato. Qui tutti l'hanno già giudicato, questo processo sembra solo un rito da compiere, come una messa. Quando ero bambino e mia madre mi portava in chiesa per la tortura domenicale, non aspettavo altro che il prete formulasse: «Vi benedica Dio onnipotente, Padre e Figlio e Spirito Santo... Amen... la messa è finita, andate in pace». Via, liberi tutti, aria. Qui è la stessa cosa, aspettano solo che il presidente si alzi in piedi e formuli: «Visti gli articoli 575 eccetera eccetera questo tribunale condanna Carlo Cappai alla pena di anni X e mesi tot di detenzione... il processo è finito, andate in pace». Perché che Carlo Cappai sia un assassino lo dicono le prove e il movente che lo inchioda per sempre alle sue responsabilità. L'avvocato della difesa, lui sì che ha una faccia da assassino. Magro con gli occhi azzurri sporgenti, senza capelli, le guance risucchiate. Si avvicina al suo cliente, parlano attraverso le sbarre, Cappai continua a guardare davanti a sé, fuori dalla finestra forse il cielo o forse niente. Sembra non ascoltare, credo sia a chilometri da qui. Come li ha passati questi mesi in carcere in attesa di giudizio? Così, secondo me, concentrato sulle nuvole grasse o sull'azzurro, lontano dalla cella.

Mi attendono ore e ore al chiuso, con questo caldo infernale, ad aspettare la sentenza che, se tutto va bene, arriverà fra quanto? Due, tre mesi? Non lo so, per me è la prima volta. C'è qualcuno che vince e qualcuno che perde? Palla a rete, palla fuori, doppio fallo, goal? Non credo, non si può risolvere con la semplicità di un evento sportivo. Salvo Parodi ne sa, invece. Ho deciso, seguo lui. Quando si alza e se ne va lo imito. Mi fa l'occhiolino, si sente a casa sua qui. «Difficile che gli diano il preterintenzionale» mi ha detto, «gli ha fracassato il cranio... siamo un po' al di là delle percosse per ledere o lesionare la vittima. Lo voleva proprio uccidere, punto e basta.» Io gli ho detto che era la prima volta che assistevo a un processo, lui mi ha sorriso. «È una noia pazzesca. Ma ci ha detto di culo.» Non capisco come. «In deroga a quanto prevede la procedura, con il consenso delle parti, il presidente ha autorizzato che il teste dell'accusa venga esaminato dal piemme e controesaminato dalla difesa senza attendere che sia ultimato l'esame da parte del pubblico ministero.»

«Cioè?»

«Cioè almeno c'è un po' di dibattito. È più vivo. Per quanto possa esserlo una rottura di coglioni simile.»

Il capitano Ossola legge la formula dei testimoni, dovrò sentirla ripetere per ogni persona che salirà su quel... cos'è? Un leggio? Uno scranno? Devo farmi dire da Parodi come si chiama. «Consapevole della responsabilità morale e giuridica che assumo con la mia deposizione, mi impegno a dire tutta la verità e a non nascondere nulla di quanto è a mia conoscenza.»

«Prego, capitano» gli dice il presidente.

«Arrivati al circolo sportivo Le Tre Torri alle ore 22.45, dopo la telefonata della direttrice De Marinis Luciana che ha chiamato verso le...» il capitano controlla dei fogli...

Venerdì 9 marzo, ore 22.45
Giorno dell'omicidio

I primi a entrare furono il capitano Ossola seguito dal maresciallo Ricciardi e dall'appuntato Carta. Attraversarono l'atrio della spa lucido e silenzioso dove i passi rimbombavano. La direttrice del centro sportivo, Luciana De Marinis, era pallida, spettinata, l'ombretto consumato intorno agli occhi, sembrava un orsetto lavatore. Parlava a raffica, balbettava confusa, accompagnando i carabinieri sbagliò strada due volte infilandosi prima negli spogliatoi femminili poi in quelli maschili. Ossola e Ricciardi di cadaveri ne avevano visti, l'appuntato invece era da due mesi nell'arma. Sotto il cappello nero d'ordinanza era pallido come gli asciugamani usati dai clienti e gettati nel bidone per il lavaggio. Dopo le scale, i militari entrarono nella grande hall della spa. A sinistra le piscine. Presero a destra, verso il percorso benessere. Superate la vasca idromassaggio, le docce per la circolazione e la sauna, giunsero alla porta del bagno turco, spalancata. Sull'uscio, sul pavimento color crema impronte insanguinate. I carabinieri guardarono l'interno del bagno senza sfiorare le orme. L'uomo era nudo, un asciugamano alla vita, faccia in su, lo sguardo attonito, congelato nella rigidità cadaverica, ancora seduto sul gradone rivestito da piastrelle. Una ferita profonda sul cranio, il sangue era scivolato sul collo, poi sulle spalle e sul fianco, come un torrente era colato a terra per tuffarsi nella rosetta della fognatura; schizzi rosso scuro macchiavano i sedili di pietra, la pelle del corpo livida e l'asciugamano bianco. La bocca semiaperta mostrava i denti intrisi di sangue, Luigi Sesti stringeva ancora i pugni. Ossola si allontanò dalla scena per tornare da Luciana De Marinis che era rimasta appoggiata alla parete vicino al percorso docce.

«Il cellulare prende?»

«Sì...» rispose la donna chiudendo gli occhi.

«Sono Ossola... Abbiamo un cadavere. È Luigi Sesti, nel bagno turco del circolo Tre Torri, voglio Corti e Piroli subito... no, li chiamo io» e chiuse. «Ricciardi, vieni con me. Carta, tu resta qui, nessuno si avvicini.»

«Sissignore...»

Ossola osservò a lungo la grande stanza sulla quale si aprivano i servizi. Davanti a lui il bagno turco, con quelle impronte di sangue. Alla sinistra c'era il percorso doccia, e i pavimenti sotto i bocchettoni della cromoterapia erano asciutti, nessuno aveva usato l'attrezzatura da ore. Accanto c'era la sauna svedese. Il capitano aprì la porta per dare un'occhiata. L'interno era tiepido, probabile che l'ultimo utilizzo risalisse alla mattina. Alla destra del bagno turco si apriva invece il calidarium. Il militare non ne aveva mai sentito parlare. «È un bagno turco più lieve» gli spiegò Luciana De Marinis. «Lo si usa con dei fanghi...» Anche la stanzetta del calidarium, più grande del bagno turco, era vuota e l'aria all'interno addirittura fredda. La piscina idrotermale invece ribolliva sommessa e spandeva un profumo di eucalipto e menta. Pochi passi e alle spalle della grande vasca si poteva accedere all'area relax. Una ventina di lettini con materassi e coperte di pile usati dai clienti per rilassarsi dopo i trattamenti. Una musica lounge soffusa suonava del tutto inappropriata. «Ci sono telecamere?»

«No, capitano... niente. Solo nella hall all'entrata, e ce ne sono tre esterne sulle uscite di sicurezza, ma qui niente e neanche negli spogliatoi.»

Gli spogliatoi erano deserti, a parte un armadietto aperto che conservava i vestiti di Luigi Sesti. I manici di due racchette da tennis spuntavano da una sacca nera, le scarpe da gioco a terra, bianche e immacolate, maglietta, calzoncini e calzini gettati sul fondo del piccolo guardaroba, appesa a una gruccia una giacca a vento dall'aspetto costosissimo. Nelle tasche Ossola trovò il portafogli, un cellulare spento e le chiavi di un'auto, una BMW. Tornò davanti al bagno turco. Le orme rosso scuro parlavano chiaro: l'assassino aveva lasciato una traccia molto evidente. Mentre il militare scrutava con attenzione il pavimento, entrarono gli agenti della scientifica coperti dalle tute bianche. Ossola si allontanò per tornare nella hall.

Lunedì 9 luglio

«Vada avanti, capitano... la ascoltiamo» dice il presidente. Una cinquantina di anni, è basso, devo sforzarmi per vederlo, il bancone della giuria quasi lo nasconde. Potrebbe sembrare un risorgimentale, un fondatore della Giovine Italia, con quella chioma fin sotto le orecchie pettinata all'indietro, il pizzo puntuto e i baffoni a manubrio. Sembra molto annoiato, come il capitano Ossola che si passa continuamente la mano sui capelli corti e rossi. È pieno di lentiggini e ha una carnagione bianchissima, sembra un norvegese.

«La spa è così composta: dopo gli spogliatoi si scendono le scale e si accede alla hall. A sinistra ci sono le piscine, a destra i bagni turchi, le saune e gli idromassaggi. La piscina principale è lunga ventinove metri e larga nove. Mi soffermo, signor presidente, su questo dettaglio perché è importante. Dei ventinove metri della piscina, quattro sono all'aperto. Mi spiego meglio, dopo venticinque metri la piscina prosegue per qualche bracciata all'aperto nel giardino antistante la spa. Insomma, nuotando sotto un cristallo a un metro dal pelo dell'acqua, si può agilmente passare all'esterno. È la strada che ha percorso l'assassino. Vede, signor presidente? Per accedere alla spa si passa davanti alla reception principale, dove ci sono le telecame-

171

re di sorveglianza e una persona fissa. Gli altri accessi sono le porte antipanico apribili solo dall'interno. Ce ne sono sei, che io e i miei uomini abbiamo controllato, nessuna riporta segni d'effrazione.»

«È una sua supposizione, capitano?» chiede il pubblico ministero.

«No, dottore, altri modi per entrare non ci sono. Abbiamo visionato i filmati della porta d'ingresso e delle tre telecamere esterne sulle uscite di sicurezza, nessuno è passato di lì. Alle 19.30 ci sono stati gli ultimi due ingressi, Sesti e il suo compagno di tennis, il dottor Antonino Anselmi. Sempre stando alle immagini, Anselmi è uscito dalla spa alle ore 21.»

«Mi permetta, signor presidente» si intromette Malaguti della difesa, ha una bella voce, è calmo e tranquillo, prende tempo leggendo appunti. Porta una carta al banco della presidenza. «Ecco, come da relazione, il patologo, dottor Pioli, ci dice che la morte di Luigi Sesti risale a un orario fra le 20 e le 22, non può essere più preciso di così. Quindi l'uscita di Anselmi alle 21 non lo scagiona.»

«Avvocato Malaguti, quando Anselmi salirà a testimoniare, allora tirerà fuori le sue obiezioni. Andiamo avanti, capitano Ossola?»

«Certo, presidente... dunque, non c'è stata effrazione sulle porte di sicurezza, e neanche sulle finestre dei bagni. Abbiamo trovato chiuse anche quelle, nessun vetro spaccato, serrature e cardini intatti. Siamo andati a controllare la piscina esterna, meglio, quei quattro metri della piscina che danno su un piccolo prato delimitato da una rete di ferro. Sul lato destro abbiamo rinvenuto delle tracce sull'erba che portavano fino alla recinzione del giardino stesso. Sulla recinzione era facile risalire al luogo preciso dove l'assassino ha scavalcato. La rete è leggermente infossata, sul filo spinato gli uomini del reparto investigazioni scientifiche hanno trovato tracce di pelle... cuoio, nero, probabilmente guanti. Dall'altra parte della recinzione c'è una sterrata che porta a via dei Colli, strada che prosegue poi per là città. Il reparto di investigazione ha individuato tracce di pneumatici sull'erba fresca, compatibili con l'auto dell'imputato. La ricostruzione plausibile è che l'assassino abbia dunque parcheggiato l'auto all'esterno della spa per poi scavalcare la recinzione. Si è ovviamente spogliato ed è entrato in piscina per arrivare al bagno turco, dove ha ucciso Luigi Sesti. Era nudo, e non ha destato allarme nella vittima, che infatti è stata ritrovata sul sedile di marmo. In un bagno turco non si entra vestiti. Poi l'assassino è tornato indietro per la stessa strada, si è rivestito, ha scavalcato la recinzione, ripreso l'auto che lo ha portato su via dei Colli, poi dritto fino in città.»

«Parliamo delle tracce?» fa il piemme.

Il capitano annuisce. «Certo. Le orme insanguinate fuori dal bagno turco vengono da un paio di ciabatte... misura 43, compatibile con la taglia dell'imputato, marca Havaianas.»

Il presidente controlla dei fogli e annuisce.

«Per ora ho finito» dice il piemme. Malaguti si alza, sembra un animale predatore, sta lì coi suoi occhi chiari e intelligenti, attende e morde.

«Lei poco fa ha detto...» legge su un appunto che tiene in mano «che il reparto di investigazione ha individuato le tracce di pneumatici sull'erba fresca compatibili con l'auto dell'imputato.»

«L'ho detto.»

«Bene, capitano. Si parla di uno pneumatico Kleber 175/65 R15 invernale, come il signor presidente può leggere, che può essere sicuramente montato sulla Citroën C3, modello in effetti in possesso dell'imputato, come anche sulla FIAT Panda, sulla FIAT Grande Punto, sulla Lancia Y, sulla Ford Fiesta, tanto per citare qualche modello. Mi sbaglio?»

«No...» dice il capitano.

«Seconda questione. Le orme insanguinate fuori dal bagno turco... Se, come dice lei, l'imputato è passato dalla piscina, che fa? Ha nuotato e non s'è tolto le scarpe? Dove ha trovato poi le ciabatte? Quelle che hanno lasciato l'impronta?»

«Se le sarà tolte e poi infilate per non lasciare impronte del piede nudo ed eventuali tracce epiteliali.»

«Curioso, non trova?»

«Perché? Lei non sa nuotare in piscina tenendo un paio di ciabatte in mano? Al ritorno 'ste benedette ciabatte si sarebbero sciacquate eliminando le tracce ematiche dalla suola.»

L'avvocato legge ancora il foglio. «E mi dica, capitano, di queste tracce ematiche ne è stata riscontrata qualcuna nell'acqua della piscina?»

Il capitano fa un respiro spazientito. «Lo sa quanti metri cubi d'acqua ci sono in una piscina di ventinove metri per nove che arriva alla profondità di due metri nel punto più alto?»

«Quindi... che l'imputato abbia nuotato con le ciabatte indosso è una sua supposizione.»

«Non ho detto che ha nuotato con le ciabatte indosso. Ho detto anzi che se l'è tolte per rientrare in piscina e tornare all'esterno nuotando. E c'è un dettaglio che può aiutare, signor presidente» dice il capitano Ossola. «Per entrare nelle saune dalla hall centrale si prende a destra e una volta svoltato l'angolo bisogna passare per una piccola fontanella a terra, una sorta di sciacqua-piedi, per intenderci. Poca acqua, e lì tracce di sangue sono state trovate. Segno che l'assassino è passato di lì per lavare le suole e proseguire verso la piscina grande.»

«Ancora una sciocchezza. Dalla vasca sciacqua-piedi, come la chiama lei, alla piscina grande, che distanza c'è?»

«Circa una ventina di metri.»

«In quei venti metri ci sono tracce che fanno supporre che l'assassino si sia diretto proprio verso la piscina?»

«Poche, solo due metri dopo lo sciacqua-piedi.»

«Quindi, mi corregga se sbaglio, in realtà l'assassino poteva andare in piscina come negli spogliatoi, visto che niente ci dice il contrario.»

Il capitano annuisce.

«Per favore risponda» si raccomanda il presidente.

«Sì, è plausibile.»

«Bene, grazie.» Malaguti sorridente si siede.

Venerdì 9 marzo, ore 19.30
Giorno dell'omicidio

Luciana De Marinis era davanti al computer del suo ufficio. Era stanca e senza forze. Gabriele si affacciò. «Ti lascio le chiavi dell'attrezzeria» e le attaccò alla rastrelliera. «Com'è andata la lezione con la principessina?» chiese la direttrice.

Il maestro di tennis fece una smorfia. «Bah... come sempre, non muove il culo, figuriamoci. Se la pallina le rimbalza davanti ci prova, altrimenti la guarda sconfitta.» Il giovane si sistemò la sacca delle racchette sulla spalla. «Buona serata, Luciana.»

«Anche a te.»

Stava per uscire, poi si bloccò sulla porta. «Cos'hai, sei triste?»

«No... sciocchezze. Sono solo un po' stanca e qui mi tocca lavorare per almeno un'ora.»

Gabriele le sorrise. «Prenditi una vacanza, senti a me. Il circolo sopravviverà!» Le fece l'occhiolino, poi se ne andò. Luciana si rimise al lavoro. Conti, fornitori, rette, estratti della banca, rispondere ad almeno venti mail.

Quando riuscì a spegnere il computer e chiudere l'ufficio, alle nove, le restava ancora il giro della spa, ma aveva bisogno di mangiare qualcosa. Ettore le lasciava sempre un vassoio al bar con un panino o un'insalata che lei consumava al buio, davanti al campo numero 1. Si sedeva in penombra e fissava il centrale in cemento poroso, l'unico, insieme ai due coperti in terra battuta, che si poteva utilizzare con tranquillità anche d'inverno. Sotto i fari alogeni il verde del manto era bellissimo. Le piaceva il circolo quando non c'era nessuno. Le dava serenità e la rilassava. Entrò nella hall della spa per parlare con Elisabetta della reception. «C'è ancora un cliente» le disse, «è Sesti.»

«Sta ancora dentro?»

«E già...» rispose Elisabetta con una smorfia.

«Ma non è che si è sentito male?»

«Speriamo di no, ci manca solo questo!»

«Eli, comincia a spegnere tutto, lo vado a cercare.» Aprì la porta degli spogliatoi maschili e lo chiamò, ma quello non rispose. Controllò la piscina, l'acqua appena increspata dai bocchettoni che sputavano l'aria dal fondo, ma nessuna traccia del cliente. «Dottor Sesti?» La voce si spense fra il soffitto e le pareti di cristallo. Ritornò nel disimpegno e si diresse verso la spa. Con un saltino oltrepassò la piccola vasca per sciacquare i piedi e superato l'idromassaggio, la sauna, il calidarium notò che la porta del bagno turco era aperta. Sulle mattonelle delle orme marroni. «Dottor Sesti, è qui?»

L'aveva trovato.

Sempre lunedì 9 luglio

«Che ore erano?»

«Non lo so, signor giudice.» Luciana ha gli occhi infossati e rossi. Deve aver pianto parecchio, chissà se al ricordo di quella scoperta agghiacciante o per altri fatti suoi. Poi scuote la testa e si mette le mani davanti al viso, forse sta tentando di ricacciare l'immagine del cadavere. «Sono corsa nella hall dove c'era Elisabetta, le ho detto di chiamare i carabinieri.»

«Non aveva con sé il cellulare?»

«Sì... ma non ci ho pensato. Non lo so in realtà a cosa ho pensato, ero terrorizzata!»

«Lei ha visto andare via il dottor Antonino Anselmi?»

«No, non l'ho visto. Dal bar alla spa non si passa per il parcheggio. Forse era già partito, non lo so...»

C'è il maresciallo Guido Marinetti a testimoniare. Qualche chilo di troppo, la giacca sembra di un paio di taglie più piccola. Ma non sente caldo? «Quando siamo entrati in casa di Cappai Carlo, abbiamo trovato una stanza chiusa a chiave. Forzata la serratura, c'era un tavolo pieno di faldoni che contenevano documenti fotocopiati dall'archivio, fotografie, articoli di giornale, appunti, anche delle mappe geografiche, tutto riguardante la vittima, Luigi Sesti. Ecco, proiettiamo le foto per chiarezza.»

Dopo qualche secondo appaiono alle spalle del maresciallo le foto dello studio di Cappai, spoglio a parte un cencio non distinguibile appeso a una parete, sembra una stanza abbandonata se non fosse per il tavolone al centro ricolmo, pile di cartelle e fogli.

«Il Cappai aveva seguito gli spostamenti del Sesti per anni, più o meno quaranta, su giornali italiani, argentini, sudamericani, svizzeri. Conservava foto, cartine geografiche. Poi, come si evince dall'immagine, c'era quella sciarpa inchiodata sulla parete, una sciarpa multicolore di lana attaccata al muro con dei chiodi...»

L'oggetto imbustato ora giace sul tavolo davanti alla presidenza. Carlo sembra lo guardi con apprensione.

«... un profumo Miss Worth di Worth, vecchie fotografie di una ragazza di cui abbiamo accertato l'identità: Giada Cannavò, deceduta in ospedale il 12 maggio del 1977, dopo aver subito un attacco in via Mascarella alle 11 del mattino, durante una manifestazione che si concluse con scontri fra manifestanti e forze dell'ordine.»

«La prego, maresciallo, può dire alla giuria e al presidente chi fu accusato all'epoca di quell'omicidio?» gli chiede il piemme.

Il maresciallo alza lo sguardo dalle carte. «Luigi Sesti.»

Stavolta l'aula è attenta. Ho sentito un brivido correre lungo panche e sedie. Questo dettaglio non lo conosceva nessuno. Il pubblico ministero è in gamba, questo si chiama movente e l'ha spiattellato con noncuranza a tutta la giuria. «Sì, presidente. Ci fu il processo di primo grado e di appello contro Luigi Sesti, che fu assolto per non aver commesso il fatto. Ad accusarlo allora c'era Carlo Cappai, testimone oculare dell'aggressione ai danni di Giada Cannavò. Ecco...» Il piemme raggiunge il presidente e gli consegna dei fogli. L'archivista resta lì, impassibile, continua a scrutare il finestrone, Malaguti se l'aspettava, non si muove. «Cancelliere, agli atti...» Malaguti solleva la testa. «Maresciallo...» Si alza e si piega poggiando le nocche delle mani sul tavolo. «Lei avvalora la tesi dell'accusa che vede la premeditazione dell'omicidio affondare le sue ragioni in una storia del passato mai dimenticata dal Cappai. Dal momento che ha studiato le carte ritrovate nello studio dell'imputato, può sicuramente aiutarci su qualche dettaglio.»

«Certo.»

«Dunque... Luigi Sesti è tornato varie volte in Italia, mi corregga se sbaglio. Abbiamo un primo rientro nell'84 quando per un mese ha lavorato nella fabbrica di famiglia, poi nel '92, nel '94 e ancora nel 2000, nel 2009 e anche nel 2010. Ho saltato qualcosa?»

Il maresciallo controlla le carte. «No, non mi pare.»

«Bene. Ogni volta che il Sesti è rientrato a Palazzo Gustavi... per la giuria, Palazzo Gustavi è la residenza della famiglia Sesti... dicevo, ogni volta che è rientrato è stato qualche giorno in città... tre giorni, cinque, addirittura un mese prima di riprendere il volo. Mi corregga ancora se sbaglio.»

«Stando alle carte del Cappai si evince questo, sì. E aggiungo che abbiamo fatto i riscontri, gli appunti del Cappai sono precisi e provati.»

«Bene. E allora mi spiega per quale motivo Cappai ha aspettato tutto questo tempo prima di, come sostiene l'accusa, colpire Sesti? È una domanda che forse anche lei si sarà posto, e che io faccio anche alla giuria. Ha trovato una risposta?» e si mette le mani sui fianchi.

Marinetti fa una smorfia. «No, non ho una...»

«Ho controllato le date» incalza l'avvocato, «Cappai era sempre in città, prima era studente, e forse, le concedo, troppo giovane per portare a termine un atto così efferato, sempre stando alla fondatezza dell'accusa. Poi però è un uomo adulto, per esempio dal dicembre del '92 fino al febbraio del '94 presta servizio in polizia. Poi alla fine del '95 entra a lavorare in archivio, al tribunale... di occasioni ne ha avute. Abilità e scaltrezza anche. Perché attendere solo ora, in concomitanza di un funerale, per il quale Sesti è rientrato per salutare il padre e sarebbe ripartito da lì a poco? Non le pare un fatto curioso? Che lo odiasse è vero, che abbia nutrito una sorta di ossessione verso quell'uomo anche, Dio mio! Non è che uno raccoglie e studia e segue per anni una persona per passare il tempo! Ma da qui ad affermare la volontà omicida ce ne passa!»

Se guardo gli occhi dei giudici popolari mi verrebbe da dire che un ragionevole dubbio Malaguti è riuscito a instillarlo nei loro cervelli. Con me per esempio c'è riuscito. Magari ci dormo su e mi passa, però mi fa pensare. Tutti questi anni inattivo, perché?

«Presidente» interviene il piemme. «Signor presidente, è agli atti alle pagine seguenti.» Il presidente sfoglia un plico, il pubblico ministero prosegue: «Dobbiamo confrontare le date, è molto importante. Come può evincere dallo specchietto fornito alla presidenza e all'avvocato, che è evidente legge poco e studia poco, la vittima è rientrata in città nel 2000, nel 2009 e nel 2010. Escludendo gli anni fino al '94, quando l'imputato era in polizia, spiego perché non ha colpito prima. Nel 2000 Sesti è stato in Italia dal 12 marzo al 19 marzo. Cappai in quei giorni era ricoverato presso il policlinico Sant'Orsola per un'appendicite, come risulta dai documenti da me forniti a questo tribunale. Di nuovo nel 2009 Sesti è rimpatriato ed è rimasto in Italia dal 13 al 18 agosto, in quei giorni Cappai era assente dal lavoro, si trovava a Barcellona in vacanza, anche qui ho prodotto la documentazione necessaria. In ultimo abbiamo il 2010 in cui Sesti è stato sì in Italia, ma era Natale, e l'ha trascorso a Cortina». Il pubblico ministero prende fiato. «Nulla ci vieta di pensare che il Cappai abbia tentato, ma ci fu un inconveniente. La casa di Cortina era inagibile per una perdita di acqua e le vacanze la famiglia Sesti le passò a casa Cattaneo, parenti da parte di madre. Gli ultimi giorni poi all'hotel Cristallo... insomma credo gli mancasse tempo e possibilità di organizzare il delitto laggiù.»

Il presidente prende atto delle parole del piemme, mette via i fogli. Quello riprende a parlare. «C'è un altro dettaglio che è stato tralasciato e che forse invece dovrebbe essere portato a conoscenza sua e del collegio giudicante. Si tratta della sciarpa, quella inchiodata al muro. Attraverso fotografie... ne proiettiamo una... fotografie sempre trovate nello studio, chiamiamolo così, del Cappai...» Appare sullo schermo la foto di una ragazza, intorno al collo ha una sciarpa multicolore. A giudicare dal magenta è una foto degli anni Settanta. «Ecco, vedete? La sciarpa apparteneva proprio a Giada Cannavò, la vittima dell'aggressione, secondo testimonianza del Cappai non comprovata dalla sentenza, di Luigi Sesti. Questo completa a mio modo di vedere il quadro, Cappai ha tenuto il pensiero costante di questo suo amore giovanile e si profila a tutti gli effetti una vendetta.»

Ha voluto l'ultima parola il piemme. Malaguti non gliela concede. «Anche questa è una supposizione, presidente. C'è anche un profumo da donna, che ora sicuramente l'accusa dirà appartenere alla Cannavò... ma non significa che Cappai pensava di svaligiare una profumeria!» Qualcuno in sala ride. Il piemme allarga le braccia. «Ma per favore, i nonsense li lasci al teatro, Malaguti!»

«Non è un nonsense, quello semmai è il suo ragionamento. Ha una sciarpa inchiodata alla parete, sicuramente è un ricordo, un attaccarsi disperatamente a qualcosa che ha perso e della quale non riesce a fare a meno. Lo stesso dimostra l'analisi sulla psiche dell'imputato effettuata dal dottor Franchini, noto analista cittadino...»

«Non ammissibile» obietta il piemme. «Il dottor Franchini, con tutto il rispetto, non è uno psichiatra forense.»

«Mi faccia però terminare... dicevo, potremmo essere di fronte a una resistenza, a un rifiuto di rimuovere un dolore. Il Cappai, restando attaccato al passato e al ricordo della sua amica, all'amore per lei, avrebbe cercato di restare in quei giorni della sua giovinezza, non affrontare mai, cioè, la realtà della perdita, atteggiamento peraltro avvalorato dal fatto che Cappai non ha partecipato ai funerali di suo padre e tantomeno a quelli della madre. Un soggetto, quindi, che ha seri problemi con l'idea dell'abbandono, e questa collezione, chiamiamola così, nel suo studio ne è la prova! E anche il profumo, laddove dovesse appartenere a Giada Cannavò, sarebbe ulteriore prova di quello che sto dicendo. Se non basta, c'è da considerare che il Cappai vive ancora nella casa dei suoi genitori, senza averla mai non solo rimodernata, ma neanche ha cambiato la disposizione dei mobili! Non si è mai sposato, di lui non si conoscono storie sentimentali e, ancora a detta del dottor Franchini, il Cappai lavora presso un archivio, quale luogo è più emblematico e significativo, deputato com'è a conservare il passato? Dove il passato stesso è il protagonista? Ha archiviato la sua vita, il suo dolore, come fa con i faldoni dei processi, l'ha messa lì, su una parete, per poterla guardare sempre e impedirsi quindi di vivere.»

«Non credo che questa analisi spicciola possa scagionare l'imputato, signor presidente» di nuovo il piemme. «Una cosa è archiviare foto e avere un rapporto forse feticista con degli oggetti, altro è seguire gli spostamenti di Luigi Sesti per quarant'anni, ossessivamente. È una congettura, anche piuttosto esagerata, una fantasia letteraria, un tentativo disperato della difesa di rispondere a prove che l'accusa ritiene schiaccianti.»

Intanto però la giuria l'ha ascoltata, ci sta rimuginando sopra, questo sta facendo Malaguti, ormai lo capisco, posiziona dubbi e sospetti sottoterra, rende difficile il cammino ai giurati che pensavano a una scampagnata e si ritrovano in un campo minato; chissà, qualcuno potrebbe cominciare a vacillare sulla certezza della colpevolezza di Cappai. Se finissi nei guai vorrei un avvocato come lui.

«L'autopsia è stata effettuata dopo quattro ore dal ritrovamento del cadavere.» Parla l'anatomopatologo. Cominciamo a essere tutti un po' stanchi, lo vedo. Un po' di gente se n'è andata, noi giornalisti resistiamo aggrappati alle panche, il presidente e la giuria non reggono più. Mentre li osservo mi auguro non mi accada mai di essere chiamato a far parte di una giuria popolare. Giudicare gli altri fa venire i brividi. Se fossi uno di loro, che dovrei pensare? Che tutto punta contro Cappai. C'è il movente, non ha alibi, la ricostruzione del capitano sembra buona, ma anche i dubbi instillati da Malaguti hanno il loro peso. L'intenzione è una cosa, l'atto è un'altra. Posso volere fortemente la morte di un essere umano, compiere però l'omicidio è tutta un'altra storia. Osservo l'archivista. Sembra che il dibattimento non lo riguardi. Continua a fissare la finestra e a tenere le mani poggiate sul grembo. Non cambia espressione, non fa niente. Forse è concentrato e ascolta, o magari non vede l'ora che tutto sia finito per tornare in cella.

«Ho potuto collocare la morte fra le 20 e le 22.15, ora in cui è stato ritrovato il corpo. Non possiamo fornire l'orario del decesso con precisione chirurgica. Possiamo indicare una parentesi, in questo caso piuttosto ristretta.»

«Quindi» insiste Malaguti, «vogliamo dire che potrebbe essere morto mentre Anselmi era ancora lì, visto che ha lasciato la spa alle 21?»

«Ancora? Presidente!» protesta il piemme. «Ancora con l'Anselmi?»

«Io sto attaccato ai fatti, presidente, e questo è un fatto. Abbiamo una finestra di un'ora e mezza in cui Anselmi e Sesti sono insieme nella spa. E in quell'ora e mezza, perdonatemi, niente esclude che l'Anselmi abbia potuto commettere il delitto.»

«Vada avanti, dottore» interrompe il giudice restituendo la parola al patologo.

«Nello stomaco abbiamo trovato del liquido, un reintegratore che aveva evidentemente bevuto da poco. La causa della morte è piuttosto chiara. La vittima ha subìto un colpo sferrato con un oggetto appuntito, acciaio, che ha provocato la rottura dell'osso parietale con fuoriuscita di materia cerebrale.»

«Si può dire sia morto subito?» gli chiede il piemme.

«Sì, l'assassino ha impresso una forza notevole, possiamo ricavare questo dettaglio dalla profondità della ferita...»

«Piccone? Spranga?»

«Propenderei per una piccozza. Con una becca su un lato.»

«Io direi che questo escluderebbe del tutto Anselmi dai sospetti, non crede, signor presidente?» interviene il piemme. «Ce lo vede che si incammina insieme a Sesti verso il bagno turco con una piccozza da montagna?» Qualcuno in sala ride. Anche il presidente sorride, sotto i baffoni a manubrio. Malaguti invece no, si alza. «Nessuno ha mai affermato che i due siano andati insieme al bagno turco.»

«Come le ho già detto, avvocato, quando Anselmi sarà chiamato da questo tribunale glielo chiederemo.» Il presidente guarda l'orologio. «Aggiorniamo la seduta a domani, ore 11...» Con lui si alza la giuria popolare, i carabinieri recuperano Cappai, noi tutti lasciamo sedie e panche con un sospiro di sollievo. Non se ne poteva più di stare qui dentro. Spero che domani funzionino i condizionatori d'aria.

L'articolo lo butto giù in meno di mezz'ora e lo lascio sul tavolo di Elena. Parodi mi ha rivelato il nome del piemme: Invernizzi, come lo stracchino, facile da ricordare. Uscendo gli ho chiesto: «Salvo, secondo te durerà molto?». Lui ha storto la bocca. «Non lo so, Walter, certo è che Malaguti è una brutta bestia, non è uno che molla. Andrà per le lunghe? Se Invernizzi non ha un asso nella manica chiudere non sarà facilissimo.»

«Ma tu l'avevi mai visto l'imputato?»

«Mai» mi ha risposto lui.

«Io sì, un paio di volte che sono andato in archivio, al tribunale. Roba da matti.»

«Andretti!» Mi volto. Elena ha in mano il foglio con sopra l'articolo, lo tiene con il pollice e l'indice come avesse paura di sporcarsi. «Sì?»

«Mi servono ottomila battute!» mi dice. Io vado nel suo ufficio. Prendo l'articolo e senza una parola me ne torno al computer, lei mi raggiunge. Wikipedia, che stava uscendo, si blocca sulla porta e allunga l'orecchio per ascoltare, ma Elena, chinandosi verso di me, mi parla a bassissima voce. «È pieno di refusi, è piatto, non è da lei. Si vede che l'ha fatto in mezz'ora.» Io alzo il viso dal monitor ma la dottoressa Elena Barilli è già andata via dalla mia postazione, la vedo chiudere la porta del suo ufficio. Guardo Wikipedia con la mano ancora sulla maniglia che mi fa l'occhiolino. Lo mando a cagare in silenzio. Mi metto a lavorare. Elena ha ragione. Il pezzo è da riscrivere. Se mi do una mossa, capace che ce la faccio a prendere l'aperitivo con Rossella e gli altri.

«Deve essere dura dentro un'aula in piena estate» mi dice Rossella mentre sorseggia il Martini. Perché mi ero fissato tanto con lei?

La guardo e non capisco. Le labbra, ecco, forse quelle. Ha gli occhi piccoli e un po' distanti, il naso a patata. Però le gambe e i capelli... Il problema è quando mi guarda, mi viene freddo sulla pelle, come se ci soffiassero sopra. Ugo stasera non è con noi al bar, c'è Grazia. È bella Grazia, ma è la donna di Ugo, per me è terreno vietato, sprangato, chiuso a sei mandate. «È stato lui?» vuole sapere. In città lo vogliono sapere un po' tutti. «Mah...» La faccio cadere dall'alto. «Probabile. C'è una montagna di prove contro 'sto tipo. A casa teneva una stanza con tutti i documenti, articoli e foto di Sesti! Ha seguito la vittima per quarant'anni. Aspettava il momento buono per colpirlo.» Rossella sgrana gli occhi. «Uno psicopatico!» dice. «Ossessivo, sicuramente. Dovete sapere che Sesti era un figlio di puttana, accusato dell'omicidio di una ragazza, Giada Cannavò, nel 1977, un'amica del Cappai, che testimoniò proprio contro Sesti al processo. Ma Sesti era uno potente, la famiglia la conoscete, se la cavò e andò via dall'Italia, la solita storia. Era ricco sfondato, ha fatto mille mestieri e mille cazzate, pare che abbia figli un po' dappertutto in Costarica, Argentina... E Cappai se l'è segnata.» Rossella mi guarda estasiata. «E poi?» «Poi è morto il padre di Sesti, l'avvocato Attilio, e il figlio è rientrato per i funerali...»

«Sì, ricordo, ci hai scritto un articolo memorabile» mi fa Grazia e ride. «Cazzo ti ridi?» ma rido pure io. «Vabbè, insomma, quello è rientrato in Italia e tre giorni dopo, zac!, l'ha ucciso.» «Roba da matti» sussurra Rossella. «L'ha aspettato per quarant'anni» e annuisce. «E già, sempre se è Sesti il colpevole» dice Grazia, e ha ragione.

Rossella si accende una sigaretta. «Una corte decise che Sesti era innocente e lui ha raddrizzato la sentenza?» e butta fuori il fumo dalla bocca.

«Cos'è, una specie di Charles Bronson, un giustiziere?» chiede Grazia.

«Dovreste vederlo in aula. Pare che non siano fatti suoi. Sta lì, guarda le finestre, non uno sbadiglio, non uno sguardo sulla sala, niente.»

«Sarà mica un serial killer?» azzarda Rossella.

«Rosse', i serial killer sono roba da cinema. Questo s'è vendicato. E basta.»

«Quarant'anni...» dice Grazia a bassa voce. «Ne ha avuta di pazienza.»

A casa un caldo che si muore, non riesco a dormire. C'è un dettaglio che mi suona strano nella testa, una frase che abbiamo detto stasera al bar al terzo Martini. Non ricordo di preciso, ma appena l'ho sentita – da chi? Da me? Da Grazia? È stata Rossella? – ho percepito un suono stonato, come di un vaso rotto.

Devo cercare di ricordarla e segnarla sul taccuino.

Vado alla finestra a guardare la strada. Sudo. Sale un puzzo di urina dai portici. Quant'è buia questa città di notte, come se avessero montato le lampadine da 10 watt sui lampioni. È tetra, può mettere paura se non ci sei abituato, se non ci sei nato. C'è troppa storia abbarbicata ai muri e fra i mattoni di queste vie e sotto i portici. E troppi fantasmi. Si sentono camminare in su e in giù sui marmi e il selciato, non la lasciano, si sono affezionati a queste mura, torri e finestre. Forse è il motivo per cui tengono le luci basse e arancioni, per non infastidirli. Mi viene voglia di scendere e camminare fino all'alba. M'è venuta voglia di un cono cioccolato e pistacchio.

Martedì 10 luglio

«Quando avete deciso la partita a tennis?»

Il dottor Anselmi si imbarazza. È un bell'uomo, si tiene in forma, credo che il suo vestito valga quanto il mio stipendio mensile. «Al... al funerale del padre. Sì lo so, può essere vista come una mancanza di tatto, ma Sesti aveva voglia di giocare una partita con me, sono anni che ci sfidiamo. E decidemmo giorno e orario.»

«Lo decideste in chiesa, dunque?»

«In chiesa, sì... mi chiese anche se c'era la sauna o un bagno turco. Luigi ne andava matto...»

«6-3, 6-4, considerando che sto fuori allenamento poteva andare peggio» disse Sesti togliendosi le scarpe, «ma alla prossima, Antonino mio, sulla terra battuta... troppo veloce il cemento per me...» Il viso si trasformò in una smorfia quando si alzò dalla panca. «Cazzo, la schiena.»

«Come ti senti?» gli chiese Antonino Anselmi tergendosi il sudore dal viso con l'asciugamano.

«A parte la schiena?»

«Mi riferivo a tuo padre... mancherà a tutti.»

«Ma che ti devo dire» si tolse la maglietta gettandola a terra, «aveva più di novant'anni, da tempo era un vegetale. Ha fatto la sua vita, mi dispiace, sì, ma me l'aspettavo... solo che ora non mi va di farmi la doccia prima del bagno turco. Te lo fai con me?»

«Sei pazzo? Mezz'ora di idromassaggio in vasca e poi a casa. Stasera a cena mia moglie ha invitato una coppia di colleghi dell'ospedale.»

«Chi sono?»

«Due medici. Una rottura di palle che non ti dico. Devo

pure passare a prendere il dolce, e non posso fare tardi.»
Si infilarono gli accappatoi per lasciare lo spogliatoio.
«Come vanno le cose in studio, Antoni'?»
«Vanno. Le solite. Torni a Ginevra?»
«Appena posso. Aggiusto le faccende di papà e vado.
Tanto fra poco devo ritornare per mamma, che credi?»
«Tua madre ci seppellirà tutti.» Attraversarono il di-
simpegno. Luigi diede un'occhiata alla piscina. «Oh,
non c'è un'anima...»
«Be', meglio, una spa tutta per noi...»
Sesti si girò di scatto. «Hai sentito?»
«Cosa?»
«Forse qualcuno c'è.» Antonino si affacciò a guardare
la vasca, poi tornò indietro. «No, non c'è nessuno... Senti, Luigi, ci sarebbe un sospeso...» Si sciacquarono i piedi nella fontanella. «Oh, bisogna che ti metti le ciabatte
la prossima volta, qui prendi i funghi» suggerì l'avvocato a Luigi che alzò le spalle. «Antoni', sono stato in
posti nella vita che altro che funghi... in Nicaragua, in
un bordello, nessuna delle mignotte portava le scarpe...
ho pisciato sangue per sei giorni» e scoppiò a ridere.
    «Non fare il cretino, ne ho due paia...»
    «Lascia perdere le ciabatte. Di che stavi parlando?
Quale sospeso?»
    «Mi ha chiamato la banca. La solita rottura di cazzo
del direttore... Dice: lo so che Sesti sta passando un brutto quarto d'ora, la morte del padre, però...» imitò bene
la voce nasale del dirigente.
    «Cosa crede, che non glieli restituisco? Antoni', sono
cinquecentomila euro!»
    «Cinquecentoquarantacinquemila, Luigi.»

«Dopodomani vado e gli faccio un assegno.»

«Ecco, bravo, che sennò mi si attacca alle palle e non mi molla più.» Anselmi si immerse nella vasca. «Ti fai prima l'idromassaggio con me?»

«No, bagno turco...»

«Come preferisci. Certo un paio di zoccole ci starebbero bene...»

«Se le portavi mi facevo l'idromassaggio pure io...» e ridendo Sesti si allontanò.

«Luigi!» La voce di Anselmi rimbombò per le sale deserte.

«Oh...»

«Guarda che io qualcosa sottomano ce l'ho!»

Sentì ridere Sesti dal fondo. «Magari! Allora dopodomani facciamo un'uscita a quattro... sono gnocche?»

«Ti pare che io tratto merce avariata?»

«Antoni', ma che è il calidarium?»

«Che?»

«Il calidarium!»

«Ah... aspetta...» spense il motore idraulico del massaggio «è una specie di sauna più leggera. Cinquantacinque gradi, ma servono i fanghi. Perché?»

«Magari lo provo...»

Anselmi sentì l'amico armeggiare con la maniglia. «No, niente da fare, è chiuso. Peccato, fa più chic dire: ho fatto il calidarium!»

«Ma va' a cagare!» E Anselmi riaccese i bocchettoni della vasca.

Sempre martedì 10 luglio

«... e allora è entrato nel bagno turco... anche se dozzinale, come ha detto il mio amico. Quando sono uscito, non sono andato a salutarlo. Dovevo correre a prendere il dolce a Santo Stefano altrimenti trovavo chiuso.» L'avvocato Anselmi è un civilista, questo l'ho appreso solo ora. È a suo agio in un processo, conosce la lingua. «Gli ho gridato un saluto...»

«E lui ha risposto?»

«Non... non ricordo. Sono uscito dall'idromassaggio e via, l'ho detto, ero di fretta.»

«Lei, dottor Anselmi, è uscito dalla spa alle 21, ce lo dicono i filmati della sicurezza» gli fa Malaguti, «non è un po' tardi per andare in pasticceria?»

«Sono amico della signora, che mi ha lasciato la torta al laboratorio... chiedeteglielo, prenoto sempre al telefono e spesso lei me la lascia lì.»

«Dunque lei esce dall'idromassaggio e saluta Sesti. È importante che si ricordi se le ha risposto» chiede Invernizzi.

Anselmi chiude per un attimo gli occhi. Sta andando a quella sera, ma poi scuote la testa. «No, non me lo ricordo.»

«Quindi lei saluta il suo amico, non ricorda la risposta ed esce dal tennis club, come da immagini della telecamera dell'ingresso. Se vuole, dottor Malaguti... può interrogare il teste.»

«Sì, certo. Grazie.» Malaguti non guarda il testimone. «Sesti non può averle risposto, se vuole glielo spiego. La porta del bagno turco deve restare chiusa, altrimenti il vapore e il calore escono e il bagno perde il suo scopo.»

«Sì, forse ha ragione.»

«No, senza forse, le cose sono andate così. A meno che lei nel bagno turco ci sia andato per davvero e non per salutarlo...»

«Per favore!» sbotta il piemme. «L'avvocato Anselmi non è andato al bagno turco e sarà compito di questo ufficio dimostrarlo, presidente...»

«Avvocato Malaguti, la prego... si attenga ai fatti» interviene il presidente toccandosi la barbetta puntuta.

«Avvocato Anselmi, lei e Sesti eravate amici?» chiede Malaguti.

«Sì, certo, dai tempi del liceo. Io e Luigi si può dire che siamo cresciuti insieme.»

«Mai uno screzio?»

Anselmi alza le spalle. «Qualche sciocchezza di niente.»

Malaguti prende delle carte. «Per esempio, e leggo un documento bancario...» alza il foglio verso il presidente «risulta un debito di euro cinquecentoquarantacinquemila fra il Sesti e la banca» solleva gli occhi duri e freddi su Anselmi. «Il direttore della banca, mi corregga se dico un'inesattezza, si rivolgeva sempre a lei per rientrare dell'ammanco. È vero?»

«Sì, è vero, ma ero un tramite, niente di più. Il mio studio rappresenta quella banca.»

«Quindi lei afferma, avvocato, di essere poco più di un tramite. Erano davvero della banca i soldi?»

Anselmi non risponde. Prende fiato. Guarda Invernizzi, poi il presidente. «È una domanda retorica la tua, perché avrai fatto le tue indagini, Ernesto.»

«Si limiti a rispondere, avvocato» interviene di nuovo il presidente, «si ricordi che in aula il lei è d'obbligo anche se ci conosciamo tutti da anni.»

«Ha ragione, presidente, mi scuso. No, non erano della banca. Si tratta di soldi che provengono da un fondo di investimento di cui lo studio che rappresento è il proprietario.»

«Può essere più preciso? Lo studio che rappresenta ne è l'intestatario, dottor Anselmi, ma in realtà i soldi sono i suoi.»

«I soldi in parte sono i miei.»

«Bene. Posso chiederle com'è che da quel fondo è stato fatto un prestito al dottor Sesti?»

Anselmi è scomodo sulla sedia imbottita. Di solito è dall'altra parte del muro, è lui a fare le domande. «Luigi giocava pesante. Sette mesi fa mi chiese un prestito perché non poteva risolvere in famiglia. Fui io stesso a portare i soldi a Ginevra. Tempo pochi mesi, mi disse, e me li avrebbe restituiti.»

«Però i mesi passavano e i cinquecentomila e rotti non tornavano in cassa.»

«Io di Luigi mi fidavo ciecamente. Insomma, avvocato, è figlio di Donata Sesti Cattaneo, soldi ne aveva per fare una guerra. Luigi era distratto, preso dalle cose della vita, una situazione piuttosto complicata con mogli e figli sparsi un po' dappertutto, per lui cinquecentoquarantacinquemila euro erano poco più di un mensile.»

«Sarà, avvocato, per me e molte persone in quest'aula cinquecentoquarantacinquemila euro sono un sacco di soldi. Mi auguro che anche per lei siano spiccioli, anche se dalla sua denuncia dei redditi non si direbbe.»

«Eviti le volgarità, Malaguti» tuona il presidente.

«Mi scuso. Ho un'ultima domanda. Dottor Anselmi, è vero che lei è un appassionato di montagna?»

«Sì. Vado a sciare ogni anno ad Arabba. Perché?»

«Ha mai fatto fuoripista?»

«No... scio da turista, avvocato Malaguti, quindi impianti, funivie e piste battute, per intenderci.»

«Però di attrezzatura se ne intende.»

Interviene il pubblico ministero. «Se vuole arrivare a dire che il dottor Anselmi è a conoscenza di dove si possa comprare una piccozza da ghiaccio la risposta gliela do io, e la risposta è: sì. Come altri trenta milioni di italiani che usano internet.»

La sala ride.

«No, dottor Invernizzi, non volevo arrivare a questo. Ma a questo» e alza un foglio. «Sono alcune foto dal suo profilo Facebook, dottore. Mi risulta, mi dica se sbaglio, che due anni fa è andato con amici di famiglia e una guida alpina a scalare la cascata di ghiaccio di Fontanazzo in Val di Fassa, in Trentino. È corretto?»

«Non sbaglia, e d'estate spesso vado in parete per delle vie semplici con mia moglie e alcuni amici. Se vuole sapere, non possiedo l'attrezzatura invernale da ghiaccio e non ho mai comprato una piccozza.»

«Ho finito, presidente» dice infine Malaguti soddisfatto.

«Un momento» interviene Invernizzi. Perde tempo, controlla fogli, guarda Anselmi, poi Malaguti. Forse è in difficoltà. «Le devo chiedere un dettaglio fondamentale. Lei ricorda se Luigi Sesti il giorno dell'omicidio, entrando nel bagno turco, indossasse delle ciabatte infradito?»

Malaguti cambia espressione. Non se l'aspettava.

«No, non le indossava.»

«Bene, e posso chiederle come fa a ricordarlo?»

«Perché volevo prestargli le mie, ne avevo due paia, ma lui le ha rifiutate. Io l'ho avvertito che c'è sempre il rischio di prendersi dei funghi, ma lui ci ha riso sopra e mi ha detto: sono stato in posti, nella vita, che altro che funghi! Ed era scoppiato a ridere.»

«Che posti?»

«Posti un po'... estremi, ecco.»

«Lei, dottor Anselmi, ricorda la marca delle sue infradito?»

«Non uso infradito, non le ho mai avute, mi fanno male. Uso ciabatte da piscina col fascione. E la marca non la ricordo.»

«Signor presidente, vorrei far presente che le orme trovate fuori dal bagno turco evidenziano l'uso di ciabatte tipo da spiaggia infradito taglia 43 marca Havaianas che né la vittima né il dottor Anselmi indossavano. Questo conferma l'ipotesi del capitano Ossola che l'assassino sia arrivato munito di quelle calzature e non è entrato dalla porta anteriore, come da filmati, bensì dalla piscina. Altrimenti l'avvocato Malaguti dovrà spiegarci come sia possibile la presenza di quelle orme dal momento che gli unici due clienti, Anselmi e Sesti, non indossavano infradito. Ecco dove ho la prova, avvocato, che Anselmi non è mai andato nel bagno turco, ma che nel bagno turco c'è andato qualcuno con indosso delle Havaianas taglia 43.» E si mette a sedere.

La sala è congelata. Malaguti ha preso la bordata in piena faccia. Gliel'hanno preparato con calma il boccone avvelenato, l'hanno fatto parlare, parlare, parlare e poi hanno mollato il colpo. Invernizzi ha ribaltato la situazione. Lo vedo dalla faccia dei giurati. Cappai per loro adesso è colpevole. Malaguti non sa che cosa fare. Guarda gli appunti, poi si china e sussurra qualcosa nell'orecchio dell'assistente che scrive sull'agenda. L'archivista resta lì a osservare il finestrone e non ricambia l'occhiata dell'avvocato. Come sempre, pare che nulla di tutto questo lo riguardi. «Che Anselmi non usi le infradito è una sua affermazione. Proprio per quelle tracce potrebbe...» Invernizzi fa un gesto a un carabiniere che porta all'attenzione del presidente una busta di plastica trasparente, all'interno c'è una borsa da palestra completa di racchette da tennis. «Presidente, abbiamo prelevato da casa Anselmi il borsone, presenti all'interno due paia di ciabatte da piscina con il fascione. In più...» scartabella i fogli fino a estrarre quello giusto «in più c'è l'anamnesi del dottor Mosca, dermatologo di fiducia dell'Anselmi. Testimonia la presenza di una psoriasi alle dita dei piedi, che rende intollerabile l'uso di quel tipo di calzatura al dottor Anselmi.» Invernizzi deposita il foglio davanti al presidente. Tornando al suo posto, guarda Malaguti. L'avversario è sceso a rete e con un'abile veronica manda la pallina all'incrocio delle righe, imprendibile per Malaguti. Punto, game, set per Invernizzi.

«Io ogni sera tranne il mercoledì, che non sono di turno, lascio a Luciana, pardon, alla dottoressa Luciana De Marinis la cena nel bar. Lei ha le chiavi. Non ha tempo di andare a casa, deve chiudere la spa alle dieci e mezza.» Ettore è alto e ha un pancione da bevitore. Gli starebbero bene i baffi, somiglierebbe alla pubblicità di una birra. In aula siamo i soliti, e Cappai fissa sempre la finestra in alto. Indossa una polo blu. Quanto darei per sapere a che sta pensando. Quanto darei per farmi quattro chiacchiere da solo con lui. Allora sì che uscirebbe un articolo vero. Da quando sono diventato così attaccato al lavoro?

«A che ora chiude il bar?»

«Alle sette.»

«Si ricorda se anche quella sera aveva lasciato la cena alla signora Luciana De Marinis?»

«Che giorno?»

«Il 9 marzo» dice il piemme.

«No, dico, che giorno della settimana?»

«Venerdì.»

«Allora sì. È passato un po' di tempo, non è che mi ricordo con precisione.»

«Quando gli inquirenti vennero da lei, il giorno dopo il ritrovamento del cadavere, ha risposto di aver lasciato il solito panino e un succo di frutta. È corretto?»

«Se l'ho detto sì, è la verità. Perché dovrei mentire?»

Venerdì 9 marzo, ore 19.00
Giorno dell'omicidio

Ettore mise il panino sotto il coperchio di plastica e accanto il succo di frutta. Spente le luci, chiuse la porta del bar a chiave. La sera era mite, anche se la primavera ancora lontana. Arrivato nel piazzale diede un'occhiata alle auto. C'erano la Volvo di Luciana, la Panda di Elisabetta, due BMW nere, evidentemente qualche cliente, una Mercedes bianca, era quella della principessina, e la macchina di Gabriele, il maestro di tennis, l'auto dei suoi sogni, la Land Rover Defender. Che poi Gabriele abitava in città, che se ne faceva di quel fuoristrada? Ettore ci sbavava dietro da mesi. Nera, lucida, il convogliatore d'aria rialzato, il portapacchi expedition, la scaletta estraibile per l'accesso al tetto, cerchioni tyrex beadlock, un capolavoro. Come faceva un maestro di tennis a permettersi un'auto simile? La rimirò per qualche minuto prima di salire sulla sua Ford Focus sporca di fango, perché lui abitava in campagna, a lui poteva servire una 4x4 simile, col gancio di traino per il carrello. Fece retromarcia per uscire dal parcheggio. Erano le sette di sera, l'ora in cui cominciava il suo programma preferito su Radio Capital. All'improvviso davanti ai fari si parò la figura bianca accecante di una donna sul metro e sessanta che lo salutò. La principessina. Che poi Ettore non aveva mai capito se principessa lo era per davvero o Gabriele la chiamava così perché era talmente pigra che non raccattava neanche le palline. «Buonasera» le augurò dal finestrino. «Ciao, Ettore.»

«Finita la lezione?» La donna caricò la sacca sulla Mercedes bianca. «Sì... uff, stanchissima.»

«È stato severo Gabriele?»

«Come sempre. Tu? Hai avuto una buona giornata?»

«Finché non arriva l'estate gli affari vanno così così...»

«Vero, non è che a tutti viene voglia di giocare a tennis. Ad aprile organizziamo qui il mio compleanno, mi aiuti?»

«Certo. Lei mi dice come lo vuol fare, cosa vuol consumare, preventivo e via! Avrà tutta roba di ottima qualità.»

La principessina sorrise felice. «Bene, che gioia! Sai, quarant'anni si fanno una volta sola!» A Ettore venne voglia di farsela sul cofano della Mercedes bianca. «Buona serata.»

«A lei.» Uscì dal parcheggio a passo d'uomo, le luci della spa erano ancora accese, si immise sulla stradina sterrata per raggiungere via dei Colli e tirò dritto fino a casa in compagnia del dibattito radiofonico commentando ad alta voce, neanche fosse in studio coi conduttori, tutte le notizie del giorno.

Sempre martedì 10 luglio

Facciamo una pausa, una sospensione di mezz'ora per bisogni vari. Salvo Parodi fuma una sigaretta nel cortile, io faccio quattro chiacchiere con la giornalista della televisione; scopro che si chiama Giulia e ha trentanove anni, due figli, un divorzio e nessun alimento dal marito. Prima lavorava in RAI, poi è passata a un'agenzia stampa e ora sta su una regionale, è abbastanza seguita. È la più eccitata dal processo, sembra che stia assistendo a una finale dei Mondiali. Conosce Elena Barilli e la detesta. «Se la tira che non la smette più. È un'incapace.» Liquida così la mia capa. «Ti sbagli. Sa il fatto suo» le rispondo. «Devi pensare che l'ambiente certo non l'aiuta.»

«L'ambiente chi dovrebbe aiutare, scusa?» mi chiede. Ora ha gli occhi aggressivi. «E basta con queste menate dello svantaggio femminile, e te lo dice una che c'è passata e continua a passarci. Elena mira in alto, Andrea, e se miri in alto certe forche caudine le devi affrontare.»

«Walter» le dico.

«Come?»

«Io mi chiamo Walter. E secondo me pure se miri in alto non significa niente.»

«Devo andare» dice fredda e sbrigativa. Si volta e torna dal suo cameraman. Devo averle toccato un nervo scoperto.

Quando mi parlavano dei processi penali immaginavo una scena come quelle che si vedono in televisione, è ovvio. Dibattimenti all'arma bianca, colpi di scena, l'assassino sprezzante e spietato. Invece tutto è uno spettacolo senza energia, portato avanti da un gruppo di attori stanchi e senza verve. Neanche Cappai, che è quello che qui rischia più di tutti, sembra interessato. Se ne sta seduto, non guarda i testimoni, il suo avvocato, il piemme quando lo chiama in causa, non guarda il presidente o la giuria, il cancelliere, il giudice a latere, nessuno. Una statua. Cosa potrei leggere in quell'atteggiamento? Pentimento? Noia? Sottomissione? Riflessione? Freddezza? Ecco sì, freddezza. Penso sia il risultato di una disillusione. Frustrazione che gli impedisce di vivere la realtà. Forse è così. Sarebbe retorico accennare nell'articolo all'inutilità della vendetta, ora che Sesti è morto e la vita di Carlo Cappai è vuota? Sempre sia lui il colpevole.

Venerdì 13 luglio

Venerdì pomeriggio, niente dibattimento fino a lunedì. Ho scritto un articolo, stamattina, sulle imprese dell'avvocato Ernesto Malaguti, sta facendo la parte del leone al processo, ma ha beccato una batosta dal piemme che gli ha fatto scoprire le carte e poi ha tirato fuori l'asso dalla manica crocifiggendolo. Elena mi ha chiesto se faccio il tifo per l'imputato. «Cerco di mantenermi il più imparziale possibile» le ho risposto, «ma non le nascondo che i tipi come Luigi Sesti non godono della mia simpatia.»

«Quindi vanno eliminati?»

«Mai detto questo! Rispondevo solo a una sua domanda. Sarò più preciso. No, non faccio il tifo per Cappai, se è lui l'assassino è giusto che paghi.»

«Se?»

«Nutro dubbi.»

«Faccia una cosa, Andretti. Un bell'articolo sull'imputato. Scavi un po' nella sua vita, chi è, chi frequentava, che ne dice?» Non ha chiesto un'opinione, è un ordine.

«Mi ha letto nel pensiero.»

È vero, ci giravo intorno già da un po'. Scoprire qualcosa di intimo su Cappai potrebbe aiutare. Cosa so di lui? Che vive solo, non si è mai sposato, lavora all'archivio del tribunale, abita nella casa dei genitori morti da un pezzo, una sua amica quarant'anni fa è stata uccisa da Sesti, così lui ha testimoniato, ha studiato Giurisprudenza, ha tentato, senza riuscire, di passare l'esame di magistratura come suo padre, il giudice Cappai; ha fatto il poliziotto per due anni, poi è entrato a lavorare all'archivio. Ah, non è andato ai funerali dei suoi genitori. E non sono d'accordo con la teoria dello psichiatra, i problemi con il distacco e altre stronzate. Secondo me li odiava e basta. Ci deve essere stato qualcosa fra lui e il padre, ex giudice. Il tentativo di Cappai di entrare in magistratura, fallire e ripiegare arruolandosi come agente di polizia sembra una ritorsione verso il genitore. La solita ripicca dei figli, che somiglia tanto alla storiella del marito che si taglia l'uccello per far dispetto alla moglie.

Sono due ore che studio la fotografia dell'archivista. Mi sono fissato a guardare gli occhi. Sono occhi di un uomo mite e tranquillo senza lati oscuri nascosti. Ma non significa niente. Forse questo ritratto fatto di corsa da un fotografo in un'aula giudiziaria non ha colto l'anima di Cappai. È poco più di una fototessera. Questo tizio ha covato un odio per quarant'anni, l'ha nutrito, coccolato e allevato come un cucciolo di cane. Ha una stanza chiusa a chiave, come è stata segreta tutta la sua vita, difficile che un fotografo scoglionato di un giornale riesca a cogliere il vero sguardo di un uomo che ha avuto quarant'anni per camuffarlo e mimetizzarlo.

Mi apre una donna sui cinquanta. Si chiama Ida e fa le pulizie a casa di Cappai. È gentile, mi permette di dare un'occhiata in giro. «Tranne lo studio... quello è sequestrato» mi sussurra. La casa è vecchia, vecchi i mobili, le tende e i lampadari. I pavimenti risalgono all'epoca della costruzione, secondo me, roba di inizi Novecento. È un bell'appartamento, grande. E tetro. Mi fa una certa impressione sapere che qui abitava un assassino. Lo studio posso guardarlo solo da fuori. Ida mi osserva. Impugna un mocio Vileda, i guanti di gomma, il secchio ai suoi piedi. «Ci passava le ore lì dentro» e indica la porta chiusa, «chissà a fare cosa. Sapesse quante volte gli ho chiesto: dottore, posso pulire? Macché, chiudeva a chiave e se la portava via. Un mistero. È un tipo strano, proprio così. Pensi, da quando sono morti non è mai entrato nella stanza dei genitori. La vuole vedere?» Ci vado, dal momento che Ida si offre. «Sa, non fanno altro che chiedermi del signor Carlo. Tutti. La vicina, al negozio. Io non avrei mai creduto che... lasciamo perdere.»

«Com'è che continua a venire?»

«Me l'ha chiesto lui. Dal carcere. Lei è stato fortunato a trovarmi, vengo un giorno sì e tre no. Lei cosa ne pensa? È colpevole?»

«Signora Ida, non lo so.»

«Io dico di no.» Apre la porta. C'è un enorme letto matrimoniale con la spalliera, legno antico con un dipinto, fiori e foglie. Mi aspettavo aria di chiuso, invece c'è un profumo di lavanda o rose. Sul letto una trapunta scozzese di lana. Ci sono delle fotografie incorniciate. Questo signore deve essere il giudice, Bruno Cappai. Ha un aspetto dimesso, occhiali neri a fondo di bottiglia, capelli pettinati all'indietro, pare un vecchio deputato della Democrazia cristiana. Accanto la moglie, sicuramente. La foto è degli anni Cinquanta, e qui la signora ha poco più di trent'anni, anche se all'epoca le persone sembravano molto più vecchie. Un viso anonimo, chiari i ritocchi del fotografo, pare ci sia un velo sulla pelle e un alone luminoso intorno ai capelli da conferire quasi la santità. Non c'è una fotografia di Carlo, neanche da piccolo. Sempre e solo la coppia. Il giorno del matrimonio, il giorno della laurea del giudice, sta lì, giovane con tutti i capelli neri e una corona di alloro intorno alla testa. Forse dovrei dire lauro, in questo caso. O il lauro è dei poeti? Somiglia al figlio. Lo stesso naso, piccolo, stesso mento e stessa attaccatura dei capelli. C'è un grande armadio moderno che stona col resto dei mobili intarsiati. Lo apro. I vestiti sono tutti imbustati e una ventata di naftalina mi invade le narici. Il figlio non li ha neanche buttati. Che gli facesse schifo la sola idea di toccarli?

Torno in corridoio, voglio vedere la camera da letto di Carlo. Sbaglio porta, questo è il bagno, devono averlo ristrutturato negli anni Settanta a giudicare dalle maioliche. Ecco lo studio chiuso a chiave; devo essere sincero, mette una certa ansia che non vorrei manifestare a Ida, anzi, devo apparire un visitatore disincantato e disinteressato per fare in modo che lei non mi controlli e mi lasci girovagare libero per casa. La stanza di Carlo è una cella. Non per la grandezza, per l'arredo quasi monastico. C'è un letto singolo, dettaglio inquietante, e un piccolo armadio a un'anta. Una scrivania piena di carte. Ne guardo qualcuna. Sono avvisi della banca, una bolletta, degli appunti indecifrabili. Sulla parete opposta c'è la libreria. Non è un grande lettore. Pochi romanzi, la selezione narrativa di classici del "Reader's Digest", i tomi universitari, le riduzioni per l'infanzia di *Zanna Bianca*, *Robinson Crusoe*, e i Quindici. Se mi avvicino alle pareti noto un sacco di buchini che perforano la carta da parati. Segno di chiodi e puntine da disegno, Carlo aveva appeso parecchi manifesti in camera sua da ragazzo. C'è una porta accanto alla scrivania. Pensavo a un bagno privato, invece è uno sgabuzzino. In alto i giochi in scatola della Clementoni, un mangiadischi, vecchi 45 giri, *Casatschok* di Dori Ghezzi girava anche per casa mia e pure questo, *La tramontana* di Antoine, erano di mio padre, credo. I Mungo Jerry, chi erano costoro? In basso ci sono delle ceste piene di libri. Tutt'altra storia rispetto alla libreriola in camera da letto. C'è Sartre, Brecht, Toller, Marcuse, addirittura *La situazione della classe operaia in Inghilterra* e *Antidühring* di Engels, *Il popolo dell'abisso* di London, i *Quaderni* di Gramsci. Tutte edizioni degli anni Settanta. Carlo Cappai era uno studente impegnato. Apro *Il popolo dell'abisso*. C'è una dedica. "A Carlo, perché siamo nel giusto. Giada. Ottobre 1975." Giada, la tua amica, quella che è stata uccisa durante una manifestazione. Da Sesti, dici tu. A quindici anni Carlo leggeva questa roba. Se penso alla mia adolescenza mi viene da piangere, Matheson mi sembrava già una lettura impegnativa. Perché li tieni nascosti qui dentro? Trovo anche una sua foto ai tempi del liceo. Ha i capelli lunghi e ride con una sigaretta in bocca. In questo viso non c'è niente del Cappai che ho visto in aula.

Il salone ha un televisore col tubo catodico e sotto, impolverato, c'è un lettore per i vhs. Un po' di film accanto, chissà se si vedono ancora o ormai si sono smagnetizzati. Il camino glielo invidio. Ne avrei sempre voluto uno in casa. E lo usa, c'è un mucchietto di cenere dentro. Nessuna traccia di legna, l'ha finita ma non l'ha ricomprata. L'hanno portato dentro a marzo... vedo brandelli di carta incastrati in un mattone. Sembrano resti di pagine dattiloscritte, fotocopie.

Si legge un nome...

Mi viene un brivido di freddo, anche se fuori la temperatura sfiora i trenta gradi.

Con chi ne parlo? Rossella non risponde ai miei messaggi. La cosa mi lascia del tutto indifferente. Con Giulia del canale televisivo neanche per idea, tantomeno con Parodi. Elena? Voglio tenerla all'oscuro dell'informazione. Se è una pista quella che ho trovato fra le ceneri del camino, devo metterla al sicuro, nascosta. Tre pezzi di carta bruciacchiati. Lunedì prima dell'inizio del dibattimento farò un salto all'archivio. Solo che ci vorranno ore. Ugo e Grazia questo weekend vanno a Venezia e io non ho voglia di vedere nessuno. Non riesco a togliermi questo chiodo dalla testa.

Ho dimenticato l'indirizzo della sorella del Martellini. Poi vedo una quercia che ho notato la prima volta, enorme, chissà quanti anni ha. Ho preso la prima a destra e si è accesa la memoria. La macchina di Luisa è parcheggiata di fuori, buone possibilità che sia a casa. «Come sta?» mi chiede facendomi entrare.

«Benone, lei?»

«A parte essere fermata dalla polizia per sospetto di omicidio? Bene, grazie. Mi mancava questo nella vita, lo sa? Però col diario di mamma sapevo di correre il rischio. A proposito, grazie per averlo pubblicato.»

«Grazie lo dico io a lei. Non sa quanto è salita la stima nei miei confronti alla direzione del giornale. Era lei a rischiare di più.»

«La prego, si segga. Le posso offrire qualcosa?»

«Un altro bello scoop?»

Ride. «Purtroppo non la posso accontentare.»

«No, ho bisogno di un'informazione. Lei conosce o ha mai sentito parlare di Carlo Cappai?»

Luisa guarda di lato, sta scavando nella memoria. Si ripete il nome a mezza voce, come volesse scoprire che sapore ha. «Carlo Cappai... no, mi dice qualcosa ma non credo di conoscerlo.»

«Forse segue il processo per l'omicidio Sesti. È lui l'accusato.»

Una luce si accende nelle pupille. «Ecco, come no! Certo.» Poi aggrotta le sopracciglia. «Dovrei conoscerlo?»

«Forse sì.» Mi metto la mano in tasca. «Vede, sono stato a casa sua. C'è un camino. Era tutto pulito, poi però incastrati in un mattone ho scoperto questi brandelli...» Le passo il primo pezzettino bruciacchiato. Lo legge. Pochi mozziconi di parole. Le passo il secondo, ancora più piccolo. Legge anche quello. C'è un numero, qualche altra parola, difficile trovare il senso. Poi le do il terzo, quello interessante. Luisa mi guarda, sembra spaventata. «Che... che vuol dire?»

«Vorrei scoprirlo anche io.» Luisa si rigira il frammento tra le mani. «Perché ha bruciato delle carte dove appare il nome di mio fratello?»

«Primo. Secondo, osservi bene il foglio. Lo vede? È a righe...»

«Sì, sembra uno di quelli che si usavano a scuola per fare i compiti in classe.»

«Non lo è. E come vede non è originale.»

«No, è vero.» Avvicina gli occhi. «Cos'è... una fotocopia?»

«Esatto. Ma una fotocopia di cosa?»

«Non lo so.»

«Io credo di sì. È sicura di non conoscere Carlo Cappai?»

«Mano sul cuore, dottor Andretti.»

«Ha tutta l'aria di essere la fotocopia di un documento del tribunale. In particolare di una sentenza. Lunedì cerco di capirci qualcosa.»

Luisa mi restituisce il foglio. «Se è come dice lei, perché quest'uomo dovrebbe tenere in casa un documento d'archivio, e in più bruciarlo?»

«Come l'abbia ottenuto è chiaro, lui all'archivio ci lavora. Ma perché fotocopiarlo? Perché portarlo a casa per poi bruciarlo?»

Ci guardiamo per qualche secondo. I nostri pensieri stanno camminando sulla stessa strada, ne sono certo. «Non lo conosco, glielo giuro» mi dice, e io le credo.

«Mi darebbe allora un aiuto?»

«Se posso.»

«Lunedì ho poco tempo per le ricerche nell'archivio, ho il processo in corso e lo devo seguire per il giornale. Potrebbe farlo lei?»

«Cosa devo cercare?»

«Una goccia nell'oceano.»

«Può essere più specifico?»

«Nelle carte, nella sentenza del processo a suo fratello, i fogli dai quali provengono queste copie. Avere cioè la prova che si tratti proprio di quei documenti.»

«Ho capito. Sì, ci provo. Ci vorrà tantissimo ma non sono molto impegnata. A parte la causa contro la moglie di mio fratello, per il resto ho tempo e mente sgombra. Solo se lei mi dice per quale motivo è venuto da me.»

«È la persona più interessata alla faccenda che io conosca.»

Credo che l'avvocato Malaguti stia facendo un ottimo lavoro. Lo dico io, lo dicono i miei colleghi, ma lo sta facendo a metà. Perché pure se sta seminando dubbi in una storia che pareva risolta ancor prima di partire, non sta fornendo un'alternativa valida. Chi ha commesso quell'omicidio se non Cappai? A lui interessa poco, gli basta tirare fuori il suo cliente di galera e il suo l'ha fatto. «Lavora con le parole, è bravo» afferma Wikipedia. «Le parole sono tutto. Per chi scrive, per un avvocato. Ti faccio un esempio.» Wikipedia doveva fare il maestro alle elementari, secondo me, non il giornalista. «Si fece una prova ai tempi del Vietnam, chiesero ai lettori di un giornale: "Secondo lei è giusto mandare i nostri soldati in Vietnam?". Rispose sì quasi il novanta per cento dei lettori. Ripeterono la domanda mesi dopo. "Secondo lei è giusto mandare i nostri ragazzi in Vietnam?", stavolta i sì diminuirono e di parecchio. La posero per la terza volta: "Secondo lei, è giusto mandare i nostri figli in Vietnam?", e ci si ritrovò con le percentuali della prima domanda ribaltate. Non era la domanda a essere cambiata, era la percezione delle parole e del problema. Malaguti lavora solo su quello.»

A proposito di parole, l'altra sera, al bar, cos'è che dicevo con Grazia e Rossella? Qual era la frase che mi dovevo appuntare e che mi aveva acceso una lampadina d'allarme? Possibile che non la ricordi? Questo fine settimana scorre con lentezza, pigro e silenzioso, un grosso fiume placido e sporco che non ha nessuna fretta di gettarsi in mare. Potrei impegnare il tempo con qualcosa di più costruttivo. Vestirmi, per esempio, prendere l'auto, andare alle Tre Torri e guardare con i miei occhi.

Domenica 15 luglio

Non c'ero mai stato, nei miei trascorsi giornalistici sportivi, in questo club, non fanno tornei nazionali o regionali, è un posto esclusivo, chissà quanto costa la retta. Quando Ettore in tribunale ha descritto il bar pensavo fosse un locale rabberciato coi frigoriferi dei gelati in bella vista e le luci al neon. Ho la sensazione invece di entrare in un negozio di arredamento. Ci sono divani di pelle chiara, boiserie di legno scuro alle pareti con quadri antichi, una libreria con tomi rilegati in oro, il camino tondo al centro della stanza che sembra un acino d'uva attaccato col peduncolo al soffitto di legno. Acceso, d'inverno, deve essere uno spettacolo. Mi ricorda la club house dei circoli di golf o di equitazione di serie A. A terra c'è una pietra grigia da chalet di montagna e tappeti persiani. Tutte le vetrate danno sui campi da gioco, quelle del bancone in rame e ferro invece sulla spa. C'è qualche giocatore che beve e chiacchiera ai tavoli fuori, dentro l'aria condizionata brucia la pelle. Guardo i campi. Ne scorgo tre in cemento, due in terra battuta e uno addirittura in erba. Chissà se è sintetica. Seguo le indicazioni in legno dipinto che mi portano all'ingresso della spa. La hall è tale e quale al bar, solo che non c'è il bar. Una ragazza mi sorride da dietro il tavolone di tek. «Dica.»

«Prima di decidermi a iscrivermi, vorrei solo dare un'occhiata» le rispondo. Diventa seria e fa una smorfia. «Sì... l'avverto subito, però, può vedere la piscina e la vasca dell'idromassaggio ma non può accedere al percorso salute.»

Faccio finta di non sapere. «State ristrutturando?» La domanda l'ha imbarazzata.

«No... c'è stato un incidente, mesi fa, e il tribunale ci vieta di usare l'attrezzatura.»

«Sotto sequestro?»

«In pratica... ma se vuole, prego...» mi dice. Mi allunga due buste di plastica. «Sono le soprascarpe, deve indossarle.» Le metto e passo il tornello. «Vada dritto e ci sono gli spogliatoi, poi scende le scale. A sinistra la piscina e a destra il percorso benessere che però...»

«... non si può visitare, sì ho capito. Basterà per farmi un'idea.»

Supero le porte degli spogliatoi e scendo le scale. Alla mia sinistra la piscina. C'è un uomo che nuota pigro a rana, soffia l'aria dal naso come un balenottero. La cuffia rossa gli è risalita sulla nuca e mette in mostra un paio di orecchie enormi. Alzo la mano per salutarlo, neanche se ne accorge. È una vasca molto bella, su un lato ci sono due cascate che dovrebbero massaggiare il collo. In fondo una vetrata dietro la quale si vede il giardino. Secondo la ricostruzione di Ossola, Cappai è passato da lì per entrare nella spa. Ha nuotato fin dove sono io e poi è andato al percorso salute. Lo stesso faccio io, vado verso il percorso salute. Incrocio la vasca idromassaggio. Dove Anselmi s'è fatto il bagno dopo la partita. Diciamo che allora, se ha ragione Ossola, quando Cappai è passato di qui Anselmi era già andato via. Questo ci fa capire che l'omicidio è avvenuto dopo le 21, l'ora in cui Antonino Anselmi ha lasciato la spa. A terra c'è una piccola vasca quadrata, profonda sì e no quindici centimetri, piena d'acqua, lo sciacqua-piedi, come l'ha chiamata il capitano. La supero con un saltino e arrivo nel percorso benessere. C'è un nastro che mi obbliga ad arrestarmi. Mi guardo intorno. Non c'è nessuno. Sento sciacquettare il balenottero dalla piscina, quindi il tizio è ancora in acqua. Telecamere non ce ne sono. Passo sotto il nastro di plastica bianco e rosso. Incontro le docce. Calda, fredda, coi colori, si chiama cromoterapia, secondo me non serve a niente. Poi c'è la sauna svedese. Tutta di legno, accogliente e pulita. Ecco il bagno turco. La porta è ancora aperta. Mi affaccio. Lì c'era Luigi Sesti col cranio fracassato. A destra il calidarium, che poi è una stanza più grande della sauna e del bagno turco, con la porta di vetro blu scuro. Mi giro e alle spalle, dietro una porta sempre di vetro blu, c'è l'area relax. Cosa speravo di trovare? Niente. È tutto fermo e freddo, i pavimenti asciutti, sembra un'area abbandonata.

«Allora le è piaciuto?» mi chiede la ragazza mentre getto le soprascarpe di plastica nel cestino.

«Molto bella. Peccato che il percorso benessere non l'abbia potuto visitare.» L'impiegata scatta e mi molla una brochure. «Ecco, qui c'è tutto. Credo che entro un mese ripartirà a pieno ritmo. Per poterla utilizzare basta essere soci gold.»

«Gold...»

«Sì, piena tariffa, per intenderci. Questo dà diritto ai campi due ore al giorno e può portare chiunque lei voglia, ospite del club, a giocare o alla spa, che come socio gold può usare sempre a titolo gratuito, e poi ha diritto a un breakfast special energy al giorno. Altrimenti può optare per il silver, che non dà diritto alla spa né al breakfast ma libertà totale sui campi da tennis e tre ospiti al mese. Infine il bronze, con cui può giocare in terra battuta e cemento tre volte a settimana, non sul campo d'erba, e non ha diritto agli ospiti.» Guardo i prezzi. Allucinanti. Il socio bronze, cioè lo sfigato del circolo, sborsa trecentocinquanta euro al mese per palleggiare a giorni alterni tranne il weekend, altrimenti gli tocca una tassa di altri cento euro. «Bene, grazie.» Mi metto in tasca la brochure. «Io sono amico dell'avvocato Anselmi.»

«È un socio gold» mi dice compiaciuta.

«Anche Luigi Sesti?» Alla domanda il suo viso diventa cera, gli occhi si spengono. «Sesti no, non era socio, era un ospite.» Poi il suo sguardo si carica di odio. «Quindi lei sa...»

«Li leggo i giornali» le rispondo. «Certo non è stata una buona pubblicità per voi.»

«No, direi di no.»

«Posso avere la lista dei maestri di tennis?»

«Quelli li deve chiedere in direzione.» Ha perso interesse e il suo sguardo è tornato sul monitor del computer, finge un'attività urgente, credo che stia giocando a *Candy Crush*.

Seguo ancora i cartelli e raggiungo la direzione, un piccolo chalet non lontano dal parcheggio. Sembra uscito da un romanzo inglese dell'Ottocento, sulle pareti una carta da parati piena di pavoni e motivi floreali. Dietro il desk della reception, anche quello in legno chiaro, un'altra ragazza, indossa occhiali da vista con la montatura nera, le lenti non nascondono i bellissimi occhi chiari. «Buongiorno.»

«Buongiorno. In cosa posso esserle utile?» Fredda come un rasoio.

«Sto pensando di iscrivermi. Potrei avere la lista dei maestri di tennis?»

Si gira, prende un foglio e me lo porge. Ha le unghie lunghe dipinte di tanti colori. Mi sono sempre chiesto come facciano le ragazze con le unghie così a digitare sulla tastiera senza spezzarsele. Sul foglio solo quattro nomi. «Sono tutti?» le chiedo.

«Non siamo il Roland Garros» mi risponde stizzita.

«Questo lo avevo notato. Anche se con i prezzi vi siete allineati.»

«Ha bisogno d'altro?» taglia corto.

Lunedì 16 luglio

Spartaco Stucchi non ha trent'anni. È alto e magro come un'acciuga, le guance quasi risucchiate e gli occhi enormi e neri. La carnagione è scura, i capelli ricci, se lo incontrassi per strada potrei tranquillamente scambiarlo per un magrebino. Quando parla si vedono i denti, li ha bianchissimi e perfetti. Mi ricorda qualcuno, forse un attore.

«Consapevole della responsabilità morale e giuridica che assumo con la mia deposizione, mi impegno a dire tutta la verità e a non nascondere nulla di quanto è a mia conoscenza» dice con un filo di voce. Ha paura, è normale, l'avrei anch'io se mi chiamassero a deporre a neanche trent'anni.

«Signor Stucchi, vuole dire a questo tribunale di cosa si occupa?»

«Della spa. Controllo il cloro della piscina, i macchinari, l'acqua, le temperature delle saune e del bagno turco.»

«Anche delle pulizie?» gli chiede Invernizzi.

«No. Le pulizie le fa una cooperativa ogni mattina prima dell'apertura.»

«A che ora è arrivato al circolo?»

«Alle quattro e mezza.»

«Come fa a essere così preciso?»

«Ho salutato Silvana... Silvana l'insegnante di tennis.»

«Silvana Capotosti, lavora come insegnante, sentiremo anche lei» precisa il pubblico ministero. «E a che ora è andato via il giorno dell'omicidio Sesti?»

«Ho dovuto rileggere quello che ho detto all'epoca, non è che mi ricordi così bene, ecco. Per me quello era un giorno come un altro.» Suda, si asciuga la fronte con la mano nuda. «Potrei avere un goccio d'acqua?»

Venerdì 9 marzo, ore 17.05
Giorno dell'omicidio

Spartaco posò la cassetta degli attrezzi nel ripostiglio e cominciò il suo giro di controllo. In acqua c'erano due clienti, i coniugi Valtorta, quelli del negozio d'abbigliamento in centro. Li salutò con un «Buonasera» cordiale al quale rispose solo la moglie, il signor Valtorta per entrare in acqua s'era tolto l'apparecchio acustico. La piscina era in ordine, allora Spartaco andò verso le saune. L'idromassaggio spento e deserto. Controllò il funzionamento del motore, poi si affacciò nella sauna. Vuota. Girato sullo zero il manometro della temperatura, i Valtorta non l'avrebbero di certo usata, detestavano sauna e affini, si avvicinò al bagno turco trovando la porta chiusa, segno della presenza di un cliente. Bussò piano al vetro. In mezzo al fumo e alla nebbia scorse Mirko Bianchedi, l'insegnante di tennis. «Ciao, Spartaco... come va?» gli gridò l'istruttore. «Benone... te la godi... ti lascio.»

Mirko alzò il pollice. Mancava il calidarium, aprì la porta, era vuoto, l'aria all'interno addirittura fredda. Nella sala relax tutto in ordine, raccattò solo un asciugamano appallottolato e tornò verso gli spogliatoi. La signora Valtorta, con l'accappatoio bianco e una curiosa cuffia con le margherite, lo fermò. «Spartaco! Posso?»

«Certo, signora.»

«Mia figlia mi ha consigliato i fanghi per il mio ginocchio destro.»

«Ci credo...»

«Qui ci sono?»

«No, signora Valtorta, i fanghi non ancora. Appena tornano, riapriamo il calidarium... in effetti ha ragione sua figlia, sono una mano santa.»

«E senza i fanghi quella roba latina che ha detto non serve a niente?»

«A niente... è poco più di una sauna freddina, poi ora è anche spenta.»

«Grazie» e sorridente la signora se ne andò verso gli spogliatoi femminili.

Gettato l'asciugamano nel cesto della biancheria, Spartaco entrò nella hall. Elisabetta era davanti al computer. «Eli, io vado... stasera chiudi tutto.»

«A che ora vieni domattina?»

«Al solito, sei e mezza...»

Elisabetta lo guardò delusa. «Non ci vediamo?»

«Sono a pezzi, Eli... mamma non sta bene, ora mi tocca il turno a casa, mio fratello stasera non può.»

Elisabetta fece una smorfia. «Scusami, mi dici la verità? Ti va di vedermi?»

«Sì, certo.»

«No, perché hai sempre una scusa.»

«Eli, ma quale scusa? Mia madre è sola a casa, ha bisogno di una persona fissa che l'aiuti. Mio fratello oggi è stato lì tutto il giorno.»

«E tua sorella?»

«Domani.»

«Allora domani sera ci vediamo?»

«Domani sera andiamo a cena fuori.»

Elisabetta si protese verso di lui, i seni oltre il bancone, a Spartaco s'era bloccata la saliva nella gola. «Perché non me lo dici un'altra volta?» gli sussurrò.

«Cosa?»

«Quello che mi hai scritto stamattina sul cellulare.» Le labbra della ragazza erano umide, le mordeva con gli incisivi.

«Che ti ho sognata?»

«E che facevamo?» gli soffiò nell'orecchio. Spartaco sentì un brivido lungo tutto il corpo.

«L'amore su una spiaggia rosa.»

«Ero nuda?»

«Eri nuda. E anche io.»

Un bacio lungo e profondo, poi gli passò la lingua dappertutto e gli morse le labbra. «Eli... Eli, per favore... io così... a casa... non posso...»

«Vieni...» gli disse con un fiato e afferratolo per il polso lo guidò lungo il bancone, sollevò lo sportellino divisorio e lo fece passare, poi di corsa, come per un'urgenza sanitaria, si chiusero nel bagno del personale.

Sempre lunedì 16 luglio

«Lei quindi è andato via alle...?»

«Mi pare fossero le cinque e mezza, le sei» risponde Sparta-co. È nervoso.

«Mi scusi» Invernizzi ha qualcosa da ridire. «Non mi è chiaro. Alle 17.30 o alle 18?»

«Non ricordo, mi creda, dottore... io stacco alle cinque e mez-za di solito, quindi credo fosse più o meno quell'ora. Ripeto, non ho guardato l'orologio, per me era un giorno come un altro.»

«Poi è andato a casa?»

«No, da mia madre. Ma non ricordo a che ora sono arrivato lì, anche perché prima sono passato in farmacia a prendere alcu-ne medicine di cui aveva bisogno.»

Invernizzi sembra soddisfatto. Molla il testimone a Malaguti che non ha nessuna domanda da fare.

Tocca ai coniugi Valtorta. Il marito ci sente poco, ha un piccolo apparecchio all'orecchio destro e se lo tocca in continuazione, sembra un conferenziere che attende la traduzione. «Ho fatto il bagno, sì, faccio bicicletta in acqua insieme a mia moglie. A set-tantacinque anni ci fa bene alle articolazioni.»

«Si ricorda se oltre a sua moglie c'era qualcun altro?» Invernizzi lo sta interrogando per dovere d'ufficio, non s'aspetta niente da Giuseppe Valtorta. «Eh?» si aggiusta l'auricolare.

«Le ho chiesto se insieme a sua moglie c'era qualcun altro.»

«Spartaco, il ragazzo che lavora alla spa, che ci ha salutato. Io dopo sono andato negli spogliatoi e ho aspettato mia moglie per andare via.»

«C'erano altre persone?»

«In piscina no. Nello spogliatoio non mi pare, non ci ho fatto caso.»

«Signora Valtorta, lei ricorda la presenza di qualcuno in piscina oltre a suo marito e a Spartaco Stucchi?»

Alza gli occhi al cielo. È concentrata. È passata dal parrucchiere, porta una chioma rosso rame folta e ha un bel viso lentigginoso. Elegante, si sistema continuamente la giacchetta di lino. Ha un bel collo, senza rughe, e gli occhi profondi. «No, non ricordo... mi pare di no.»

«Non è stata nella spa, diciamo nel bagno turco?»

«Volevo andare, per i fanghi, mia figlia me li ha consigliati, ma Spartaco mi ha detto che il coso... quello col nome latino...» alza gli occhi al cielo «calidarium, ecco!, era freddo perché senza i fanghi, appunto, è inservibile.»

«Nello spogliatoio era sola?»

«Mi pare di sì, dottore. Sì, ero sola.»

Gabriele Forte è il tipo di maschio alfa che al liceo odiavo con tutto me stesso. E amavo con tutto me stesso. Abbronzato, capelli biondastri e lisci col ciuffo sempre pettinato che gli cade sulla fronte, gli occhi chiari, il fisico atletico, quelli che non studiavano ma che sorridendo la sufficienza la strappavano. Gabriele Forte e quelli come lui sapevano sempre dov'era la festa, e anzi il sabato potevano scegliere a quale andare, e se non si affacciavano veniva notato, soprattutto dalle ragazze. Gabriele Forte e quelli come lui avevano il diario vuoto di compiti ma pieno di messaggi d'amore firmati, e se portavano scarpe sporche e slabbrate erano tutti lì a copiarli; possedevano il motorino giusto e, pure se vecchiotto e macilento, tutti desideravano quel modello con quel parabrezza. Gabriele Forte e quelli come lui avevano le trombamiche, ne cambiavano due a settimana, ragazze che io e quelli come me potevamo solo desiderare nella solitudine del gabinetto. Gabriele Forte e quelli come lui se non avevano fatto i compiti te li chiedevano sorridendo, e tu glieli davi perché dire di no a Gabriele Forte e a quelli come lui non era fattibile, era già un punto a tuo favore se ti avevano rivolto la parola. Gabriele Forte e quelli come lui vincevano a tennis, a calcio, a pallamano, a palla prigioniera, a nascondino e asso pigliatutto. Gabriele Forte e quelli come lui a diciotto anni avevano già la macchina. Gabriele Forte e quelli come lui ti volevano bene, come si vuole bene a una formica o una cicala, non rappresentavi un pericolo nella loro esistenza, eri poco più di un insetto e, da magnanimi quali erano, ti volevano bene. Nessuno dei maschi era mai andato a casa di Gabriele Forte e quelli come lui, nessuno sapeva dove abitassero. Gabriele Forte e quelli come lui erano amici solo di Gabriele Forte e quelli come lui, e quando li vedevi seduti al bar, o sui muretti o addossati a una parete sembravano un gruppo di modelli appena usciti da una pagina di "Vogue". Non avevano detrattori, Gabriele Forte e quelli come lui, erano immuni all'odio come gli dèi che al massimo puoi non pregare o ignorare fingendoti ateo, ma appena ti ritrovi in trincea li invochi tremando. In pubblico li amavo, Gabriele Forte e quelli come lui, ma nel silenzio della mia stanza li odiavo in maniera selvaggia e disperata.

«Lei, signor Forte, il giorno dell'omicidio ha impartito un'ora di lezione alla signora Caterina Bruni?»

«Esatto, vostro onore.»

Invernizzi si fa una risata. «Signor Forte, non sono vostro onore, qui non siamo in un episodio di *Perry Mason*.»

Gabriele sorride. I denti li ha bianchi come avorio. «Mi scusi, è la prima volta che mi trovo in una situazione simile, i processi li ho visti solo in televisione.» Ridono in aula e pure le giurate popolari. «Si figuri.»

«E chiedo scusa anche al presidente e ai giurati se farò delle gaffe.»

Guarda le donne della giuria popolare e le altre in aula, ci manca poco e si vanno a fare un selfie con Gabriele Forte. Odio Gabriele Forte e quelli come lui.

«Si ricorda che ore fossero?»

«Certo, ogni venerdì dalle 18 alle 19 ho la lezione con la princip... con la signora Bruni.»

Invernizzi accenna a un sorriso. «Perché la chiamate la principessina?»

«Ah» Gabriele si tocca il mento, «perché diciamo che è un po'... viziata, ecco!»

«Bene. E dopo la lezione?»

«Ho fatto la doccia negli spogliatoi del tennis, sono andato a salutare come ogni sera Luciana, ho preso l'auto e sono tornato a casa.»

«Non è stato nella spa o nelle sue vicinanze?»

«No, dottore.»

Invernizzi prende in mano dei fogli. «Si ricorda le auto presenti nel parcheggio?»

«No, non le ricordo. A dire il vero invidio quelli con la memoria fotografica. La mia è un po' carente, dai tempi degli studi.»

«Lei conosceva Luigi Sesti?»

«Nossignore.»

«Era l'unico maestro di tennis a lavorare a quell'ora?»

«Sì, solo io. Ho preferito i turni serali, la mattina ho il sonno pesante e non carburo. I turni dalle 8 alle 14 li fanno i miei tre colleghi.»

«La signora Bruni era già andata via quando lei ha preso l'auto?» Ci pensa un po'. «Credo di sì. Le ripeto, non ho guardato chi fosse ancora al centro.»

«Secondo la testimonianza della signora Luciana De Marinis lei ha lasciato Le Tre Torri alle 19.30, ora in cui è passato in ufficio a salutarla.»

«Se Luciana dice che erano le 19.30 può metterci la mano sul fuoco. Ha una memoria di ferro, lei» e guarda ancora i giurati. Due sono già innamorate. Altre tre domande e gli chiederanno la mano. Si alza Malaguti. «Presidente, posso chiedere al signor Forte in quale campo ha espletato la lezione?»

«Prego» dice il presidente toccandosi il pizzo puntuto. Sembra annoiato.

«Rispondo? Al campo numero 3.»

«Mi ricordi, signor Forte: il campo numero 3 è in cemento?»

«Oh no, è in terra battuta. Una principiante come la signora Bruni sul cemento si spaccherebbe le cartilagini. E poi la palla sarebbe troppo rapida e il rimbalzo esagerato. No, io ai principianti do lezione sempre e soltanto sulla terra rossa. Più lenta, si ha più tempo per calcolare il movimento e il piazzamento del corpo.»

«Non lo sa, ma glielo dico io. Anselmi e Sesti hanno giocato invece sul campo numero 2. Che, se non sbaglio, è in cemento.»

«Esatto, è in cemento.»

«Significa che sono giocatori bravi?»

Alza le spalle quadrate e fa una smorfia. «Non lo so, dottore. Forse, qualche gradino sopra i principianti.»

«Lei è certo che abbiano giocato sul campo 2 e non sul campo numero 6 in erba?»

«Me l'ha detto lei che erano al 2. Io non so neanche chi siano questi due signori. Stavo al 3 perché il 3 e il 4 sono in terra e sono coperti, ottimi per l'inverno. Il campo 6, quello in erba, è dall'altra parte del circolo. Anche il 2 è proprio vicino all'entrata, lontano comunque da dove ero io.»

«Ma avrà visto le luci accese!»

«No, le ripeto, il 3 è al coperto, il cielo non si vede.»

«Quindi lei non esclude che abbiano giocato al 6.»

«Guardi, se vuole la certezza lo chieda a Luciana, lei ha il registro. Era di notte, quindi devono aver acceso i fari, e sicuro sono sul registro.»

«Dove vuole arrivare, avvocato?» chiede il piemme. Ma Malaguti si rimette seduto senza rispondere. Non ho capito cosa sta tentando di fare. A me sono parse domande fuori luogo.

«Se non c'è altro... può andare, signor Forte» lo congeda il presidente. L'istruttore si alza e ringrazia tutti sorridendo. Lascia l'aula accompagnato da qualche sospiro.

«Avvocato» dice il presidente guardando Malaguti, «la prego di fare domande che abbiano senso, il dibattimento è lungo e tempo da perdere non ne abbiamo.»

«Mi scusi, signor presidente, ha perfettamente ragione. Mi scuso anche con il collega.» Invernizzi china leggermente il capo. Malaguti deve aver imboccato una strada senza uscita e se n'è accorto troppo tardi. Deve essere a conoscenza di dettagli che io ignoro.

«Per quanto riguarda il maestro di tennis Riccardo Pizzuti, nei giorni dell'omicidio era ricoverato presso la clinica Rosabella per un polipo alle corde vocali.» Invernizzi passa i documenti al presidente, dunque è inutile convocarlo. «In quei giorni oltre al signor Gabriele Forte erano attivi altri due maestri, Silvana Capotosti in Cacciola e Mirko Bianchedi.»

Non capisco a cosa serva sentire gli altri due maestri di tennis. Il bellone ha dichiarato che fanno i turni precedenti, mi sembra tempo buttato. E lo pensano anche il presidente e l'avvocato Malaguti, che sta controllando qualcosa sul cellulare e neanche alza gli occhi quando Silvana Capotosti prende posto. Una statua. Sarà alta un metro e ottanta, con un fisico così è strano non l'abbia mai vista in un torneo ATP. Bella, che altro si può dire, avrà un quarantacinque anni? Un po' dura di mento, si è vestita per l'occasione, è raro vedere uno sportivo senza tuta e scarpe da ginnastica. Ho sempre notato, nei miei anni di militanza fra le pagine sportive, che è così che si veste chi lavora nello sport: solo tute e scarpe da ginnastica, come gli hooligan del Southampton. Anche l'ultimo degli allenatori di una squadra sfigata di bambini gira in tuta. I grandi sportivi sono abituati a quell'abbigliamento e quando vestono in borghese fanno un po' sorridere. Le tenniste sui tacchi non ci sanno camminare, le sciatrici sembrano degli orsacchiotti, i muscoli non amano i vestiti attillati, preferiscono la morbidezza delle tute e delle magliette. I calciatori invece sembrano agenti immobiliari o becchini, stretti in giacche e camicie aderenti con cosce enormi che stanno per squarciare i pantaloni, mi ricordano i contadini delle foto di mio padre, vestiti a festa, che non sanno gestire la postura e neanche lo sguardo con quell'abbigliamento della domenica. Silvana invece è a suo agio in maglietta bianca, pantaloni blu e stivaletti con il tacco. È magra, un bel paio di spalle e la coda di cavallo. Mi sto distraendo sul fisico di questa amazzone, mentre dovrei stare ad ascoltare. Che poi di anni ne ha cinquanta! Bisognerebbe conservare il suo DNA da qualche parte e studiarlo. «Signora Cacciola, lei insegna tennis presso il club Le Tre Torri?» chiede il piemme.

«Esatto.» Bella voce, chiara e precisa.

«Certo, d'accordo. Si ricorda di quel 9 marzo?»

«Poco, dottore. La mattina ho avuto due lezioni private, poi il primo pomeriggio la scuola tennis... mi scusi, ci tengo a dire che ho dovuto controllare quello che ho detto all'epoca perché a essere onesti io non ricordo con precisione la giornata. Per me fu un giorno come un altro.»

«Va bene, signora, lo immaginiamo. Quando ha finito il corso della scuola?»

«Erano le quattro. Sono andata subito via, quel giorno mio marito si tratteneva al negozio e dovevo correre a prendere un documento dall'amministratore del condominio.» Questo l'ha detto alla giuria popolare, chissà perché, forse cerca complicità. Noto solo ora che nessuno dei testimoni guarda l'imputato, neanche Silvana, come se avessero paura di infettarsi. O forse è solo una mia sensazione.

«Signora Cacciola, lei lavora da molto al circolo?»

«Sì, diversi anni. Dunque...» alza gli occhi al cielo «undici, per essere precisi.»

«Leggo che lei era un'agonista.»

«Come molti insegnanti... sì, facevo tornei, ma campionessa non lo sarei mai diventata. Poi ho avuto un brutto incidente al tendine di Achille. Preferisco insegnare.»

«Si ricorda dove ha fatto lezione ai ragazzi? Intendo su quale campo?»

«Certo, sul 3, quello riparato.»

«Lei ha mai conosciuto la vittima?»

«So chi era, qui in città tutti conoscono la famiglia, ma in particolare Lucio Sesti mai.»

«Luigi. Si chiamava Luigi» la corregge Invernizzi. Lucio Sesti suona come un vecchio console romano.

«Mi scuso. Luigi, sì, non lo conoscevo.»

«E l'avvocato Antonino Anselmi?»

Sorride. «Certo che lo conosco. Non mi ha mai strappato un game!»

Come potrebbe? Anselmi ha la pancia, questa è una valchiria di un metro e ottanta.

«Tornando a casa quella sera ha notato qualcosa di strano nel parcheggio, vicino alla spa?»

«No, dottore, io fino alla spa non arrivo mai. Neanche andai da Ettore... cioè al bar, dovevo correre all'ufficio dell'amministratore.»

«Signora Cacciola» s'è svegliato Malaguti, «lei sa chi utilizza il campo numero 6?»

«Quello in erba? Pochi, ogni tanto ci si allenano gli agonisti del circolo.»

«Nella fattispecie?»

«Ansaldi, Germani, Colajanni... sono tre dei nostri atleti di terza e quarta categoria. E fanno lezione con Bianchedi che è maestro nazionale FIT. Sul campo numero 6, per la velocità e il serve and volley.»

«Lei sa chi ha usato il campo quel giorno?»

«No, dovreste chiederlo a Luciana... alla dottoressa De Marinis.»

«Lo chiedo a lei, signora Cacciola.»

«Non so cosa risponderle, dottore.» Malaguti si risiede.

Mirko Bianchedi ha il pizzo e i capelli lunghi con la coda, ha trentadue anni. Non è venuto in tuta, ma sfoggia giacca e cravatta. Lo trova forse più rispettoso per la corte, solo che sta morendo di caldo. È rosso in viso e ha la fronte imperlata di goccioline. Se lo tengono troppo sotto torchio, cominceranno a vedersi le gore di umidità sotto l'ascella della giacca. «Sì, quel giorno ho allenato Colajanni sul campo numero 6.»

«Posso sapere a che ora?» chiede Malaguti.

Si mette una mano in tasca e tira fuori un'agendina rossa. Sfoglia le pagine. «Ecco qui, dalle tre alle quattro.»

«Alle quattro... ha incontrato la signora Capotosti, la sua collega?»

«No... avrei dovuto?»

«Si limiti a rispondere senza fare domande.» Gli sta antipatico all'avvocato, ha un atteggiamento da primo della classe e qui il primo della classe è solo lui, Malaguti. «Lei conosceva Luigi Sesti?»

«Non di persona, solo di nome, per via della famiglia.»

«Cos'ha fatto dopo la lezione?»

«Vediamo...» riprende il taccuino. «Sì, prima, al bar, ho chiacchierato con Ettore che mi aveva trovato un energizzante americano, l'aveva ordinato su internet, sei bottiglie, mi sono segnato il prezzo. Ottantacinque euro, se interessa.»

«No, questa corte non è interessata al suo energizzante, signor Bianchedi. La prego, si attenga ai fatti» lo redarguisce il presidente. Sta antipatico pure a lui. Bianchedi si morde il labbro inferiore, il sudore comincia a passare il tessuto della giacca, fresco lana o cotone, o quello che è.

«Le ho caricate in macchina» dice, come a scusarsi. Il presidente alza le sopracciglia.

L'avvocato riprende. «Come ci risulta dalla deposizione dello Stucchi Spartaco, lei era nella spa.»

«Sì, certo, ci sono andato.»

«Forse era la prima cosa che doveva dirci, dal momento che qualche ora dopo proprio nella spa è avvenuto l'omicidio, non trova?» La faccia di Malaguti diventa grigia, gli occhi due scintille, tutta la giuria sembra si sia svegliata e anche il piemme.

«Ma se voi non me lo chiedete io che ne so?» Qualcuno della giuria ride.

«Bene... e visto che è così preciso, ci racconta cosa ha fatto?»

«Il bagno turco, mi fa bene alle vie respiratorie.»

«Certo, certo... lei può utilizzare la spa come e quando vuole?»

«Sì, è un plus per noi istruttori.» Ha pronunciato "plas", come gli americani. «Abbiamo un armadietto in comune per la spa, io, Silvana e Pizzuti lo usiamo spesso, Forte quasi mai.» Malaguti si china sui fogli. «A che ora è andato via?»

«Saranno state le cinque e mezza.»

«Lei è uscito dalla spa alle cinque e mezza? Si concentri, perché gli orari sono fondamentali.»

«Sì... perché alle sei e un quarto ero in città, avevo un appuntamento.»

«Con chi?»

«Marta, la mia fidanzata.»

«Chi ha incrociato andando via? I coniugi Valtorta che erano in piscina?»

«No... non li conosco neanche. Sono clienti?»

«Evidentemente. Elisabetta Floris alla reception?»

«Alla reception quando sono passato non c'era nessuno. Infatti ho lasciato le chiavi del mio armadietto sul bancone.»

«Mi scusi, presidente, secondo la testimonianza di Spartaco Stucchi, Elisabetta Floris avrebbe dovuto essere lì nella hall.»

Il presidente guarda le carte. Lo stesso fa Invernizzi. Bianchedi sembra un animale braccato.

«Sembrerebbe di sì. Invece non c'era?»

«No, magari si era allontanata per andare al bagno.»

«Magari...» gli concede Malaguti.

Magari un cazzo. Qui c'è qualcosa che non va. Non mi tornano i conti, e non tornano neanche a Malaguti e a Invernizzi. Sono tutti e due a cercare fra i loro appunti. «Quanto porta di piede?» La domanda dell'avvocato coglie tutti impreparati. «Io? 43» risponde Bianchedi. «Lei nella spa utilizza ciabatte di marca Havaianas?»

«Verdi, sì...»

La sala si sgonfia con un «oh» collettivo. Bianchedi non capisce, sta sudando. «E lei ci sa dire perché non si trovano più? Nell'armadietto che avete in comune voi maestri di tennis non ci sono. Ci sa dire che fine hanno fatto?»

«Io? No... non saprei...» balbetta, va in crisi.

«Le ha buttate? Regalate? Prestate?»

«No... io no... non vado alla spa dal giorno dell'omicidio...»

«A questo punto è di vitale importanza la testimonianza della sua fidanzata, Marta Marzilli.»

«Non... non capisco...» Bianchedi si guarda intorno.

«Mi sembra piuttosto inutile» interviene Invernizzi. «Se, come dice il Bianchedi, è uscito alle cinque e mezza dalla spa ci saranno i filmati che lo proveranno.»

«Vero, ma io vorrei sentire lo stesso Marta Marzilli. Secondo le indagini fatte dai carabinieri della scientifica» prosegue Malaguti in piedi, «e da questo dettaglio, presidente, comprenderà la mia fissazione per il campo numero 6, leggo il documento...» Si poggia le lenti sul naso. «Nello scarico del bagno turco... ossia, per intenderci, il buco dove sgorgano i liquidi verso le fognature... dicevo, nello scarico coperto da una rosetta di metallo c'è un pozzetto per le acque. Nel pozzetto sono stati rinvenuti capelli, ancora al vaglio degli inquirenti, melma nella quale vi saranno tracce di saponi e prodotti per la pulizia, ma quello che ha colpito la mia attenzione è la presenza di erba. Per la precisione due piccoli ciuffi di erba che, secondo le indagini sempre della scientifica, provengono dal campo numero 6. E il bagno turco non è stato lavato. Ricordo che la cooperativa delle pulizie arriva la mattina, ma dalle undici di sera l'intero complesso è stato sequestrato. Quindi è facile pensare che quelle tracce di erba siano state lasciate lo stesso giorno dell'omicidio.»

«Qual è il punto?» dice il presidente con un mezzo sorriso. «Comprovano solo la presenza di qualcuno che ha frequentato quel campo, e che Bianchedi sia stato lì non è un mistero.»

«Vero, però è un tassello, non crede? E lo è anche la misura del piede del Bianchedi e la marca di ciabatte che usa nella spa.»

Bianchedi se la sta facendo sotto. Il piemme invece sorride. «Ora vorrei far presente alla giuria che i vestiti che Mirko Bianchedi usa nella spa sono stati ritrovati nel suo armadietto ma, guarda caso, le infradito Havaianas non ci sono. Lei, Bianchedi, sa per caso che fine abbiano fatto?»

Mirko Bianchedi allarga le braccia. «Me l'ha già chiesto, come faccio a saperlo? Non torno alla spa dal giorno dell'omicidio! Io ero in città alle sei e un quarto!» urla.

«La prego, signor Bianchedi!»

«Dottore, grazie» puntualizza il teste, «sono laureato in Scienze delle attività motorie.»

«La prego, dottor Bianchedi» insiste il presidente.

Malaguti alza la voce ancora di più. «E questa reazione non fa che avvalorare quello che sto cercando di dire.»

«Ma per piacere, Malaguti, rientra in te!» sbotta Invernizzi. E da qui parte uno scazzo notevole fra piemme, avvocato, presidente, giudice a latere, cancelliere. Le voci rimbombano nell'aula, il pubblico è piuttosto divertito da questo fuori programma, Bianchedi un po' meno, rosso in viso si guarda intorno, per la prima volta il presidente grida. «Silenzio!» Baritonale, grintoso, mette tutti a tacere. Non l'avrei mai detto che da un uomo così dimesso e taciturno potesse uscire una tromba del genere. «Sentiremo la signora Marta Marzilli dopodomani e, sono certo, ci toglierà ogni ragionevole dubbio. La corte desidera visionare i filmati della telecamera della hall della spa dalle ore 16 alle ore 19.30.» Poi fa un cenno all'avvocato e al pubblico ministero. La sensazione è che gli voglia fare un discorsetto a quattr'occhi. Io alzo le chiappe ed esco da quel forno. Man mano che i giorni passano, c'è sempre meno gente. Rispetto all'apertura del processo direi che una buona metà l'abbiamo persa per strada. Salvo Parodi mi guarda e sorride.

«Almeno un po' di vita, no?»

«Almeno...»

«Che hai, sei stanco?»

«No, Salvo, no. Mi gira un po' la testa» mento. In realtà mi si è conficcato un pensiero, e non vedo l'ora di stare da solo e ragionarci. Rifiuto l'invito di Giulia della televisione per un caffè, a dire il vero ci siamo salutati a stento in questi giorni, e me ne torno a casa, al mio bar, dove mi siedo, prendo una birra e mi metto a pensare.

C'è un dettaglio che non mi torna: nessuno domanda a Carlo se era mai stato al circolo sportivo. Da come ha architettato l'omicidio sembrerebbe di sì. Mi mancano dei pezzi dell'indagine, come sono arrivati a lui? Perché è stato inchiodato? Non capisco, devo ancora seguire il processo per farmi un'idea completa.

E andare al giornale e scrivere il pezzo.

Poi la vedo. Sta da sola, davanti ha un bicchiere di birra e lo sguardo perso nel nulla. Sta lì da un po', la schiuma s'è ritirata, ne avrà bevuto sì e no un dito. Non lo sapevo che Elena Barilli frequentasse il mio bar. Ora dovrei alzarmi e uscire. Non credo mi abbia notato. Non faccio a tempo ad alzarmi dalla sedia che Elena si volta verso di me. Mi sorride. Devo avvicinarmi al suo tavolo. «L'ho vista entrare ma non l'ho chiamata. Non volevo interrompere i suoi pensieri.»

«Com'è da queste parti? Abita qui?»

«No» mi risponde secca.

«Posso offrire io?» e indico la sua birra ormai calda.

«Nemmeno.» Poi mi fa cenno di sedermi al tavolo. «I pezzi che mi scrive sono sempre più incisivi, hanno del letterario.» Sorride e beve un sorso di birra. Schifata poggia il bicchiere. «... calda. Ha mai pensato sul serio a un romanzo?»

«È un modo carino per dirmi che sono licenziato?» le chiedo scherzando, ma fino a un certo punto.

«Lei segue una pista, mi dica la verità. Guardi, non lo voglio sapere, ma ha proprio l'aria di voler battere in volata tutti gli altri giornali. Mi sbaglio?»

«No. Non si sbaglia.»

«Elena» dice all'improvviso.

«Come?»

«Non ti sbagli, Elena. Mi piacerebbe se ci dessimo del tu.»

«Va bene, Elena. Walter.» Le stringo la mano e scoppiamo a ridere.

«Walter, mi dici la verità? In quanti mi chiamano la Stronza al giornale?»

Credo di diventare rosso. «Che io sappia? Solo io...» e abbasso gli occhi.

«Da te mi aspettavo qualcosa di più. Tipo: figa stretta, maltrombata, zoccola gratis...»

«Mi dipingi come un maschilista di merda.»

«Non lo sei?»

«Non credo. Non credevo, almeno.»

«Buonanotte, Walter. Ti vedo al giornale?»

«Direi di sì. Ora vado a scrivere il pezzo e lo porto in redazione.»

Senza salutare se ne va.

Non ci sono tempi supplementari o rigori. Le due squadre rientrano negli spogliatoi nel silenzio stupito dello stadio. Il campionato è sospeso, probabile che non rivedremo mai più le due compagini sul terreno di gioco una contro l'altra. Dallo stadio è tutto.

Martedì 17 luglio

"Entra in scena Mirko Bianchedi, maestro di tennis FIT del circolo che ieri è stato il protagonista involontario del dibattimento." Continuo con i dettagli, l'erba nello scarico, le urla in aula, e mi rendo conto, qualsiasi verità verrà fuori, che Malaguti prosegue nella tattica di seminare dubbi ovunque. Se Invernizzi è bravo glieli distruggerà uno per uno e poi calerà la mannaia su Cappai. Se la difesa non ha altro nel carniere, direi che la testimonianza di domani della signorina Marta Marzilli è essenziale.

Malaguti saltella e stanca l'avversario, pochi affondi per far uscire dalla guardia Invernizzi che per ora sembra posizionato al centro del ring e controlla la situazione. Ogni tanto Malaguti porta colpi discreti, non mira certo al knock-out, cerca una vittoria ai punti, altro non può pretendere. È più leggero di Invernizzi, non ha il destro dell'avversario che sembra più granitico sulle gambe e molto più potente. Invernizzi vuole il ko, lo insegue, si avvicina a testa bassa per lo scambio ravvicinato dove sa che lo distruggerebbe, ma Malaguti svicola con due saltelli, lo tiene lontano, lo punzecchia, lo distrae e combatte sui nervi. Ma deve stare attento. Basta un colpo, uno solo, di Invernizzi e Malaguti se ne va lungo al tappeto e ci resta per il conteggio finale. No, forse devo riscrivere l'articolo. Non credo che Elena apprezzerebbe.

Mercoledì 18 luglio

Il bisturi ha lavorato parecchio su Marta Marzilli. A una prima impressione direi il naso, sicuramente le labbra, anche sugli zigomi ho qualche sospetto. È molto truccata, l'ombretto scuro, le guance rosse, con un caldo così rischia che le cominci a colare tutto sul viso, che è già lucido. «Il giorno 9 marzo lei si è incontrata con il suo fidanzato Mirko Bianchedi?»

«Certo, alle sei, sei e mezza.» Ha una voce acuta e nasale. «Davanti al negozio Maisons du Monde.» La pronuncia francese è perfetta. Linguistico?

«Perché ne è così certa?» chiede Invernizzi svogliato.

«Alle sei e mezza avevamo appuntamento col tipografo. Posso?» Mette la mano nella borsetta e tira fuori una piccola busta di carta pregiata. «Prego, dottore...» Invernizzi prende la busta, la apre, legge e la consegna al presidente. «Vuole spiegare alla giuria?»

«Sono le partecipazioni di nozze. Dovevamo scegliere il font, le dimensioni, lo stile. Poi siamo andati a prendere il preventivo dalla società di catering.»

«Immagino il tipografo confermerà la sua versione.»

«Ha il registro dell'ordinazione e in più Mirko ha pagato con un assegno l'anticipo delle spese. Risulta tutto» e con un sorriso innocente guarda Invernizzi che si siede.

«Non ho altro.»

«Signorina Marzilli, intanto auguri per le nozze. Quando saranno?» le chiede Malaguti.

«Fra tre giorni, se non incarcerate Mirko.» L'aula ride. Pure il presidente.

«Non si preoccupi, non è nostra intenzione. Lei potrebbe, e

uso il condizionale, essere andata dal tipografo da sola e aver portato con sé l'assegno del suo futuro marito.»

«No...»

«Ho detto potrebbe. E ha convinto il tipografo, Ardenzio Michelangioli, a confermare l'alibi... volevo informare la giuria che Ardenzio, il tipografo, è lo zio della signorina Marzilli.»

«Ma no! Ma che idea è questa?» Marta si sta innervosendo. Invernizzi scuote la testa e sorride. «E allora come se la spiega la litigata che poi abbiamo avuto col servizio catering?»

«Non lo so, ce la racconti lei.»

«Mirko ha guardato il preventivo, era altissimo, non c'erano le ostriche e i prosciutti, perché abbiamo pensato di mettere i prosciutti interi sui tavoli, non c'erano le forme di parmigiano, bensì di grana e, scusate, ma non è la stessa cosa, giusto? Giusto. In più avevano calcolato ottocento euro per la torta nuziale quando sanno benissimo che quella la fornirà la pasticceria Dorotei. Mirko l'ha fatto presente al capo lì, il signor Conti, ed è scoppiato l'alterco. Stavano quasi per darsele, poi è intervenuta la signora e ha calmato tutti.»

«Ecco, vorrei far presente che il Bianchedi non ha proprio un carattere tranquillo» dice Malaguti.

«Ma per piacere!» sbotta Invernizzi. «E finiamola co' sta pagliacciata. Bianchedi era in ben due posti, ci sono testimonianze, pagamenti, addirittura una rissa e l'avvocato della difesa sta ancora cercando una via d'uscita? Si arrenda all'ovvio, Malaguti, ci fa una più bella figura.»

«È mio compito approfondire e...»

«No, il suo compito pare sia far perdere tempo a questa corte e...»

«Il mio lavoro consiste nel...»

«Lo so in cosa consiste il suo lavoro, il punto è se lo sa lei.»

Marta guarda divertita, il presidente invece grida ancora con la sua voce baritonale: «Basta! Silenzio! Dottor Invernizzi, la prego... avvocato Malaguti, devo farle un richiamo? Per favore!».

Cappai se ne sta zitto, come sempre, a guardare le finestre, mi pare che un leggero sorriso stia increspando la calma del volto. Comincia a divertirsi. Marta Marzilli viene congedata.

«Abbiamo esaminato i filmati delle telecamere di sicurezza della hall fornitici dai carabinieri...» Il presidente, sprofondato nella poltrona, è tornato serio e apatico. «... confermano l'entrata di Bianchedi alle ore 16.38 e la sua uscita alle ore 17.50. Confermano altresì l'uscita di Spartaco Stucchi e...» prende una pausa, gli viene da ridere, si vede «e sempre i filmati spiegano il mistero della receptionist scomparsa. Elisabetta Floris si è assentata dalle 17.35 alle 18.15 per motivi...» un colpetto di tosse, i giurati ridacchiano «personali e non poteva dunque incontrare il Bianchedi che usciva dal bagno turco. Prego, dottor Invernizzi.»

«Allora, messo da parte il Bianchedi una volta per tutte...» lancia uno sguardo pesante verso il tavolo della difesa che non raccoglie «questo ufficio vorrebbe sentire l'agente della stradale Alberto Menichelli...»

Il round è andato decisamente a Invernizzi. Malaguti è stato contato in piedi, non ha gettato la spugna ma i pugni li ha sentiti eccome. Lo ha salvato il gong, anche se percepisco che Invernizzi sta per scagliare l'ultimo affondo, quello che gli assicurerà la vittoria definitiva. Siamo rimasti solo noi giornalisti e un paio di signori che preferiscono stare qui invece che andare a controllare qualche cantiere.

«Ci dica, signor Menichelli.» Ora sullo scranno dei testimoni c'è l'agente della stradale.

«Allora... sì...» È agitato, molto giovane, non ha più di venticinque anni, anche per lui deve essere la prima volta che depone in un processo. Continua a passarsi la mano sul cranio rapato a zero. Ha le orecchie enormi.

«Si calmi, Menichelli, nessuno la mangia» dice il piemme con tono gentile.

«Eh?»

«Ho detto, nessuno la mangia. Si tranquillizzi.»

«Sì, dottore, ecco... vorrei essere preciso e ho portato degli appunti. Posso tenerli davanti a me?»

«Certo, se aiuta» risponde il presidente.

«Allora, ero di pattuglia quel giorno... dunque venerdì 9 marzo, in via San Mamolo, poco prima dell'incrocio con via Aldini. Controlli di routine. Alle ore 22.40 circa abbiamo fermato una Citroën C3 con a bordo il signor Carlo Cappai.»

«Come si è svolto il fermo?»

«In maniera tranquilla. Ha consegnato il libretto, abbiamo fatto i soliti controlli...»

«Era nervoso?»

«No, a me non è parso nervoso. Ha atteso che gli restituissimo i documenti, poi è ripartito.»

«È sicuro dell'orario?»

«Certo, dottore, è tutto registrato in centrale.»

«Possiamo mostrare la mappa?» chiede Invernizzi. Sullo schermo al lato del poliziotto appare una fotografia presa da Google Maps. «Per la precisione via San Mamolo è questa.» Invernizzi la indica sulla carta, è una via molto lunga che arriva in città. «Ecco, questo è l'incrocio con via Aldini, dove la pattuglia ha fermato il Cappai alle ore 22.40. Ora vi pregherei di osservare, scendendo giù, che via San Mamolo incrocia via dei Colli. Vedete? E via dei Colli è la strada dove sorge il centro sportivo Le Tre Torri. Alle 22.40 il Cappai si trovava a neanche cinque chilometri dal luogo dell'omicidio, avvenuto fra le 21 e le 22.30, ora del ritrovamento del corpo di Luigi Sesti, o per essere più precisi orario della telefonata della signora Luciana De Marinis alla caserma dei carabinieri. È stato questo che ha portato al fermo di Cappai. Il giorno dell'arresto Cappai ha affermato di trovarsi a cena con una sedicente amica all'agriturismo La Beccaccia. Alla richiesta dei carabinieri non ha prodotto uno scontrino, una fattura, neanche una ricevuta che lo attestasse. In più all'agriturismo nessuno ricorda la presenza del Cappai, e ancor meno si è mai saputo il nome della misteriosa compagna. Poi il Cappai ha ritrattato, affermando di girare da quelle parti perché tornava da una gita a Pianoro che, a suo dire, aveva fatto per puro piacere in totale solitudine. L'ultima versione che risale a qualche settimana fa è la ricerca di un luogo di prostituzione. Signor presidente, io non ho altro da aggiungere, le scuse balbettanti dell'imputato parlano da sole. Cappai era a cinque chilometri dal luogo dell'omicidio, proveniente dai colli, senza un alibi a un'ora che, mi permetta, stento a credere possa essere quella di una scampagnata.»

«Diciamo che ognuno è libero di circolare in questo Paese, e di andare dove meglio crede.»

«Certo, avvocato Malaguti, ci mancherebbe. Ma se uno è accusato di omicidio, e ha un movente grosso come una casa, dovrebbe almeno dirci dove ha passato la serata del 9 marzo, non crede?»

«Ci riserviamo di ascoltare direttamente l'imputato...» dice il presidente. Il castello di dubbi di Malaguti è crollato. Se questo non è un colpo da ko, poco ci manca. Non vedo come la difesa possa riuscire a tirare fuori Cappai da questo ginepraio.

«Possiamo solo scommettere su quanti anni gli danno» dice Salvo a me e Giulia. «È omicidio, per di più premeditato... da ventun anni all'ergastolo.»

Giulia annuisce. «Articolo 575 del codice penale» aggiunge.

«Sì, non vedo molte vie di scampo.»

Eppure c'è un dettaglio che non mi torna.

Le ciabatte.

Luisa Martellini mi ha telefonato, ha detto che passa da casa mia, mi deve parlare perché ha delle novità. Cerco di mettere a posto il più velocemente possibile, apro le finestre per togliere l'odore di chiuso, do un paio di botte ai cuscini del divano e getto i vasetti di yogurt che mangio davanti alla tv. L'appartamento resta uno schifo, ho risolto qualche decimale. «Le devo dire una cosa importante.» Si siede sulla poltrona e mette la borsa sulle ginocchia. È un gesto che amo da sempre, fin da piccolo. Lo faceva mia madre, la mia maestra, mettersi la borsa sulle ginocchia significava merenda, gioco, comunque era il prodromo di un dono. «Sono stata al tribunale due giorni interi ma alla fine ce l'ho fatta.» Tira fuori una cartellina azzurra piena di fogli. La poggia sul tavolino. «Non ho dubbi, quei pezzi di carta che ha trovato in casa di Cappai sono copie della sentenza del processo a mio fratello. Ho evidenziato sui duplicati la provenienza.»

Apro il fascicolo. Con la penna rossa Luisa ha segnato i contorni della pagina fotocopiata che combacia col pezzo di foglio bruciacchiato. La guardo. «Perché?» le chiedo.

«Questo io non lo so. Non ho mai conosciuto il signor Cappai.»

«Forse lui conosceva suo fratello?»

Mi guarda. «Non credo proprio. Che cosa ha a che spartire con la mia famiglia?»

«Non ne ho la più pallida idea.» Poi mi torna in mente all'improvviso la frase di Grazia, quella stonata, che non riuscivo a ricordarmi e che cercavo da giorni. Aveva detto: «Cos'è, una specie di Charles Bronson, un giustiziere?».

Scuoto il capo, Luisa mi guarda. «Che c'è?»

«Niente, solo mi sono ricordato una frase che aveva detto una mia amica, ma niente di che, una sciocchezza.»

«E cioè?»

«Parlavamo di Cappai che ha emesso la sentenza di colpevolezza contro Luigi Sesti e dopo quarant'anni gliel'ha fatta scontare, al che la mia amica scherzando ha detto: "Cos'è, un giustiziere?".»

«Cosa sta cercando di dirmi?»

«Niente, è una sciocchezza. Però è vero che dell'omicidio di suo fratello non se n'è mai venuti a capo.»

«Le indagini sono ancora aperte?»

«Credo di sì. È stato il secondo omicidio da quando sto alla cronaca. Il primo è quello di Flavio Zigon, un tizio sparato mentre si era appartato con una prostituta. Ho indagato e cercato di capire, sembrava ci fosse di mezzo un traffico di cocaina, invece anche quello è rimasto insoluto. Non è che Cappai è il colpevole di tutti gli omicidi di zona che i carabinieri non sono riusciti a risolvere...»

«Direi di no» mi dice e sorride. «Che però abbia degli stralci della sentenza del processo è curioso, come è curioso che poi li abbia distrutti. Che senso ha?»

«Nessuno. È un tipo bello strano, difficile dire cos'abbia in testa.»

Mi rigiro nel letto insieme ai pensieri che sembrano i guerrieri disegnati sul paralume della lampada che mamma mi lasciava accesa sul comodino. Uno dietro l'altro, ognuno sul suo cavallo lancia in resta, ruotavano e la loro ombra si rifletteva sulla parete. Li guardavo galoppare in tondo, il blu che inseguiva il rosso che inseguiva il verde, poi di nuovo il blu, il rosso, il verde, e così mi addormentavo. Fissare i pensieri però non fa lo stesso effetto ipnotico. Appena mi concentro su uno ecco che l'altro prende il suo posto per cederlo subito a quello che segue. Si affastellano e si confondono, sembra ti tengano compagnia, in realtà fanno l'esatto contrario, ti fanno sentire fragile e solo. È l'una di notte. Mi alzo per un sorso d'acqua. D'estate quella del lavandino sa di cloro. La sputo e dal frigorifero prendo un chinotto. Mi piace il chinotto, anche la cedrata, mi ricordano le vacanze al mare da bambino. Il salone è in penombra, la finestra aperta, dalla strada il solito puzzo di pipì e un chiacchiericcio lontano. Guardo il cielo. È arancione, neanche una stella. Fiorenza sta chiudendo il bar. Deve cambiare la serratura, sono tre minuti che gira la chiave e la porta si riapre. È una porta a vetri, sfondarla sarebbe semplicissimo, dovrebbe calare la serranda, ma mi ha detto che poi le fa male la schiena la mattina dopo per tirarla su. Niente, non se ne esce, la serratura scatta a vuoto. «Fiorenza? Fiorenza!» la chiamo. Lei alza il viso stanco, si aggiusta i capelli grigi. «Che c'è?»

«Vengo giù, ti aiuto.»

Sorride.

«Fammi dare un'occhiata» le dico. «A parte che dovresti cambiarla, gira a vuoto... niente da fare, Fiorenza, è andata» e le mostro il dente di ferro che non obbedisce più alla chiave. Lei sbuffa. «All'una di notte come lo risolvo il problema? Che faccio, dormo nel bar?»

«No, tiri giù la serranda e domattina vengo io ad alzarla. Chiami un fabbro e in giornata risolvi.»

Mi guarda. «Ma tu ti sveglieresti alle sei e mezza?»

«Io stanotte non chiudo occhio con questo caldo. La senti l'afa?»

«La sento sì. Io pure non ho sonno, ma un paio d'ore almeno devo farle...»

«E vai a casa, mi punto la sveglia e sono qui alle sei e mezza.»

Fiorenza sorride. Si alza sulla punta dei piedi e afferra la ma-

243

niglia. Tira giù la serranda che fa un rumore d'inferno. «La devo oliare, mi sa.»

«Credo anche io» e mi chino per chiudere i due lucchetti. «Ecco fatto. Ora stai tranquilla. Lo sai cosa sarebbe comodo? Mettere un'automazione a questa serranda così giri la chiave e si alza, la rigiri e si abbassa.»

«Costa» mi fa.

«Anche il fisioterapista per uno strappo ai muscoli lombari» le rispondo.

«Sacrosanto.»

Do una scrollata alla saracinesca. «Ci vediamo domattina?»

«Grazie, Walter, ti lascio le chiavi dei lucchetti.» Si incammina verso la bici, io torno al mio portone. È un lampo, come se qualcuno avesse spalancato gli scuri di una finestra all'improvviso e il sole avesse sparato nella stanza la luce bianca e abbagliante. Corro su in casa a leggere gli appunti. Controllo, sfoglio i taccuini, confronto gli orari. «Cazzo!» Mi sciacquo veloce la faccia, prendo gli appunti e il cellulare, il portafogli, cambio maglietta ed esco.

Entro nella caserma dei carabinieri all'una e mezza di notte. Agitato, spettinato, mi passo la mano sulla guancia, ho la barba ispida di qualche giorno. «Dica pure» mi fa l'appuntato attraverso il vetro.

«Devo vedere il capitano Ossola.»

«A quest'ora?»

«È molto urgente.»

«Il capitano non è qui, non posso disturbarlo a casa.»

«Mi creda, è parecchio urgente.»

«Aspetti. Si accomodi.» L'appuntato lascia il suo posto e sparisce dietro una porta.

Mi vado a sedere sulle poltroncine della sala d'aspetto. Guardo le copertine di tutti i calendari dell'Arma dal 2000 al 2018. C'è silenzio, le luci al neon dipingono le pareti e il pavimento di un bianco ghiacciato e appiattiscono le profondità. Passano almeno dieci minuti, non riesco a fermare il tremolio alla gamba. La porta della sala d'attesa si apre e appare un maresciallo con il viso assonnato sulla cinquantina. «Mi dica, che succede?»

«Devo vedere il capitano Ossola.»

«Non si può. Dica a me.»

«Non posso dire a lei... riguarda il caso dell'omicidio Sesti.»

«E...?»

«E niente, maresciallo, io devo parlare con il capitano. Solo a lui posso dire quello che ho scoperto. Mi ascolti, lo so, è tardi, ma forse ribalto tutta la storia dell'omicidio, lei può chiamarlo al telefono?»

Il maresciallo strizza gli occhi provati dal turno di notte. «Io la conosco, lei è venuto qui...»

«Sì, sono Andretti... del "Gazzettino". Si fidi, maresciallo, lo chiami. Mi prendo la responsabilità di quanto le sto dicendo. Non sono un pazzo o un mitomane, seguo il processo da giorni e ho scoperto un dettaglio molto, molto interessante.»

«Che non può riferire a me...» dice il maresciallo con gli occhi severi.

«No...» confesso abbassando lo sguardo. «Mi dispiace, non voglio mancarle di rispetto, ma io devo parlare con il capitano.»

«Aspetti qui.»

Torno a sedermi sul divanetto e riprendo a guardare i calendari dei carabinieri. Poi mi concentro su un quadruccio dove sono disegnate tutte le uniformi dell'Arma, dal 1814 ai giorni nostri. Ci sono pure quelle che somigliano a una vecchia illustrazione dove due carabinieri che portano baffoni a manubrio, col pennacchio e il cappello a trapezio, arrestano Pinocchio. Su un'altra stampa a colori fotografie delle divise dei reparti speciali. Non sapevo ci fossero tutti questi tipi di carabinieri. Così passa mezz'ora, ogni tanto guardo l'appuntato dietro il vetro della portineria sperando in una comunicazione, ma quello resta seduto concentrato sul monitor del computer. Due militari rientrano ridendo da una pattuglia, non mi degnano di uno sguardo. Parlano di terreni agricoli e del prezzo dei trattori da frutteto. Mi sgranchisco le gambe, poi torno alla postazione dell'appuntato. «Niente?»

Quello scuote il capo. «Si segga...» ordina e riprende a scrivere sulla tastiera.

Che cazzo avrà da scrivere? Alle due di notte? Non ho sonno, sete semmai. «C'è dell'acqua?» Il carabiniere indica una porta alle mie spalle. «Lì dentro c'è il distributore.»

«Posso andare?»

«Certo.»

Prendo una bottiglietta di minerale e un caffè senza zucchero. Mi viene voglia del KitKat ma non si scherza, d'estate la cioccolata può essere devastante. Approfitto del bagno e torno nella sala d'attesa. Alle due e mezza riappare il maresciallo. «Andretti? Lei ha appuntamento qui domattina alle sette e mezza con il capitano Ossola.»

«Alle sette e mezza?»

«Sì, esatto, fra cinque ore.»

Sto per esplodere, gli vorrei urlare in faccia: "Maresciallo, e non me lo poteva dire prima?". Invece chiedo: «Nessuna speranza di vederlo adesso?».

«No e non insista» e mi indica l'uscita. Schiaccio la bottiglietta ormai vuota e torno fuori. Caldo appiccicoso, zanzare e falene sotto le luci, la strada deserta color ruggine, mancanza di sonno, non mi resta che inzuppare per qualche altra ora le lenzuola, fare una doccia gelata e ricominciare la giornata.

Giovedì 19 luglio

E così ho inzuppato le lenzuola rigirandomi come un involtino, poi per fortuna alle sei si è alzata una brezza lieve e fresca. Ma tanto so che smetterà già alle otto e ripiomberemo nel caldo afoso. Riesco a farmi un caffè con la moka, ma abbandono anche solo l'idea di mangiare qualcosa. Alle sei e mezza scendo, devo aiutare Fiorenza ad aprire la saracinesca del bar. La strada è deserta, mi chino e infilo le chiavi nei lucchetti. «Andretti?» Mi volto. C'è il capitano Ossola che mi guarda. Non l'ho sentito arrivare, è apparso come un fantasma alle mie spalle. «Capitano... sarei venuto io alle sette e mezza in caserma.»

«E invece vengo io...» Ha la faccia arrabbiata. Pettinato e sbarbato, ha l'aria di chi ha dormito dodici ore, anche se mi pare abbia le labbra un poco livide, ma forse è il suo colore naturale. «Grazie, Walter!» Mi giro. È Fiorenza che sta legando la bicicletta. Si avvicina, guarda il carabiniere con una punta di terrore. I genitori di Fiorenza erano anarchici, la paura della divisa l'ha succhiata col latte. «È per me, Fiorenza» la rassicuro. Lei sorride ed entra nel bar aprendo la porta a vetri. «Posso offrirle un caffè?» dico a Ossola.

«No. Che voleva svelarmi, stanotte?» e mi ordina con un gesto di raggiungerlo. Poi ne fa un altro per indicarmi che avremmo fatto bene a farci due passi sotto i portici.

«Andretti, già una volta mi pare di averla avvertita di stare fuori da compiti che non la riguardano. Non può e non deve sostituirsi al lavoro nostro o della polizia, perché è così che funziona.»

«Capitano» lo interrompo. «Non mi sono sostituito a nessuno. Seguendo il processo e scrivendo un articolo su Cappai ho scoperto dei dettagli che non mi tornano e che volevo sottoporre alla sua attenzione.» Lo sguardo del capitano cambia, si fa interessato, mi invita a proseguire. «Lei sa che io ho fatto pubblicare i diari della sorella del Martellini, mi riferisco all'omicidio di Daniele Martellini.»

«Sì.»

«E per un pezzo che invece riguardava Cappai sono andato a casa sua, giusto per avere un quadro più reale ed esaustivo della vita di quest'uomo.»

«Cosa c'entra Cappai con Martellini?»

«È un caso, ma solo un caso, che io nel camino di Cappai abbia trovato dei fogli bruciacchiati. Abbia pazienza e aspetti.» Corro i cinquanta metri che mi separano dal mio portone, salgo rapido le scale e apro la porta di casa. Sudo a fontanella. Prendo lo zainetto e riscendo veloce. Il capitano è ancora lì. «Sono questi» gli dico col fiatone e dallo zainetto tiro fuori il plico, controllo, gli allungo le fotocopie. «Ecco, vede?» Il capitano osserva con attenzione. «Provengono dalle carte processuali del caso Martellini, l'omicidio dei due coniugi, lei ricorderà, il Martellini stesso venne scagionato.» Ossola sorride. «Lei ha indagato.»

«No, le ripeto, è stato casuale. Poi però m'è venuta curiosità, è vero, e sono andato all'archivio e le carte combaciano. Perché Cappai si interessava del processo Martellini? E passo al secondo dettaglio.»

Mi restituisce i fogli.

«È strano che Cappai rientri nel caso Martellini. Che interessi poteva avere?»

«Certo. È un dettaglio che fa riflettere.»

«Per restare in tema veniamo al secondo dettaglio, capitano, quello che riguarda il processo in corso.» Si siede sul muretto. Mi metto accanto a lui. Cerco nella borsa il taccuino. Lo apro. «Dunque si tratta della spa. C'è un particolare importante che ho evinto dalle testimonianze al processo e che non mi fa dormire la notte. Abbiamo la testimonianza di Spartaco Stucchi, il factotum che durante l'ultimo giro prima di andar via ha trovato Mirko Bianchedi, il maestro di tennis, nel bagno turco.»

«È così» dice il capitano.

«Bene. Spartaco Stucchi ha detto di aver controllato le altre stanze, la sauna, il calidarium, la sala relax per poi andare verso gli spogliatoi dove ha incontrato la signora Valtorta. E tutte le stanze, sauna, calidarium e relax, erano aperte. È andato via alle 17.30, si è appartato con la segretaria nel bagno privato e dopo una mezz'ora ha lasciato il circolo. Ci siamo, vero?»

«Esatto.»

«Allora mi spiega perché l'avvocato Antonino Anselmi, che era nella spa con Luigi Sesti, ha detto che Sesti avrebbe voluto provare il calidarium, che è più chic, ma ha trovato la porta chiusa a chiave?»

Il capitano mi strappa il taccuino di mano, lo legge. Poi mi guarda. «Già, perché?»

«Dal momento che Anselmi e Sesti sono entrati nella spa dopo Mirko Bianchedi, chi ha chiuso il calidarium tanto da non far entrare Sesti che poi preferisce il bagno turco dove ci lascerà la pelle?»

Ha una strana smorfia, Ossola, a metà fra il disprezzo e l'acidità di stomaco. «Lei suppone che l'assassino fosse già dentro?»

«Non so se era l'assassino, fatto sta che la porta di 'sto cacchio di calidarium è chiusa. Ed è stata chiusa dopo le 17.30 e prima delle 19.30, quando cioè sono entrati Anselmi e Sesti.»

«Se quello che dice è esatto...»

«Cappai alle 18.30 era ancora in archivio. Difficile arrivare entro le 19.15 al circolo, entrare dalla piscina, dal momento che, come risulta dai filmati, nessuno è passato dalla hall principale, nascondersi nel calidarium e colpire.»

«Se ci ha visto giusto...» Poi annuisce, il disprezzo diventa un sorriso sghembo. «Direi che mi devo dare una mossa. Mi rifaccio vivo io» e veloce sparisce. Solo ora noto che c'è un'auto che lo aspetta dietro l'angolo. Parte a razzo. All'improvviso inchioda e fa marcia indietro. Si affaccia al finestrino. «Inutile raccomandarmi... non una parola di quello che mi ha detto deve finire sul giornale...»

«Ma...»

«No, Andretti. Non una parola!» L'auto riparte e il tubo di scappamento fuma come il mio articolo da prima pagina. Potrei disobbedirgli, potrei scrivere lo stesso, poi però devo cambiare città.

E giornale.

Ammesso che un altro giornale io lo trovi.

Scavalcò la rete di recinzione, poi si tolse i pantaloni, le scarpe e la maglia. Restò in mutande. Guardò attraverso la finestra, la piscina era deserta. Si immerse nella parte finale, quella fuori, nel giardino, e nuotando lento, a rana, passò sotto il divisorio. Si mise in ascolto. Nessun rumore. Con poche bracciate arrivò alla scaletta, uscì dall'acqua. Si tolse lo zaino dalle spalle e prelevò il coltello. Si diresse verso la sauna. Capì di essere arrivato tardi quando vide le orme insanguinate fuori dalla porta. «No...» ringhiò grattandosi la gola, un urlo soffocato e disperato. Corse fino al bagno turco. Luigi Sesti giaceva senza vita, il cranio fracassato.

Non era servito a niente pianificare, seguire, colpire. Come a niente più era utile l'arma che teneva in mano. Che senso aveva usarla ora? Su un corpo morto?

Chi è stato?

Chi poteva odiare Luigi Sesti più di lui, chi si era arrogato il diritto di eliminarlo dalla faccia della Terra? E dov'era ora?

Torna a casa, non farti vedere, sparisci, gli suggeriva il cervello, era inutile stare lì in mezzo all'odore di menta ed eucalipto a guardare un cadavere. Torna a casa, sparisci.

Chi è stato?

Doveva tornare indietro, immergersi nuovamente in acqua, uscire nel giardino, rivestirsi, scavalcare, riprendere l'auto, tornare a casa. Ma non ce la faceva a staccarsi da lì. Sapeva che stava rischiando, che ogni secondo poteva essere fatale, ma quarant'anni ci mettono un po' ad azzittirsi.

Torna a casa, non farti vedere, abbandona gli occhi di Luigi Sesti, freddi come quelli dei pesci nel frigo di un ristorante. Un passo alla volta, lento, attento a non pestare le orme insanguinate, era tornato verso la piscina. Il cranio spappolato, ha fatto bene, chiunque sia stato, ha fatto bene, pensava. Era stato un vento leggero a farlo voltare, e vicino alla piscina era apparsa una figura.

Lunedì 23 luglio

È il turno di Carlo Cappai. È calmo, porta la stessa camicia azzurra dall'inizio del processo. Ha chiesto di parlare. Il presidente gli dà il permesso. Si passa una mano di lato come volesse pettinarsi i capelli. Lo ricordavo più alto, sembra invece piccolo, schiacciato, indifeso. L'avvocato Malaguti ha l'aria depressa, sconfitta, tutta la sua energia sembra si sia sgonfiata, risucchiata dal pavimento. Non guarda l'archivista negli occhi, sa quello che lui sta per dire, e non gli piace per niente. Cappai si schiarisce la voce.

«Mi rivolgo a lei, signor presidente, e a lei, dottor Invernizzi. Un dettaglio, uno solo, non può rendere un uomo innocente. Porta del calidarium chiusa, oppure aperta, e chi lo dice? Chi ne ha le prove? Io ero lì, e solo io posso sapere chi ha ucciso Sesti.»

Ora capisco perché Malaguti è distrutto. Sta confessando?

«Sì, ero lì alle 21 e non ho ucciso Sesti. Ma è solo un dettaglio...»

Lunedì 23 luglio
Poche ore prima della deposizione di Cappai

La stanza dei colloqui in carcere era inagibile da mesi, l'avvocato Malaguti e Carlo Cappai si incontravano quindi nella sala teatro della casa circondariale, dietro un séparé. La stanza poteva contenere fino a sessanta sedie ma durante le visite degli avvocati era vuota. Dai lucernari del soffitto sopra un piccolo palcoscenico di legno penetrava la luce del sole e acqua nei giorni di pioggia. L'aula veniva usata per proiettare film, per piccole conferenze e l'attività teatrale. Cappai era pallido, capelli e barba ispidi, aveva riparato la stanghetta destra degli occhiali con lo scotch. Malaguti lo guardava attento, lo sguardo freddo. «Si sta mettendo bene, Carlo, mi deve ascoltare. Ci sono novità, il giudice vuole risentire due testimoni che potrebbero scagionarla.» L'archivista alzò le spalle. «Deve essere felice, forse ne usciamo puliti.»

«Avvocato, io la ringrazio di tutti gli sforzi, ma vede?, per me non ha alcuna importanza.»

«Carlo, per favore! Ma di che sta parlando? Non ha importanza evitare vent'anni di carcere?»

«No, non ce l'ha. Lei, mi perdoni, sa poco o niente. Conosce la punta dell'iceberg, io invece le posso dire quanto è grande il blocco di ghiaccio e a che velocità naviga nell'oceano. Sa qual è il problema di chi non crede in Dio?»

«Me lo dica.»

«La giustizia su questa Terra. Non avendo altro ci concentriamo solo su quella. Si divide in giustizia con la G maiuscola e giustizia degli uomini. In quella degli uomini ho perso la fiducia tanti anni fa.» L'archivista si mise una mano in tasca e tirò fuori un foglio ripiegato in quattro. «Perché quella non funziona come si vuole far credere, prova ne è la mia incarcerazione per il delitto Sesti.»

«Certo, perché lei è innocente.»

«Non deve guardare il dettaglio, avvocato, ma la totalità del problema. E io innocente non lo sono, per la giustizia con la G maiuscola, chiamiamola... assoluta?, innocente non lo sono. Venti anni, quindici, l'ergastolo sono, appunto, dettagli. Dove dovevo arrivare, ci sono arrivato. Ho compiuto cinquantotto anni, non pensavo neanche di raggiungerli, glielo dico francamente. Vuole sapere chi ha ucciso Luigi Sesti?» La goccia d'acqua che scendeva dal lucernario riempiva il silenzio. «Avrei voluto essere io. L'ho atteso per quarant'anni, dottor Malaguti, ho vissuto solo per punire Luigi Sesti, perché è tutto vero quello che Invernizzi ha detto. Io lo volevo morto. Ed è morto. Che sia per mano mia o di qualcun altro non ha importanza. O meglio ce l'ha, ma solo per la giustizia degli uomini. Per me no, mi hanno tolto la vendetta, ma uccidendolo qualcuno ha assolto alla giustizia assoluta, quella con la G maiuscola.»

Cappai sorrise e si passò la mano sulla guancia. «Quarant'anni di attesa per poi arrivare un poco in ritardo, una frazione di tempo e...» schioccò le dita «*tac!*, fregato sul filo del traguardo. Vuole sapere dov'ero a cena la sera dell'omicidio? In macchina, prima di scavalcare la recinzione. Vuole sapere se l'acqua della piscina era fredda o calda? Era calda, per fortuna. Vuole sapere chi ho visto? L'avvocato Anselmi? Un ladro? Davvero vuole sapere cosa è successo dopo?»

Malaguti non rispose. Lo guardò serio, un grumo di saliva secca al lato della bocca. «Sono arrivato al bagno turco... tardi. Vuol sapere a che ora è morto Luigi Sesti? Alle 21. Chi è stato? Non glielo dico, non glielo dico perché sono stato io, nel cuore sono stato io, per una manciata di minuti non sono stato io, ma sono stato io, mi capisce? È troppo difficile?»

«Sta proteggendo qualcuno?»

«Sì... No... Non ha importanza. Mi ha solo preceduto, ecco tutto. Ma vede? Non merita neanche un giorno di galera. Me la faccio io al suo posto, con tranquillità. Io ero lì per uccidere e per pochi minuti non posso essere innocente. Pochi minuti non decretano l'innocenza di un uomo, è d'accordo? La casualità non ti esonera dalle tue responsabilità, nella giustizia assoluta no. Io ero lì per uccidere, la mia anima, il mio cuore e la mia testa avevano già ucciso Luigi Sesti. Le mie mani no, non l'hanno fatto, questo mi rende non colpevole, forse, ma innocente? Proprio no. Non colpevole non è sinonimo di innocenza. Su questo almeno siamo d'accordo?»

«Bizantinismi.»

«Per niente. Io posso essere non colpevole se il mio

reato è caduto in prescrizione. Ciò non significa che sono innocente. C'è una morale anche per noi laici, cosa crede? Se fossi un cattolico espierei in altro modo, qualche padrenostro, pentimento, tempo in galera ne avrei. Ma non sono cattolico. E non mi pento. Gliel'ho spiegato, per la legge che io e lei abbiamo studiato posso essere non colpevole, per la mia, quella assoluta, intransigente, non lo sono e non lo sarò mai. In più non le nascondo che sono molto arrabbiato per essere arrivato secondo.» L'archivista sorrise.

«Chi è stato?»

«Non l'ha capito? Eppure è facilissimo.» Malaguti scosse la testa. «Non sarò io a dirglielo, se ci arriveranno tanto di guadagnato. Però le posso dire che, al di là di Luigi Sesti, io resto colpevole.»

«Sì, l'ho capita la lezione, Cappai.»

«No, ora sto parlando dell'iceberg.»

Malaguti abbassò la voce. «Che cos'è l'iceberg?»

«Le voci... quelle dell'archivio. È quello l'iceberg. Riguarda la giustizia assoluta, dottor Malaguti, quella che né lei né tantomeno giudici e pubblici ministeri conoscono, ma che mi perseguita da anni.»

«Non la capisco.»

«E come potrebbe? Arrivederci, avvocato, ci vediamo in aula.»

Lunedì 23 luglio

Il professore è alto e magro, ha il naso aquilino e una voce bassa e catarrosa. I baffi sono ingialliti, fuma, ed è un consulente tecnico chiamato dal presidente. «Sarò di una brevità assoluta» esordisce. «Il colpo inferto sul cranio di Sesti è uno solo, come già riportato dal collega, il dottor Piroli. L'altezza e l'incidenza del colpo però parlano chiaro: al momento dell'attacco la vittima era in piedi. Calcolando la sua altezza in un metro e ottantadue, l'assassino non può essere di statura inferiore al metro e settantacinque. Destrorso. Ripeto, il colpo è stato sferrato con la vittima ancora in piedi.»

«Ne è certo?»

«Al duemila per cento, ove fosse possibile.»

Il piemme guarda il presidente che guarda Malaguti. Che si alza. «Vorrei ricordare alla giuria che Carlo Cappai non arriva al metro e settanta.»

«Questo è relativo» ribatte il pubblico ministero.

«Forse no» dice Malaguti. «Signor presidente, la prego di controllare il documento da me consegnato in apertura di processo sull'invalidità del mio assistito al braccio destro, del settanta per cento, dopo il ferimento subito quando era nelle forze di polizia.»

Se fossimo a teatro, qui partirebbe un applauso a scena aperta, quando cioè l'attore è ancora sul palcoscenico. Ma siamo in un tribunale e l'applauso non parte. Siamo tutti qui a ragionare sulla tattica dell'avvocato Malaguti. Ha finto di perdere, ha finto di essere in difficoltà, ma l'asso, alla fine, ce l'aveva lui, non Invernizzi. Gioco, set, match.

Chapeau.

PARTE TERZA

Giovedì 30 agosto

Non si può giudicare una persona in base all'odio che prova verso qualcun altro, saremmo tutti colpevoli, chi più chi meno. Non so se è stato anche grazie a me, ma Cappai ne è uscito per non aver commesso il fatto, l'aveva solo desiderato, qualcun altro l'ha commesso. Chi? La parola agli inquirenti. Certo è che il collegio giudicante dubbi ne aveva, e anche io, se devo essere sincero. E questo è il sunto dell'articolo che ho consegnato a Elena il giorno del verdetto. Chiuso l'episodio, finale raggiunto, sapore amaro in bocca per i lettori che hanno seguito tutto il dibattimento, ma l'ho già detto: il finale è un problema che riguarda gli scrittori, i giornalisti si attengono ai fatti e spesso la realtà non consegna finali catartici o salvifici. Ma il giorno della deposizione di Cappai in aula abbiamo avuto tutti la pelle d'oca.

«Gli elementi sono stringenti, Andretti» mi dice il capitano mentre porta alla bocca il cucchiaio con dentro due tortelli. In borghese Ossola sembra una persona come tante. «Sono stringenti, perché quello che dice Cappai è vero, lui c'era nel bagno turco, a omicidio già avvenuto. Aveva l'intenzione di colpire, ma non l'ha fatto. Solo che l'orologio parla chiaro. Mi segua.» Beve un sorso d'acqua, si asciuga le labbra e poggia il tovagliolo sul tavolo.

«Se lui è arrivato alla spa verso le 21, ora in cui l'avvocato Anselmi stava lasciando il complesso termale, chiamiamolo così, è sopraggiunto pochi minuti dopo l'omicidio. È d'accordo fin qui?»

«Sono d'accordo» gli dico.

«Bene. Diciamo dunque che Anselmi lascia l'idromassaggio alle 20.45? 20.40? Dopo venti minuti Sesti è morto. Se Cappai arriva a quell'ora deve esserci anche l'assassino. Si sono incontrati?»

Mi guarda. Spero non pretenda una risposta da me. «L'assassino quindi è nascosto da qualche parte... per esempio nel calidarium?»

«Già. Non immagina certo che arrivi uno sconosciuto per commettere il delitto che lui ha appena compiuto. Allora si nasconde, aspetta che Cappai esca, e poi anche lui lascia la spa. In fretta, però, perché si avvicina l'orario di chiusura. Da dove?»

«Forse dalla stessa strada che ha preso Cappai?»

«Dalla piscina, dice lei? Certo, se fosse uscito dalle altre porte di sicurezza, siano quelle della sala relax oppure della piscina, sarebbe spuntato nelle riprese delle telecamere esterne, invece non appare. E questo mi porta a due conclusioni. La prima: Cappai conosce la spa, ci deve essere già stato, ma quando non lo so. Si ricordi che Sesti non era un abbonato, come faceva a sapere che sarebbe andato lì?»

«Già, come?»

«Seconda conclusione: anche l'assassino conosce la spa. E la conosce bene. Tanto che si dilegua non visto.»

Mi viene un'idea. «Si ricorda, capitano, cosa ha detto Anselmi in tribunale?»

«Ha detto tante cose.»

«Anche che... aspetti, ce l'ho qui... che lui e Sesti decisero di andare a giocare a tennis...» Prendo il mio taccuino, giro le pagine. «Allora, Anselmi ha detto: "... al funerale del padre. Sì, lo so, può essere vista come una mancanza di tatto, ma Sesti aveva voglia di giocare una partita con me, sono anni che ci sfidiamo. E decidemmo giorno e orario in chiesa".»

Ossola mi guarda. «E allora?»

«Allora se, come lei ha scoperto, Cappai seguiva ogni spostamento di Sesti, molto facile fosse a San Damiano per le esequie. E avrà sentito. Io c'ero e le assicuro che la chiesa era piena, solo posti in piedi...»

«È andato a studiare circolo e spa, dopo?»

«Perché no?»

«A questo posso tentare di risalire.» Diventa pensieroso. «Io credo che Cappai abbia visto l'assassino, ma non parla, lo copre...»

«Lei un'idea se l'è fatta, capitano?»

«No, ancora no.»

Non se l'è fatta, ma c'è ancora un sospeso fra noi: le carte bruciate nel camino. Non ne ha parlato, mi ha solo assicurato che mi terrà informato e mi darà la precedenza. Bene, sono contento, il gancio con gli inquirenti ora ce l'ho, posso fregare Salvo Parodi sul tempo. Ho un messaggio di Giulia, la giornalista della televisione. Voglio andare a bere qualcosa con lei? Guardo l'orologio, sono le dieci e mezza, si può fare. Di stare solo in questa notte di fine agosto proprio non mi va. Devo avere le allucinazioni olfattive, sento odore di alghe e il mare da qui è a più di cento chilometri.

Appunto per il futuro: ricordarsi di organizzare la vecchiaia in un posto sul mare. Starne lontani è una cazzata.

Non lo so che mi è preso. Quando l'ho vista mi si è chiuso lo stomaco. Non ho nessuna voglia di passare la serata con Giulia. È arrogante, arrivista, e non ho voglia neanche di una scopata. Anche se non frequento da un po', non ce la faccio. Non ce la faccio a svegliarmi nel letto con lei domattina, aspettare che se ne vada, sperare che non mi richiami. Solo che al telefono ero entusiasta dell'appuntamento, come uscirne? Mi viene un'idea del cazzo, ma a volte funziona. Scrivo sul cellulare a Elena. "Per favore, Elena, anzi dottoressa Barilli, mi puoi chiamare fra dieci minuti ordinandomi di venire al giornale per un'urgenza dell'ultimo momento?" Lo invio senza pensarci. Spero non si incazzi troppo, è un favore che si chiede a un amico. Ma se telefona il capo è più credibile, no? Ci veniamo incontro io e Giulia, sorride. È con Edoardo, il cameraman che ha gli occhi assonnati. Si vede che vorrebbe andarsene a letto. Ci sediamo, ordiniamo, a noi si unisce un altro tizio, mai visto prima, un amico di Giulia che lo accoglie con un sorriso stirato. Beviamo, qualche cazzata, e poi mi suona il cellulare. Guardo il display. C'è ancora scritto "la Stronza", devo ricordarmi di modificare il nome. Lo mostro a Giulia. «Cazzo, il capo» dico. E rispondo. «Dica, dottoressa» faccio. «Andretti! Di corsa in redazione. Ora!» «Ma...» provo a oppormi. «Ma? Niente ma! Forza, si muova, la riunione è fra dieci minuti!» Allargo le braccia e chiudo la comunicazione. «Mi dispiace» dico e scuoto la testa. «Divertitevi» e lascio dieci euro sul tavolino per la consumazione. «Ci vediamo.» Do un bacio sulla guancia a Giulia che mi sussurra: «Ci vediamo più tardi?».

«Non lo so fino a che ora ci tiene lì. Semmai ti chiamo.»

«Va bene, semmai chiamami.»

Da quando in aula aveva ascoltato senza interesse la lettura della sentenza che lo lasciava libero di tornare alla sua vita, aveva dormito, pronunciato pochissime parole, e per tutto il mese di agosto era rimasto chiuso in casa in uno stato vegetativo aiutato dal calore che s'era abbattuto sulla città e i pochi abitanti.

Con stanchezza quella sera, che tirava un leggero refolo di vento, si alzò dal letto, raccolse tutti i quaderni con i suoi appunti e li bruciò. Poi i libri della sua adolescenza, uno dopo l'altro, li guardò annerirsi dentro le fiamme nel buio del salone, con le finestre aperte da dove entravano l'aria bollente e acre della città e le grida di qualcuno giù in strada. Tirò fuori dalla tasca la fotografia di Giada, quella in cui lei guardava in macchina e sorrideva con una sigaretta in bocca. Gettò anche quella nelle fiamme, e le lingue di fuoco prima la accarezzarono, facendo uscire un fumo grigio e pesante, poi la accartocciarono, e il viso della sua amica sparì per sempre inghiottito dalla brace, lasciando granelli di cenere che volarono nella bocca del camino. Sapeva che i ricordi sarebbero rimasti inchiodati nella memoria, ma non doveva restare più niente di materiale, perché la realtà non comprendeva più Giada, Sesti e neanche lui stesso. Appartenevano al passato, nient'altro. Guardò la brace che ribolliva sotto la cenere, seduto sulla poltrona, un caldo insensato si era sviluppato per tutto il salone. Sudato, si lasciò andare sullo schienale. Quarant'anni di attesa, inutili. Era il pensiero fisso che non riusciva a cacciare dalla testa. Quarant'anni inutili, di una vita inutile, vissuti per pochi attimi che non sono mai arrivati. Un calvario evitabile. Se l'avesse saputo avrebbe agito molti anni prima, lanciato in una missione suicida, ma almeno la sua faccia sarebbe stata l'ultima cosa che Sesti avrebbe visto. Invece eccoli lì gli occhi di Luigi Sesti, mentre lo guardano nel bagno turco, senza vederlo. Il corpo bianco, nudo, seduto sul gradino, una bava di sangue mista a vapore e acqua che scivolava lungo il pavimento disegnando una esse melmosa per finire nella fogna.

Sempre giovedì 30 agosto

Arrivo a casa, mi tolgo le scarpe e la maglietta e a torso nudo vado in cucina dove ho lasciato l'acqua nel frigo, ne sono sicuro. Il cellulare ha una vibrazione. C'è un messaggio. È di Elena. "Allora? Guarda che la riunione al giornale c'è davvero!" È quasi mezzanotte. Riunioni a quell'ora solo quando scoppia una guerra o muore il papa o roba simile. Non mi risulta ci sia un fatto così grave da fermare le rotative e indire una riunione notturna. Mi metto una maglietta pulita, prendo la borsa ed esco.

Salgo in redazione. Ho incrociato solo il metronotte giù al cancello. Faccio le scale. Le luci sono accese ma la stanza è vuota. Elena Barilli è seduta alla scrivania di Wikipedia. «Scherzetto» mi dice. Ha il viso triste.

«Ne è valsa la pena cascarci, e grazie per avermi tolto da una situazione pesante» le dico sedendomi di fronte a lei.

«Che situazione? Parenti? Amici ingombranti?»

«Una sorta...»

«Va bene, Walter, bocche cucite. In realtà io ho finito di lavorare...» alza lo sguardo verso l'orologio sulla parete «trenta minuti fa.»

«Ah, mi dispiace. Ci sono cambiamenti che...?»

«No, intendo, ho proprio finito di lavorare. Quando opponi troppi rifiuti, quando alzi la voce, ti consigliano con insistenza di cambiare posto di lavoro. E io devo accettare il consiglio. Quindi fine dei giochi. Da domani avrai un altro capo. Sei felice?»

No, non lo sono. Proprio ora che mi ero abituato a lei, che i rapporti sembravano camminare col piede giusto, proprio ora...

«E perché?»

Guarda il monitor del computer e muove il mouse, sta giocando distratta al solitario o al campo minato. «Forse te l'ho accennato tempo fa. La storia di Ginger Rogers e Fred Astaire? Che io sono una donna? Della diversità di trattamento e via dicendo?»

«Non possono! I numeri sono dalla tua parte. La media vendite è salita di due punti quest'anno, abbiamo rosicchiato lettori al "Resto", abbiamo...»

«Un cazzo. Abbiamo un cazzo, Walter. Al mio posto ora arriva un caporedattore di comprovata fiducia» dice con un sorriso ironico, «uno che piace a chi possiede questo quotidiano. Conoscerai di sicuro Valerio Terenzi.»

Ci penso un attimo. «Mai sentito.»

«Appunto, neanche io. Sarà lui il tuo nuovo boss.» Un ultimo colpo col mouse, poi si alza. Io la imito. Mi allunga la mano. «È stato un piacere lavorare con te.» Ce la stringiamo. Ha gli occhi lucidi. «Sei una persona seria e sai fare bene il tuo lavoro. E ti chiedo scusa se qualche volta sono stata un po' dura con te, ma credimi, quest'anno sono stata troppo sotto pressione qui dentro.»

Vorrei dirle di no, che non me ne ero accorto che era una stronza, che l'ho sempre stimata, che mi è sempre stata simpatica. «Sì, a volte t'avrei strozzata.»

«Anche io, Walter.»

«Potevamo farlo, no? Pensa che vendite quei giorni! Omicidio in redazione, tutti i particolari in cronaca!»

Ridiamo. «Ora che il processo è finito che fai? Insisti a parlarne o stacchi?»

«Quello che ti avrei detto se tu fossi ancora il mio capo? Non lo so.»

Lunedì 10 settembre

Passano i giorni, ma io non riesco a togliermi dalla testa questa storia. Ogni tanto mi affaccio dal capitano, non ha novità. Nessuna. L'omicidio del bagno turco resta insoluto. Oggi è arrivato il sostituto di Elena. Valerio Terenzi. È un giandone, alto, magro e con la faccia di uno che ha sempre sonno. Sposato, due figli già all'università, Wikipedia mi informa che prima era al "Corsera", poi alla "Stampa", da lì è giunto qui da noi. Non mi interessa sapere perché, so solo che ha preso il posto di Elena e questo basta a farmelo stare sui coglioni.

Mercoledì 12 settembre

Il nuovo capo Valerio Terenzi non è quasi mai in redazione. Gli va bene qualsiasi articolo riesca a tirare fuori, l'unico suo pensiero è la lunghezza. «Andretti, settemila battute.» Devo essere preciso, ma basta tagliare un articolo, togliere un aggettivo, che meno ce ne sono e meglio è, evitare un avverbio e il lavoro è fatto. L'interesse per il delitto della spa è scemato. È successo altro. C'è stato un omicidio sulla Porrettana, un bastardo ha massacrato una donna e l'ha abbandonata in un bosco. Sono appena risaliti all'identità di Ylenia Boyko, nazionalità ucraina, trentotto anni, professione badante, al momento disoccupata. Il compagno si chiama Ivan Bondarenko, quarantacinque anni, ucraino anche lui, professione operaio edile, di lui si sono perse le tracce. Non mi serve a niente l'aggancio col capitano

Ossola perché sul caso c'è la polizia e lì dentro ancora non conosco nessuno. Ho parlato un paio di volte col vicequestore della mobile, un veneto simpatico e con grande senso dell'humor che però non si sbottona e non ci dice niente più di quello che snocciola alle conferenze stampa. Sarebbe meglio tornare allo sport?

Giovedì 13 settembre

Non pensavo che l'avrei mai detto. Mi manca Elena Barilli. Ho saputo che forse è in partenza per Milano per un posto al "24 Ore", e ho saputo anche il suo indirizzo. È a sole tre traverse da casa mia. Forse dovrei andare a trovarla. Grazia e Rossella sono convinte che mi sia innamorato di lei. E pure Ugo. Non mi sono innamorato. La rispetto. Perché aveva ragione su tutto. Sui miei articoli sciatti, sulla mia incapacità di approfondire un tema o una ricerca, sulla mia mancanza di iniziativa. Ero uno che scriveva il meno possibile, che stava al giornale il meno possibile, che il lavoro non lo portava a casa, che chiuso l'articolo chiusa la giornata. E lei mi ha fatto capire che la nera non è così. È una specie di olio viscoso che non si assorbe e resta sempre sulla pelle. Infatti io al delitto della spa continuo a pensarci e non arrivo a capirne il finale. Chi è stato a uccidere Luigi Sesti? Propongo al nuovo capo un articolo per riaccendere l'interesse sul caso. Terenzi mi risponde: «Settemila battute». Se andiamo avanti così, ricomincio a tremare per il mio stipendio del cazzo.

Il 24 era il suo compleanno, Carlo trascorse la serata al ristorante sotto casa. Mangiò i tortellini, bevve due bicchieri di rosso, si concesse una fetta di crostata, poi pagò il conto. Fece un largo giro a piedi, passò a salutare il mattone di Giada e tornò a casa. Si spogliò e andò a letto con il giornale che non aveva ancora neanche sfogliato. Si stese. La notizia era a pagina 23.

Sorrise.

L'indomani andò a correre come ogni mattina alle sette precise, alle otto meno dieci si fermò da Colangeli per la colazione, poi arrivò al tribunale.

Martedì 25 settembre

La telefonata mi gela il sangue. «Salve, sono Cappai, credo che lei si ricordi di me.» Come potrei scordarlo? Vuole che vada in archivio, ha una cosa da dirmi. Io mollo tutto. Valerio, da oggi conosciuto come lo Stronzo, neanche si accorge che esco dalla redazione. Non chiede, non ha interesse. Dice solo: «Andretti, settemila battute». E ormai mi diverto a consegnargli articoli più lunghi, mi piace sentirglielo dire.

Non sentiva più le voci. Le cartelle si erano zittite, i corridoi muti, le scansie sorreggevano i faldoni impolverati che nessuno avrebbe più aperto. Il cancelliere, gli avvocati, i praticanti lo guardavano con altri occhi. Non era più l'ometto dell'archivio, era segnato da un marchio invisibile, quello del dubbio. Carlo sapeva quanto era facile accusare qualcuno, difficile lavare via la macchia. Gli veniva da sorridere. Pensava al suo processo, ai mesi passati fra aule e avvocati, anche lui adesso era un faldone, chissà dove l'avevano messo, non se ne voleva curare, non lo voleva riaprire, di sicuro quella cartella non gli avrebbe parlato, la giustizia degli uomini, come la chiamava, aveva fatto il suo corso. Si ritrovava a un bivio e ne era cosciente. Chi sono, allora?, si chiedeva da giorni. Anche lui, come Zigon, come Martellini, doveva essere giudicato? Aveva sbagliato tutto? Vide entrare il giornalista, l'unico che era venuto a studiare le pratiche Zigon e Martellini tanti mesi prima. «Buongiorno...»

«Buongiorno, mi dispiace averla disturbata.»

«Nessun disturbo. Perché mi ha chiamato?»

«Lei ha seguito il processo, ho letto tutti i suoi articoli. Le devo fare i miei più vivi complimenti.»

«Ah...» Il giornalista, lusingato, si grattò imbarazzato la testa. «Mi fa piacere, sarebbe bastata una telefonata.»

Cappai incrociò le braccia. «È stata dura assistere al processo?» gli chiese.

«Noioso, più che altro.»

«E ho letto anche l'articolo che ha scritto su di me.»

«Le... le è piaciuto?»

«Un po' meno.»

Il giornalista restò in silenzio.

«Vuol sapere il motivo, Andretti?»

«Se le va...» Fingeva disinteresse, il giornalista, ma era chiaro non vedesse l'ora di approfondire.

«Lei ha detto che ero, anzi scusi, che sono un uomo solo, e che in tutti questi anni ho sviluppato... aspetti, come l'ha definita?»

«Un'idiosincrasia sociale.»

«Proprio così. Insomma un sociopatico. Mi permetta di dissentire.»

«Be', visto da fuori lei pareva una specie di ragno impegnato da anni a tessere una tela, in attesa di una vendetta.»

«Mi perdoni, lei non ha un'immagine precisa di me. Io sono un uomo solo, è vero, ma non a causa del mio essere sociopatico. Rispetto le leggi e le regole della società, anzi, mi faccia dire che qui e là avrei da suggerire qualche miglioramento» e sorrise. «In più mi assumo le responsabilità di quello che faccio, mi creda, e presto anche lei se ne accorgerà.»

«Cosa vuol dire?» chiese Andretti.

«Lasci perdere, le ripeto che presto se ne accorgerà. E non sono indifferente ai sentimenti degli altri, tutt'altro, mi coinvolgono a tal punto da dovermi isolare, altrimenti soffro troppo, le è chiaro? E come lei, come tutti, provo rimorso. Quindi se sono solo non è perché ho un'idiosincrasia sociale, ma è per l'esatto contrario. Lo so, al lettore l'immagine dell'assassino sociopatico è familiare, ci va a nozze. Mi piacerebbe lei mi vedesse invece come un assassino estremamente generoso.»

Andretti aggrottò le sopracciglia. «Lei non è un assassino.»

L'archivista sorrise. «Si comporti come ogni bravo giornalista, si concentri sui fatti.»

«Il tribunale dice che lei è innocente» affermò con logica Andretti.

Cappai scosse il capo. «C'è una giustizia con la g minuscola e una con la G maiuscola. Le assicuro che se questa avesse un tribunale sconterei ora la mia pena nella più dura delle galere.»

Andretti si appoggiò al bancone. «Sta cercando di dirmi che ha ucciso Luigi Sesti?»

«Anche...» Cappai strizzò le labbra. «Ci crede? Il confine fra il desiderio e l'attuazione è labile. Guardi me, sono stato fregato sul filo di lana.»

«Saremmo tutti assassini, allora, se ogni volta che desideriamo la morte di qualcuno significasse essere colpevoli. Il desiderio, che magari esprimiamo in un momento di rabbia, resta tale.»

«C'è chi porta fino in fondo il desiderio e chi no. Io faccio parte del primo gruppo.»

Andretti lo guardò negli occhi e abbassò la voce. «Cosa sta provando a dirmi?»

Cappai alzò una mano. «A suo tempo. Lei è l'unico che ha cercato, che sta continuando a cercare, non è sazio, non le basta la sentenza di un tribunale, è vero?»

«Devo ammetterlo.»

«Lei è come me. Per questo la stimo, altrimenti non l'avrei chiamata.» Si staccò dal bancone. Andretti respirò profondamente, si accorse che era stato quasi tutto il tempo in apnea. «Cos'è che non le torna?»

«Dottor Cappai, lei conosce l'omicida?»

Carlo sorrise.

«Chi è?» gli chiese Walter.

«Non posso dirglielo. Ma so che c'è altro che l'angustia. Lei si è tanto impegnato nell'omicidio Zigon, e in quello di Martellini, mi sbaglio? Che sono rimasti senza un colpevole.»

«E allora?»

«Magari posso aiutarla. Le basta leggere con attenzione quello che ha pubblicato ieri il suo giornale. La risposta è lì.» Gli fece l'occhiolino e raggiunse un praticante che era appena arrivato con una richiesta. Andretti si grattò la guancia, poi uscì di corsa dall'archivio.

Tornò a casa a passo lento, si fermò solo per una spesa leggera al negozio di alimentari. Appena fuori, sul marciapiede, mise la scatola delle uova in alto, sopra al resto, per non farle schiacciare, ma ne scivolò uno fuori dal cartone e si frantumò a terra. Carlo Cappai restò lì a osservare il tuorlo e l'albume. Sarebbe passato un cane, li avrebbe mangiati e fatti sparire insieme alla puzza. I gusci invece li doveva togliere dalla strada. Li raccolse, leggeri, sottili, e li gettò nel secchio vicino al bar. Ci aveva indovinato, un cane tirando il guinzaglio leccò via rapido l'uovo, rimase solo una chiazza umida. I gusci vuoti e rotti invece nella spazzatura.

Si riavviò verso casa. Si sentì al capolinea della sua esistenza, sprecata perché non era riuscito a portare a termine quello che doveva. Passò accanto al mattone con la scritta a salutare Giada. Di solito si sedeva e chiudeva gli occhi, e la rivedeva mentre incidevano quella frase da lasciare ai posteri. "Si è sempre responsabili di quello che non si è saputo evitare." E lui responsabile lo era. Gli tornò in mente la piscina del club Le Tre Torri la notte del 9 marzo. Si erano riconosciuti subito. Gli occhi li aveva ancora grigi e profondi. Carlo aveva aperto la bocca ma non era uscito niente. Non c'era bisogno di fare domande, tantomeno aspettare risposte. Non si vedevano dai funerali di Giada. Silvana aveva lo sguardo spaventato, due piccole rughe segnavano i lati della bocca. Forse Giada invecchiando sarebbe diventata così, le sorelle somigliavano alla madre, però gli occhi di Giada erano verdi. Silvana era uscita dallo spogliatoio maschile in costume da bagno, a piedi nudi. Il corpo di una statua, le spalle possenti e le gambe muscolose. Sulla spalla uno zainetto, in mano un paio di ciabatte verdi, Carlo le chiamava giapponesi. La tennista aveva chiuso la porta dello spogliatoio maschile per poi allontanarsi verso la piscina, silenziosa com'era apparsa. Si era seduta sul bordo e si erano guardati, un invito chiaro e silenzioso. Carlo l'aveva raggiunta. Si erano immersi insieme, nuotando lenti, senza far rumore, passato il divisorio si erano ritrovati all'aperto. Era freddo, buio. Da un cespuglio di bossi Silvana aveva tirato fuori una borsa, si era rivestita senza asciugarsi. Carlo aveva fatto lo stesso. «Ti hanno visto le telecamere?» era stata l'unica frase che avevano scambiato. Silvana aveva negato con un gesto del capo, poi Carlo coi guanti le aveva tenuto fermo il filo spinato per farla scavalcare, Silvana si era avvicinata, gli aveva dato un bacio delicato piangendo. Anche Carlo Cappai piangeva, poi era restato lì a guardarla mentre spariva in mezzo agli alberi.

Riaprì gli occhi. Era ancora seduto vicino alla pietra incisa. Accarezzò il nome della vecchia amica di sempre. Silvana Capotosti l'aveva anticipato di un paio di minuti. E lui l'aveva accettato, era l'unica che più di lui avesse diritto alla vendetta. Era giusto così.

La sera tardi rientrò in casa e si diresse nello studio. Gli era rimasta una sola cosa da fare. Sistemò il computer portatile sul tavolo, lo accese, si sedette e cominciò a scrivere.

Sempre martedì 25 settembre

La copia di ieri è ancora sulla mia scrivania. Comincio a scorrere i titoli, gli articoli. Non vedo niente di interessante. Salto la politica, gli esteri, comincio a cercare fra le notizie di cronaca. C'è un mio pezzo su uno spacciatore arrestato dalla polizia, l'articolo di Domizi sui bed and breakfast della città, e non può essere questo. Neanche il trafiletto su padre Alfonso e la sua attività coi poveri della parrocchia. Giro pagina. Pubblicità. Giro ancora. L'inaugurazione del campo sportivo a San Martino, il drenaggio del canale a Malalbergo, il ritrovamento di Lauretta Casini, la bambina che si era perduta due giorni fa, rispuntata a Pianoro. Proseguo con lo sport, non trovo niente, le solite stronzate sul calciomercato, l'arrivo di un pivot forte dalla Croazia, l'intervista al tennista di turno. Forse devo cercare nell'economia. Ma sono tutte notizie internazionali, non vedo come Standard & Poor's possa avere a che fare con il processo Martellini, o cosa c'entri l'accordo fra le big del lavoro interinale. Alzo gli occhi, Wikipedia sta scrivendo al suo computer. «Filippo, me lo fai un favore?»

«Un altro?»

«Guarda la pagina di ieri della cronaca. E dimmi, così, a occhio, se qualcuno di questi articoli può riguardare il processo a Martellini... Ricordi il tizio accusato di aver fatto fuori i genitori che ne uscì pulito e che poi è stato ucciso mesi fa?»

«Certo che lo ricordo... Aspe'.» Si gira sulla sedia e afferra il quotidiano. «Cronaca mi dici?»

«Sì, politica, esteri ed economia lascerei perdere.»

Sfoglia il giornale. «La bambina ritrovata?»

«Perché?»

«Una parente?»

«Non credo.»

Wikipedia sbuffa. «Campo sportivo a San Martino... il sindaco... tutta la cittadinanza potrà usufruire del nuovo impianto... boh... Cominceranno domani i lavori di deviazione del canale a Malalbergo per l'allargamento della statale. Verrà ripristinato anche il ponte e le prese di derivazione irrigue... Si era allontanata dai genitori durante una gita Lauretta Casini, ritrovata oggi in località Pianoro in perfetto stato di salute... Non lo so Walter, tutto e niente.» Getta via il giornale e si rimette a lavorare.

«Va bene, grazie, scusa.» Rileggo tutti gli articoli. Non riesco a capire a cosa si riferisse Cappai. "Le basta leggere con attenzione quello che ha pubblicato ieri il suo giornale. La risposta è lì" mi ha detto. Ma io non la trovo. Sorge ineluttabile il dubbio: che mi stia prendendo per il culo? Oppure, ed è il pensiero peggiore, lui sa e non dice? E perché sa? È coinvolto?

Mercoledì 26 settembre

Le ho dato un appuntamento al bar vicino casa mia. Ha preferito in centro, era in giro per commissioni. La trovo rilassata, gli occhi luminosi, ha cambiato pettinatura, insomma allontanarsi dal giornale le ha donato. Le racconto l'incontro in archivio, le parole di Cappai. «E se fosse solo un esaltato? Un pazzo egocentrico?» mi dice Elena.

«E se dicesse la verità? Senti a cosa ho pensato. Io indago, vado avanti, e sono certo che a un risultato ci arrivo. Poi io e te ci presentiamo al giornale dal direttore con la notizia e scommetto che Valerio Terenzi sparisce in pochi minuti e tu torni al tuo posto.» Ha gli occhi lucidi, o forse è solo la luce soffusa del locale. «Faresti questo per me? Per reintegrare la Stronza?»

Scoppio a ridere. «Quanto dovrò scontare il peccato?»

«Grazie, Walter, solo il fatto che tu l'abbia pensato mi riempie di gioia. Ma sono in partenza. Fra tre giorni vado a Milano... torno a casa, e sono felice. La carriera? Non mi interessa, non mi è mai interessata.»

«Stai dicendo di no?»

«Sto dicendo che è il tuo lavoro, il merito è tuo, gli sforzi sono tuoi, tua dunque la ricompensa se dovessi avere successo.»

«Che me ne faccio della ricompensa da solo?»

«Non lo so. Sempre meglio che non averla, no?»

Le prendo una mano, mi batte il cuore, non l'ho mai realizzato fino in fondo, ma non credo di poter restare senza Elena. «Elena...»

«No, lascia perdere, Walter. Ti auguro tutta la fortuna che meriti. Se passi da Milano vienimi a trovare. Il numero ce l'hai.» Poi si alza. Mi dà un bacio, sfiorandomi appena le labbra, e mi lascia seduto con mezza birra ormai calda davanti e la gola stretta. Guardo la strada dalla vetrina e la vedo attraversare la piazza, l'ennesima occasione persa della mia vita sparisce dietro le colonne di un portico.

Giovedì 27 settembre

Trovo il capitano Ossola nel suo ufficio. Ora posso saltare l'anticamera e andare diretto da lui, ho questo vantaggio. Gli racconto. Mi guarda con le mani sulla bocca e i gomiti poggiati sulla scrivania. Annuisce. «Ce l'ha qui il giornale?» Glielo passo immediatamente. «Guarderei solo la cronaca» gli suggerisco. Legge con molta attenzione. «Io non lo so» mi dice, «ci devo riflettere. Mi ripete la frase che le ha detto Cappai?»

«Ha detto: "Le basta leggere con attenzione quello che ha pubblicato ieri il suo giornale. La risposta è lì"...»

«Quale risposta può esserci al processo Martellini in una di queste notizie?»

«Non lo so. Forse mi sta prendendo in giro?»

«Non mi pare il tipo. Anzi, al contrario, a me sembra serissimo.» Gira la pagina e continua a leggere. «La bambina ritrovata?»

«Forse» gli dico. «Ma non ne so niente...»

«L'ha trovata la mobile... mi faccio una chiacchiera col vicequestore.» Mi restituisce il giornale, ma io lo lascio sul tavolo.

«Preferisco lo tenga lei, capitano, io di copie ne ho pure troppe.»

«Va bene... perché è tornato in archivio?»

«Mi ha chiamato lui!»

«Si ricorda che cosa le dissi tempo fa?»

«Di non mettere il naso, è vero. Ma io non posso smettere di pensarci. Al camino, alle carte bruciate. E se avesse ragione la mia amica Grazia?»

«Che cosa dice la sua amica Grazia?»

«Che si crede una specie di giustiziere.» Ossola scoppia a ridere. «No, Andretti. Questo qui? Ma se neanche è riuscito a portare a termine un lavoro che ha preparato per quarant'anni!»

«Ci ho pensato, è vero. Ma c'è una differenza fra Sesti e gli altri due.»

«Mi dica» e sorride. Avevo un professore al liceo che quando ero impreparato e cercavo di rispondere alla domanda faceva proprio così, come Ossola, gomito sul tavolo, poggiava il mento sulla mano aperta e col sorrisino ironico diceva: «Prego Andretti, mi stupisca!».

«Io dico che con Sesti non ce l'ha fatta per due motivi: primo, non aveva tempo per organizzare bene la faccenda; secondo, era emotivamente troppo coinvolto.»

«Quindi lei mi sta dicendo che Cappai...» fa in tono riflessivo il capitano.

«... potrebbe avere a che fare con il caso Zigon e Martellini.» Ossola scuote la testa sorridendo. «Si rende conto che è una stronzata?»

«Io vivo di stronzate, signor capitano.»

Lunedì 1° ottobre

Ho dimenticato Cappai e il capitano Ossola, per tre giorni mi sono dovuto occupare dell'arresto di Ivan Bondarenko, che si era nascosto a casa dell'amante. E ho lavorato pure sulla pagina sportiva, il mio collega era malato. Siamo un giornale piccolino, ci reggiamo solo sui nostri sforzi, mi pare di averlo già detto. Elena è partita. L'ho chiamata, ma è stata una telefonata fredda, distante quanto Bologna e Milano. Non vuole che la vada a trovare, questo è sicuro. «Ce l'avevi sotto gli occhi, e non te n'eri accorto, imbecille» mi ha detto ieri sera Ugo mentre Grazia scuoteva la testa. Che ci posso fare?

Mercoledì 3 ottobre

«Andretti, vada a Malalbergo» mi dice lo Stronzo, «si muove qualcosa.»

«E da quando a Malalbergo si muove qualcosa?» gli chiedo.

«Non faccia domande idiote. Se le dico vada, prenda la sua macchina e vada.»

Niente, fra noi non funzionerà mai. «Settemila battute?» gli urlo uscendo. Se Valerio Terenzi è potente il mio lavoro è appeso a un filo, ma la novità? Non me ne frega niente. «Anche col

285

nuovo vedo che va a gonfie vele» sfotte Wikipedia. Comincio ad averne i coglioni pieni anche di lui.

Sono in macchina, Malalbergo è a mezz'ora o poco più. Mi distraggo con la radio, un pezzo di un gruppo che andava di moda negli anni Ottanta e che mi diverte parecchio. Canto a squarciagola, pure se le parole non le conosco, tanto quanto l'inglese: *breforiiii, lonley and breforiii, shappon the leivoruy fake me understand?*

Sono un coglione! Prendo il cellulare. «Filippo?» Wikipedia sbuffa, neanche dice pronto. «Filippo, fammi un favore. L'altro giorno ti ho chiesto di quei tre articoli da controllare, ricordi? La copia sta sulla mia scrivania... erano in cronaca, per favore puoi prendere un momento il giornale?»

«Che palle, Andretti...» Sento che si alza strascinando la sedia. Il respiro affannoso. «Cazzo, Filippo, devi rimetterti un po' in forma, hai il fiatone solo per esserti alzato!»

«Allora, ecco qua. Embè?»

«Ce n'era uno su una bambina...»

«Sì, Lauretta Casini ritrovata a Pianoro...»

«Poi...»

«Poi c'è il campo sportivo a San Martino... il canale a Malalbergo...»

«Grazie!» e metto giù. Ricordavo bene, il canale a Malalbergo. Che sia quello l'articolo a cui si riferiva Cappai? Sale l'ansia, accelero, devo arrivare prima possibile.

C'è un'auto dei carabinieri, un fuoristrada e un furgone dei vigili del fuoco con un altro camion che monta una carrucola. Si muove qualcosa, aveva ragione lo Stronzo. Il maresciallo mi riconosce. «Come va, Andretti?» Non l'avevo mai visto un canale dragato, solo immaginato. Tonnellate di fango mischiato a piante che giacciono all'aria aperta, puzza di decomposizione e di acqua stagnante. Il sospetto che l'abbiano spesso usato come discarica è una certezza. Vedo nell'ordine: un cestello della lavatrice, dei tubi di plastica arancione, una matassa ingarbugliata di fili e altri resti indecifrabili di materiali da costruzione, poi lamiere, forse pezzi di auto. Ci sono una decina fra carabinieri e pompieri con stivaloni e tute gialle che sguazzano in quel pantano maleodorante. «Qualcosa di interessante?» chiedo al maresciallo.

«Se lei è qui credo di sì, no? Abbiamo trovato una pistola, una Walther PPK.»

Me la ricordo, la Walther PPK. «Orca...»

«Già. Un coltello a serramanico, e poi altre cianfrusaglie...»

Pistola-coltello. "Le basta leggere con attenzione quello che ha pubblicato ieri il suo giornale. La risposta è lì" mi risuonano le parole di Cappai nelle orecchie.

«Cazzo!» dico, e devo essere impallidito perché il militare mi guarda strano. «Tracce di sangue sul coltello?»

Il maresciallo ride. «Dopo chissà quanto tempo in acqua? Se ce ne sono lo scopriranno i microscopi della scientifica tra, diciamo... un paio di mesi?»

«Walther PPK?»

«Quello è sicuro.»

«Secondo lei ha sparato?»

«Sono un carabiniere, mica un indovino.»

Giovedì 4 ottobre

Tutto il giorno con la testa a Cappai, a quello che sa o a quello che finge di sapere. Sono impotente, dipendo dal lavoro e dalle scelte del capitano. Non per il giornale, me ne frega sempre meno, ma ormai questa storia mi si è aggrappata addosso come un naufrago, non posso lasciarla andare. Mi suona il cellulare. È il capitano.

«Lei vivrà di stronzate, Andretti, ma le stronzate a volte ci vedono giusto.»

Il capitano Ossola guarda fuori dalla finestra. «Lei fuma?»

«No.»

«Io sì.» Apre i battenti e accende la sigaretta. «Sto aspettando di sapere se la pistola è compatibile, ma diciamo che è un dettaglio poco importante.»

«Perché?»

«C'è la matricola, non è una pistola rubata. No, è un'arma privata, registrata, e abbiamo un proprietario. La usava per il tiro a segno.»

«Chi è?»

Si volta e insieme al fumo sputa fuori il nome. «L'ex giudice della corte d'appello Bruno Cappai.»

Ci ho visto giusto, ci ho visto giusto, ci ho visto giusto! L'unico pensiero che mi tormenta mentre esco dalla caserma, ho già dimenticato le raccomandazioni di Ossola. «Non scriva niente... le assicuro che sarà il primo a mettere giù l'articolo, ma non intralci il mio lavoro.» Questo dovrei fare? Rientro in redazione, io l'articolo lo preparo perché è una bomba. Ho in mano la notizia del giorno. Mi pizzicano i polpastrelli. Come attacco? Un arresto delle forze dell'ordine per i delitti Zigon e Martellini?

Zigon abbiamo buone possibilità, Martellini? Dovrei restare solo su Zigon. Se la pistola corrisponde. Ma corrisponde, altrimenti perché l'archivista mi avrebbe detto che la risposta era fra gli articoli del mio giornale?

Carlo Cappai era innocente per il delitto Sesti, ma aveva già colpito. Scrivo così?

Poco incisivo. Ci sono due notizie, in fondo. Quale mettere in risalto prima? Cancello e riscrivo, cancello e riscrivo. Wikipedia mi guarda, non capisce. «Che hai, Walter?»

«Bomba» gli rispondo e ricomincio a scrivere. Lo Stronzo deve aver annusato la mia eccitazione, occhieggia dal suo ufficetto. Caro mio, fra poco becchi una doppietta e la partita la consideriamo chiusa e ti pentirai di aver preso il posto di Elena.

"Arrestato l'assassino di Flavio Zigon!" e ci metto pure un punto esclamativo. Questa notizia non va nelle pagine di cronaca, caro Stronzo, questa va dritta in prima.

Squilla il telefono sulla scrivania. Non ci sono più abituato, credo sia la terza telefonata da quando sto al giornale, chi mi cerca lo fa sul cellulare. «Pronto?»

«Andretti?» Una voce maschile, cupa, non la riconosco.

«Sì?»

«Sono Cappai.»

Il sangue diventa gelido e cade di peso giù, alle caviglie. «Dottor Cappai... mi dica...»

«Ho qui una cosa per lei. Gliela lascio nella mia cantina. È facile, appena entrato nel portone c'è una scala che scende nel seminterrato. La prima porta a sinistra è la mia. Entri tranquillamente, la porta è aperta. C'è una credenza azzurra, nel primo cassetto a sinistra c'è la busta col suo nome sopra. Venga a prenderla domattina, per favore.» Ho appuntato tutto, ma tanto le parole mi si sono stampate nel cervello.

«Una cosa, per me?» ripeto come un idiota per prendere tempo e perché non ho il coraggio di chiedere cosa sia.

«Sì... solo per lei.»

«Domattina, sì... non può anticiparmi niente?»

«Abbia pazienza, ne vale la pena.»

«Dottor Cappai?» e non riesco ad andare avanti. Vorrei dirgli che ho capito a quale notizia del giornale si riferiva, che la pistola era di suo padre, chiedergli se è con quella che ha sparato a Flavio Zigon, ma la faccia di Ossola mi appare come se il capitano fosse alla scrivania davanti a me.

«Dica, Andretti.»

«No, niente. Io pensavo...»

«Quello che lei pensa è giusto. Non c'è più tempo per le parole, ora è il momento dei fatti. E i fatti glieli lascerò in cantina, come le ho detto.»

«Perché a me?»

«Lei ha capito prima degli altri. È la persona più adatta ad avere questa busta. Ne faccia l'uso che meglio crede» e mette giù.

Mi aggiro per il centro senza una meta. Il pensiero è fisso, guardo continuamente l'ora sul cellulare, almeno l'articolo l'ho finito ma non l'ho fatto leggere allo Stronzo. Inganno il tempo, aspetto le sette, mi vedo con Ugo, Grazia e Rossella. Ce la farò a nascondere l'ansia? Mi leggeranno in faccia che qualcosa non va.

«Cos'hai che non va?» mi chiede Grazia. Ecco appunto. Svicolo, guardo Rossella che ha portato suo padre in ospedale, c'è un problema con la valvola mitralica. Ugo invece s'è rotto di ristrutturare appartamenti. La sua idea di architetto era un po' differente quando s'era messo a studiare. «Intanto lavori, Ugo» gli dice Rossella. Sono morsi di parole che percepisco, folate di vento interrotte, mi sfugge il senso del dialogo, sempre ammesso che un senso ce l'abbia.

«Il mercato dell'arte è stato inventato per impegnare enormi patrimoni da investire e per riciclare denaro, non venitemi a parlare di qualità, che qualità ce n'è ben poca.»

E se il coltello ha ancora tracce di sangue? Ho letto da qualche parte che il sangue resiste al tempo e anche all'acqua. Metti che ci sono e quel sangue corrisponde a quello di Daniele Martellini?

«Perché dovrei pagare centomila euro per una crosta che potrei benissimo farmi da solo?»

«Lo diceva anche Italo Calvino.»

La verità è che ho paura, perché sono in contatto con uno psicopatico, uno che si è messo in testa cosa? Di raddrizzare i verdetti di una giuria?

«L'arte concettuale è la risposta. Non devi più saper dipingere e disegnare, basta avere un'idea e metterla giù.»

«Apposta, cazzo c'entra con l'arte?»

«Anche se metti questo bicchiere dentro una cornice è arte. È concettuale, è far concentrare l'attenzione su un dettaglio della nostra vita per allargare la percezione visiva e analitica dello spettatore.»

«Sì, esatto, e comunque è un cazzeggio.»

«Lo sai, Grazia?» le dico. «Avevi ragione. Capace che nella vita esistono personaggi come nei film.»

Mi guardano storto. «A che ti riferisci?»

«A niente...» faccio, e bevo un sorso di spritz. Devo avere un principio di anosmia perché non sa di niente.

«Cos'hai che non va?»

E che le dico a Grazia? Ho in mano la notizia dell'anno e non la posso ancora stampare? C'è un pluriomicida che mi ha telefonato dicendo di avere una busta per me? «Stasera non mi sento un granché, scusate. E sono d'accordo con Ugo. L'arte concettuale è una cagata pazzesca.»

«Veramente quello lo dicevo io» mi corregge Grazia. «Ugo è di parere opposto. Stavi proprio a sentire, eh?»

E allora cammino fino alle due di notte, da solo come un imbecille, nella pelle passa una carica elettrica, arrivo sotto casa di

Cappai. C'è una luce accesa, è sveglio anche lui, mi chiedo cosa stia facendo. Ho voglia di citofonargli e dirgli: «Non ce la faccio più. Dammi 'sta cazzo di busta!» ma ha detto domattina. E domattina sarò di nuovo qui, tanto di dormire non se ne parla.

Venerdì 5 ottobre

Sono da lui alle sette precise. C'è gente per strada, il bar è già aperto, come il portone del suo palazzo. Le scale sono alla mia destra, scendo fino a una porta di ferro, la apro e accendo la luce. Un corridoio lunghissimo, soffitto basso, illuminato da lampadine nude. Apro la prima porta a sinistra. Non c'è bisogno di accendere la luce, entra da una bocca di lupo in alto. La credenza è qui, apro il cassetto. C'è una busta gialla con sopra il mio nome. La afferro ed esco come un ladro dal portone, non mi ha visto nessuno, corro in redazione.

Ci arrivo alle sette e tre quarti, non c'è anima viva, mi metto alla mia scrivania, apro il plico. Contiene pagine stampate scritte in Times New Roman. Non c'è intestazione, titolo, niente. Comincio a leggere.

Si aggirava nella penombra dell'appartamento. Le tende tirate, pesanti, doppie, organza e velluto. Polvere sui mobili, macchie di umido sulla carta da parati vicino al soffitto. A quando risalivano? Almeno trent'anni, pensò, soprattutto quella vicino al tubo che passava in alto lungo tutto il corridoio. Che tubo era? Gas? Acqua? Riscaldamento?

Sempre venerdì 5 ottobre

È pomeriggio e l'ho quasi finito. Sono stremato, sbattuto, lo stomaco vuoto, non posso credere a quello che ho letto. Si è divertito a raccontarmi, come fosse un romanzo, la sua storia. E sono pagine pesanti, perché sono vere. Ha ucciso almeno due persone, se non addirittura quattro, accenna a due casi: Selvarelli e Muzii. Mi vado a informare su internet.

Eccoli qui, Selvarelli Luca si è schiantato con l'auto una notte di quattordici anni fa. Muzii Adalberto invece fu trovato suicida sulle rive del Reno in pieno inverno, nel 2007. Tutti e due usciti da un processo che li vedeva come unici imputati. Selvarelli per un furto in casa di una donna di ottantanove anni trovata legata e senza vita tre giorni dopo dal figlio. L'altro invece era accusato di aver incendiato la sua casetta in montagna con all'interno la moglie e il padre di lei. Entrambi assolti per non aver commesso il fatto.

Dal tribunale penale.

Non da Carlo Cappai.

Li ha uccisi senza un motivo apparente, se non quello di una non meglio chiarita sete di giustizia. Un uomo che si è eletto giudice e boia senza alcun diritto. Che sentiva parlare l'archivio. Che ci faccio con queste pagine? È una confessione? E mi scarica la responsabilità addosso?

Che cazzo faccio?

E poi l'omicidio Sesti. Ora so la verità! È stata la sorella di Giada. La tennista, l'amazzone. Certo! Se consegno questo manoscritto al capitano Ossola consegno anche l'omicida di Sesti, Silvana Capotosti. E questo Carlo non lo voleva. Non mi ha lasciato il manoscritto, mi ha lasciato la possibilità di una scelta, una decisione che lui non ha saputo prendere.

Mi devo porre una domanda: sono dalla parte di Silvana Capotosti o dalla parte del capitano Ossola?

Sono per la giustizia degli uomini o per la giustizia... come la chiama lui? Assoluta? Con la G maiuscola?

La giustizia è giusta per antonomasia.

La domanda è: Silvana è colpevole o innocente?

Se è innocente allora lo è anche Cappai. Possiamo discutere sul metodo.

Cazzo, ma li ha uccisi!

Squilla il cellulare. È Ossola. «Andretti?»

«Mi dica, capitano.»

«Non ho una bella notizia.»

Mi appoggio allo schienale. «Ascolto.»

«Abbiamo trovato Cappai morto nel suo appartamento. Credo si tratti di suicidio. Se vuole, l'articolo lo può anche scrivere, adesso.»

«Capitano... chi l'ha trovato?» gli chiedo.

«Ida Lo Bianco, la donna di servizio. Ora è in caserma a deporre.»

«Posso venire a incontrarla?»

«È piuttosto sconvolta, ma venga pure.»

Esco senza neanche salutare i colleghi. Prendo un taxi per fare più veloce, ci impiego lo stesso tempo che se fossi andato a piedi. Sul petto stringo il manoscritto, come fosse un segreto di Stato, e per me lo è. Salgo le scale, ormai i militari mi conoscono, busso alla porta di Ossola. La donna è lì, seduta sul divanetto dell'ufficiale, ha un fazzoletto in mano, gli occhi rossi. Ossola è in piedi, le ha fatto portare acqua e un caffè. Ci riconosciamo subito.

«Si ricorda, signora Lo Bianco? Sono Walter Andretti... sono un giornalista. Non la disturbo oltre, lei è già piuttosto provata, non si preoccupi. Le chiedo solo un'informazione. Vorrei parlare con sua sorella, Anna.»

Ossola mi guarda stupito, forse per la quantità di informazioni che ho. Si starà chiedendo dove le abbia prese.

«Mia...?»

«Sorella» chiarisco.

La donna guarda me, poi il capitano. «Io non ho sorelle, dottore» mi dice.

Non capisco più niente. Ma allora? Se l'è inventata Anna, è chiaro. Ma dunque quello che ha scritto Cappai è vero oppure è tutto un'invenzione? Ci sono io nel libro, e io sono vero, c'è Ida, e anche lei è vera. Ma Anna? È un'invenzione? È vero che sentiva le voci? E Silvana? Davvero l'ha incontrata quella notte a bordo piscina? Mi gira la testa. È vero quello che ha scritto qui dentro? Ha davvero ucciso Martellini, Zigon e gli altri due o se l'è inventato tutto? Era un suo desiderio o ha detto la verità? Su Sesti non ha mentito, di questo sono certo, ne so quanto e più di lui. Ma sul resto? Cos'ho in mano, una confessione o un divertimento? Perché prima di morire ha sentito il bisogno di scrivere tutto?

È tutto finto?, mi chiedo.

Però la pistola nel canale è vera, esiste, l'hanno trovata. Ma sono certi che abbia sparato, che sia quella l'arma del delitto Zigon? Ancora no. Non lo sanno.

E allora lì è il bivio. Appena Ossola darà conferma o meno della cosa, saprò se questa è una storia di fantasia oppure no.

Sono ore che il cervello non riposa. Mi ritrovo su una panchina alla Montagnola, il manoscritto fra le mani. Mi mancano le ultime righe.

Aveva chiamato il giornalista per dargli l'appuntamento e messo la busta in cantina, nel cassetto della credenza azzurra, poi era risalito in casa.

Gettò la scatolina dei medicinali ormai vuota. Andò in salone. Sul tavolo c'era il biglietto per Ida. La donna ci avrebbe trovato scritto l'indirizzo del notaio Curreri, che le avrebbe comunicato dell'eredità del suo appartamento. Ida era la persona che, dopo di lui, lo conosceva meglio al mondo, ne conosceva ogni mattonella, ogni crepa, ogni centimetro per tutte le volte che l'aveva pulito. Sarebbe stata felice lì con il marito, con la sorella, e forse la sua vita sarebbe cambiata, gli sembrava un gesto corretto.

Mentre il battito cardiaco scendeva insieme alla pressione delle arterie, finì di scrivere una nota che lasciò sul comodino: "Ho agito come mio padre. Mi sono creduto al di sopra degli altri, e ho fatto cose di cui comincio a pentirmi".

Il compito l'aveva portato a termine. Niente più pendenze. Non aveva più bisogno di nulla. Dell'aria, del sole, del cielo, delle nuvole. Poteva finire lì, a quell'ora in cui il giorno non è ancora spuntato ma la notte comincia a ritirarsi. Era un buon momento, non aveva rimpianti. La verità la scopre il tempo, si disse.

Sperava solo che l'andare via fosse rapido e indolore. Non gli restò che stendersi sul divano e aspettare.

Fine.

Carlo Cappai
Bologna,
5 ottobre, ore 04.00

Sempre venerdì 5 ottobre

Quindi ha scritto del suo suicidio prima di uccidersi. Anche questo è vero. E quante coincidenze col mio diario, come se io e Cappai avessimo camminato su due binari paralleli per mesi. Ora il suo s'è interrotto. Resta solo il mio. Questo libro che mi ha lasciato scotta. Anche il mio diario, a questo punto. E non so più quale sarebbe il mio dovere.
Ci penso.
Ci penso.

Giovedì 25 ottobre 2018

Stamattina so quello che devo fare. Chiudo questo diario, e giuro a me stesso di non provarci mai più a scriverne un altro. Soprattutto non voglio più questi fogli davanti agli occhi. Come Cappai ha lasciato a me la decisione, lo stesso farò io...

Walter Andretti

Epilogo

Girò l'ultimo foglio. Si asciugò le lacrime. Lasciò il manoscritto sul divano. Andò a sciacquarsi la faccia. Prelevò un succo dal frigorifero e lo scolò in una sola lunga sorsata. Guardò fuori. Il sole era ancora nel cielo e
lei alle 17 aveva lezione. Prese le chiavi della macchina, si infilò il piumino, afferrò la borsa con le racchette
e uscì di casa per raggiungere il tennis club Le Tre Torri.